imaginist

想象另一种可能

理
想
国
imaginist

四书释义

钱　穆 著

海南出版社
·海口·

图书在版编目（CIP）数据

四书释义 / 钱穆著. -- 海口：海南出版社，
2021.12
（钱穆作品集）
ISBN 978-7-5730-0297-6

Ⅰ.①四… Ⅱ.①钱… Ⅲ.①儒家②四书—注释
Ⅳ.① B222.12

中国版本图书馆 CIP 数据核字 (2021) 第 237047 号

四书释义

SISHU SHI YI

作　　者	钱　穆
责任编辑	陈泽恩
特约编辑	高　宁　周　玲
封面设计	艾　藤
内文制作	李丹华

海南出版社 出版发行

地　　址	海口市金盘开发区建设三横路2号
邮　　编	570216
电　　话	0898-66822134
印　　刷	山东韵杰文化科技有限公司
版　　次	2021年12月第1版
印　　次	2021年12月第1次印刷
开　　本	787mm × 1092mm　1/32
印　　张	11.75
字　　数	222千字
书　　号	ISBN 978-7-5730-0297-6
定　　价	72.00元

如发现印装质量问题，影响阅读，请与发行部门联系：010-64284815。

出版说明

钱穆先生著作简体版系列，经钱先生著作权合法继承人授权，以钱宾四先生全集编辑委员会所编、联经出版事业公司出版之《钱宾四先生全集》为底本，重排新校出版。

本书内括三书。《论语要略》成书于一九二四年，一九二五年十二月上海商务印书馆初版，收入《国学小丛书》。《孟子要略》成书于一九二五年，一九三四年四月上海大华书局初版。以上二书均为钱先生在无锡江苏省立第三师范学校任教时之讲义。《大学中庸释义》撰于一九五三年，乃应张晓峰先生之邀而作，与《论语要略》《孟子要略》合为《四书释义》，收入《现代国民基本知识丛书》，同年六月台北中华文化出版事业委员会出版。后经钱先生亲自删订，一九七八年六月台湾学生书局出版。联经本即以学生书局本为底本。

二〇二一年八月

目录

再版序 / i
例 言 / iii

论语要略

第一章　序　说 / 3
第二章　孔子之事迹 / 16
第三章　孔子之日常生活 / 49
第四章　孔子人格之概观 / 55
第五章　孔子之学说 / 64
第六章　孔子之弟子 / 110

孟子要略

弁　言 / 147

第一章　孟子传略 / 151
　　［附］孟子年谱 / 164

第二章　孟子对于当时政治之主张 / 168
　　［附］孟子之政治思想 / 181

第三章　孟子对同时学者之评论 / 187
　　［附］孟子对于当时从事政治活动者之批评 / 214

第四章　孟子与门弟子对于士生活之讨论 / 217

第五章　孟子之性善论 / 229

第六章　孟子之修养论 / 245

第七章　孟子尚论古先圣哲及自道为学要领 / 260

大学中庸释义

例　言　/　283

一　宋朱熹《大学章句》/　288

　　［附］朱熹《大学章句》序　/　302

二　大学古本　/　305

　　［附一］明王守仁《大学古本》序　/　312

　　［附二］王守仁《大学问》/　313

三　朱熹《中庸章句》/　320

　　［附］　朱熹《中庸章句》序　/　357

再版序

民国十二年，余初任无锡江苏省立第三师范学校之国文教席，该校规定每一国文教师随班提升，经四年，原班毕业后，再周而复始。又规定除国文正课外，分年兼授文字学、《论》《孟》及国学概论，皆撰有讲义。惟文字学讲义当年未付印，今已散失。或当年受课同学中尚有保留者，当俟他年得归大陆，再加寻求。《论语要略》《国学概论》皆在上海商务印书馆付印，《孟子要略》则在上海另一书肆印行。张晓峰先生约人汇编《现代国民基本知识丛书》，邀余撰四书之部。余养病台中，遂增《学》《庸》两编，并《论》《孟》两"要略"合成一书，取名《四书释义》。去春重阅旧稿，略有删订，较以《论语要略》一编为多。交付台北学生书局重排印行。特志其缘起于此。

一九七八年六月钱穆识于台北外双溪素书楼，时年八十有四。

例　言

一、远自西汉刘向、歆父子编《七略》,《论语》归于六艺，当时与《孝经》《尔雅》,同为初学者必读之书；而《孟子》则侪于诸子，与曾子、子思、荀卿之徒同称儒家。自是厥后,《孟子》渐见推尊，至宋人十三经注疏,《孟子》遂与《论语》《孝经》《尔雅》并列。《大学》《中庸》本入《小戴礼记》,《中庸》颇为历代学者所称重；而北宋二程兄弟，始提倡《大学》,奉以为学者入德之门，来学者多先以《大学》《西铭》示之。及南宋朱子，承二程之意，始以《大学》《中庸》与《论语》《孟子》合称四书；又为《论》《孟》集注、《学》《庸》章句，阐述义蕴，发挥精微，一时翕服；于时四书之名遂定。元明以来，科举取士，先四书，后五经，而四书必以朱注为圭臬。于是朱注四书，家弦户诵，垂为人人必读之书者，迄于清末，亘六百年之久。

二、儒家道统之说，始于唐之韩愈；所谓尧、舜、禹、汤、文、武、周公以是传之孔子，孔子传之孟子，孟子之死而不得其传焉者也。朱子四书，亦具道统之意。朱子以《大学》为曾子作，《中庸》为子思作。孔子之道传于曾子，曾子传之子思，而孟子受学于子思之门人。故后人又称四书为四子书，即指孔、曾、思、孟四子言。然子思作《中庸》，其说虽见于《史记》，又载于刘向、歆之《七略》（即今传《汉书·艺文志》），而《中庸》是否子思所作，实有疑问。据后代考订，毋宁《中庸》乃秦时之书。要之其书较《孟子》为后出，殆可无疑。而《大学》非曾子作，尤成为后代学术界之定论，其成书年代或更晚于《中庸》。故以四书为四子书，为孔、曾、思、孟之道统相传，实为无稽之说，殆无再拘守信从之意义矣。

三、四书就年代言，据朱子之意，其次序当为《论语》《大学》《中庸》《孟子》；而朱子教人读四书，则别有先后序次。首《大学》，因其为学者入德之门也；次《论语》，次《孟子》，最后始及《中庸》，因篇中所论天人性命之理，幽微渊深，非初学所能骤企也。然坊间传刻，则以《学》《庸》篇幅少，合成一册。故世俗幼童入塾，先教《大学》，次《中庸》，再次《论》《孟》。《学》《庸》《论》《孟》之次序，其实乃便于坊间刊刻、幼童背诵而然耳。

四、朱子四书，就其认为乃孔、曾、思、孟道统相传之著作而言，虽无征不信，近于臆测。然《学》《庸》两篇，论其本文，亦自有不磨之价值。且复经两宋大儒程朱诸人之提倡，明清相沿，此二书不仅为人人所必读，实亦成为学术思想界讨论之重点。考据思辨，义理推详，集中于此两书者，为量至夥。居今而言，纵谓不通《学》《庸》，即无以深识自宋以来近世之学术，此语亦不为过。然则四书一名，自今以后，仍将在学术界有其存在，殆非不合理之推断矣。

五、本编仍沿袭朱子四书合编之旧，亦仍分《论》《孟》为一编，而《学》《庸》别为一编。两编体例，亦不相同。窃谓此后学者欲上窥中国古先圣哲微言大义，借以探求中国文化渊旨，自当先《论语》，次《孟子》。此两书，不仅为儒家之正统，亦中国文化精神结晶所在，断当奉为无上之圣典。《学》《庸》自难与媲美。然《学》《庸》两书，言简而义丰，指近而寓远，亦不失为儒籍之瑰宝，国学之鸿篇。虽当与《论》《孟》分别而观，正不妨与《论》《孟》连类而及也。

六、朱子《集注》《章句》，为其毕生精神所注。然自今而言，时代不同，朱子当日之所用心，未必尽合于时下之要求；其名物、训诂、校勘、考据之密，清儒成绩，亦有超越。复有在朱子为一家之言，在程朱为一代之学，陈义精卓，自有见地；而就《论》《孟》《学》《庸》之本身求之，则未必相当者。本编为篇幅所限，对《论》《孟》两书，仅载要略。虽使读者有未窥全豹之憾，然提纲挈领，别出机杼，分类相次，自成系统，使读者由是而进窥全书，易于得冰解融释之乐。至于《学》《庸》两篇，则不仅备列全文，抑且兼罗异义。其体裁若与《论》《孟》两"要略"不类，其宗旨在求读者借此以领会于原书之精旨,以及历代学者之阐究与传述,则用心实一也。各编并自具例言,明其宗趣,此不尽著。

论语要略

第一章 序　说

一　《论语》之编辑者及其年代

考《论语》之编辑者，凡有数说：

甲、郑玄云："《论语》乃仲弓、子夏等所撰定。"（见陆德明《经典释文·叙录》引）邢昺疏谓："仲弓下脱子游二字。"

然其说不足信。何者？

> 曾子少孔子四十六岁，于高足弟子中最少，而《论语》载其临没之言，则非二子所撰定也。（安井息轩《论语集说》）

乙、程子云："《论语》之书，成于有子、曾子之门人，故其书独二子以子称。"（朱子《论语集注·序说》）其说盖本于柳子厚。

柳子云：或问曰："儒者称《论语》孔子弟子所记，信乎？"曰："未然也。孔子弟子，曾参最少，少孔子四十六岁；曾子老而死；是书记曾子之死，则去孔子也远矣。曾子之死，孔子弟子略无存者已。吾意曾子弟子之为之也。何哉？且是书载弟子必以字，独曾子、有子不然。由是言之，弟子之号之也。""然则有子何以称子？"曰："孔子之殁也，诸弟子以有子为似夫子，立而师之；其后不能对诸子之问，乃叱避而退；则固尝有师之号矣。今所记独曾子最后死，余是以知之。盖乐正子春、子思之徒与为之尔。"或曰："孔子弟子尝杂记其言。然而卒成其书者，曾氏之徒也。"（《论语辩》）

柳氏此说，按之《论语》首篇《学而》，信而有证。然其说亦有可疑。何者？

姚鼐曰："《檀弓》最推子游，似子游之徒所为；而于子游称字，曾子、有子称子，似圣门相沿称皆如是，非于称字、称子有重轻也。"（《古文辞类纂》）

丙、或乃谓：上论成于琴张，而下论成于原思，故二子独称名，其不成于他人之手者审矣。（徂徕一新《论语征甲》）

此说尤无理。

> 或此二章（《子罕》"太宰"章书"牢曰"，琴牢去姓而书名；《宪问》首章书"宪问"，原宪去姓而书名）乃二子所记，门人编辑此书，直取其所记而载之耳，未足以为《论语》成于二子之证也。
> （安井息轩《论语集说》）

盖《论语》成于何人之手，今日殊难确定。

丁、班固《汉书·艺文志》云："《论语》者，孔子应答弟子时人，及弟子相与言而接闻于夫子之语也。当时弟子各有所记，夫子既卒，门人相与辑而论纂，故谓之《论语》。"皇侃引《论语通》云："《论语》者，是孔子没后七十弟子之门人共所撰录也。"

惟此说最为无病。大抵《论语》所记，自应有一部分为孔子弟子当时亲手所记录；而全书之纂辑增订，则出于七十子之门人耳。至其书名，直至汉初始见。则《论语》之编辑，或在周末秦时？今考书中，亦有战国末年人窜乱之迹，盖又非尽七十子门人之真相矣。

二 《论语》之真伪

古书每真伪混淆，不易别择，《论语》虽大致可信，而其间亦有窜乱。今略举前人考订之说如次：

甲　版本之异同

《论语》有三种：

一、《鲁论语》二十篇，行于鲁。

二、《齐论语》二十二篇，比《鲁论》多《问王》《知道》两篇。其他二十篇中，章句亦颇多于《鲁论语》。行于齐。

三、《古论语》，出孔子壁中。无《问王》《知道》，分《尧曰》下章"子张问"以为一篇，有两《子张篇》。凡二十一篇，篇次不与齐、鲁《论》同，文异者四百余字。

西汉末有张禹，本授《鲁论》，晚讲《齐论》，遂合而更定，除去《齐论·问王》《知道》二篇，从《鲁论》之二十篇，号《张侯论》。由是学者多从张氏，余家浸微。后世所行之《论语》，殆即张禹更定之本也。故同一《论语》，而有齐、鲁之异，有多寡之殊；则《论语》一书，固有后人之所续入，非尽孔门之原本矣。《齐论》既多《问王》《知道》二篇，而二十篇中章句复多于《鲁论》；则《齐论》之中，后人所附益者应尤多。张禹本佞臣，学识浅陋，其更定《论语》，篇目虽从《鲁论》，而文句则兼采于《齐论》；此《论语》非孔门真本，而经后人窜乱之证也。（说本崔述《洙泗考信录·论语源流附考》。）

乙　附记混入正文之误

古人书籍，皆用竹简，传抄收藏皆不易；又篇皆别行，故篇末空白处，传之者往往以书外之文缀记填入。在本人仅为省事备忘，非必有意作伪；而后人展转传抄，遂以混入正文。

先秦古书，似此者甚众。《论语》亦有其例。如：

一、《季氏篇》末"邦君之妻"章。

二、《微子篇》末"周公谓鲁公"章、"周有八士"章等。

皆或与孔门无关，或文义不类，疑皆非原有之正文也。（本崔述《洙泗考信录》。）

丙　末五篇之可疑

《论语》可疑之处，犹不尽于上举篇末之零章已也。据清儒崔述之考证，则全书二十篇中之末五篇即《季氏》《阳货》《微子》《子张》《尧曰》，皆有可疑之点。今约述其论证如下：

一、《论语》通例称孔子皆曰"子"，惟记其与君大夫问答乃称"孔子"；而《季氏篇》章首皆称"孔子"，《微子篇》亦往往称"孔子"，《子张篇》有称"仲尼"者。

二、《论语》所记门弟子与孔子对面问答，亦皆呼之为"子"，对面呼"夫子"，乃战国时人语，春秋时无之；而《阳货篇》"武城""佛肸"两章，于孔子前皆称"夫子"。

三、《季氏篇》"季氏将伐颛臾，冉有、季路见于孔子"云云，考冉有、季路并无同时仕于季氏之事。

四、《季氏篇》文多排偶，全与他篇不伦；《阳货篇》文亦错出不均，而"问仁""六言""三疾"等章，文体略与《季氏篇》同。《微子篇》杂记古今轶事，有与孔门绝无涉者。

五、《尧曰篇》，《古论语》本两篇，或一章，或二章，其文尤不类。盖皆断简无所属，附之于书末者。《鲁论语》以其少，故合之。而不学者遂附会之,以为终篇历叙尧、舜、禹、汤、武王之事,而以孔子继之矣!(按,此指柳宗元《论语辩》。)

丁　上下论之相异

且《论语》之可疑,尚不止于末五篇而已也。盖《论语》一书,尚有上论、下论之辨焉。

> 伊藤仁斋云:"《论语》二十篇,相传分上下,犹后世所谓正续三集之类乎?盖编《论语》者先录前十篇,自相传习;而又次后十篇,以补前所遗者;故今合为二十篇云。盖观《乡党》一篇,其体制要当编在全书之最后,而今适居第十篇,则知前十篇本已自为成书矣。"(《论语古义叙由》)

今考前人论《论语》前后十篇文体之异者,约有如下之五说:

一、《论语》前十篇记孔子对定公、哀公之问,皆变文称"孔子对曰"者,朱子所谓尊君是也。至答康子、懿子、武伯之问,则但称"子曰"。乃《先进篇》答康子弟子好学之问,《颜渊篇》答问政、患盗、杀无道之问,皆称"孔子对曰"。疑前十篇去圣未远,礼制方明;后十篇则后人所续记,其时卿位益尊,卿权益重,盖有习于当世之称,而未尝详考其体例者。

二、《论语》前十篇记君大夫之问,皆但言问,不言"问于孔子"。后十篇中,《先进》《子路》两篇亦然;独《颜渊篇》三记康子之问,皆称"问于孔子",齐景公之问政亦然,卫灵公之问陈亦然。盖后十篇皆后人所追记,原不出于一人之手,而传经者辑而合之,是以文体参差互异也。(《子路篇》义最精密,文体亦与前十篇略同,《宪问篇》次之,《季氏篇》文体最异,《微子》《尧曰》亦参差不一;惟《子张篇》所记皆门弟子之言,无可疑者。)至门人之问,更不烦称"问于孔子";乃《阳货篇》子张问仁,《尧曰篇》子张问政,皆称"问于孔子"。其皆后人采之他书,而非孔氏遗书明甚。(以上据崔述《论语余说》。)

三、《论语》前十篇文皆简,后十篇则文皆长。《前论》文过百字者仅两章,他虽长章不满百字;《后论》则三百余字者一章,一二百字者八九章。

四、《论语》前十篇非孔子及门弟子之言不录,惟《乡党》一章记孔子行事,故章皆无冒头突起,其他未有突起及杂记古人之言者。后十篇中如"齐景公有马千驷""邦君之妻""太师挚适齐""周有八士"等章,皆突起,非孔子言,亦非门弟子之言。又如"柳下惠为士师""周公谓鲁公"及"尧曰"等章,皆杂记古人之言,与《戴记·檀弓》各篇相似,而与前十篇体例不类。

五、《论语》前十篇篇目,皆除"子曰""子谓"等字,惟《子罕》即以发首二字为篇目;后十篇则惟《先进》除发首"子曰"二字,其余即皆以发首二三字为篇目。前十篇以人名为目者三，后十篇以人名为目者九。今制简表如次：

	篇名	首
前十篇	学而	子曰学而时习之
	为政	子曰为政以德
	八佾	孔子谓季氏八佾舞于庭
	里仁	子曰里仁为美
	公冶长	子谓公冶长可妻也
	雍也	子曰雍也可使南面
	述而	子曰述而不作
	泰伯	子曰泰伯其可谓至德也已矣
	子罕	子罕言利与命与仁
	乡党	孔子于乡党恂恂如也

	篇名	首
后十篇	先进	子曰先进于礼乐
	颜渊	颜渊问仁
	子路	子路问政
	宪问	宪问耻
	卫灵公	卫灵公问陈于孔子
	季氏	季氏将伐颛臾
	阳货	阳货欲见孔子
	微子	微子去之
	子张	子张曰士见危致命
	尧曰	尧曰咨尔舜

（以上徂徕春台《论语古训外传》附录《论语先后编说》。）

据上四例，则知《论语》一书，其中亦自有分别，非全部皆孔门相传之精辟，学者固当分别而观之矣。善乎赵瓯北之言曰：

> 战国及汉初人书，所载孔子遗言轶事甚多。《论语》所记，本亦同此记载之类，齐鲁诸儒讨论而定，始谓之《论语》。语者圣人之遗言，论者诸儒之讨论也。于杂记圣人言行真伪错杂中，取其纯粹以成此书，固见其有识；然安必无一二滥收者，固未可以其载在《论语》，而遂一一信以为实事也。（见《陔余丛考》卷四。）

必明乎此，而后始可以读《论语》。

三 《论语》之内容及其价值

《论语》一书，其编次体例，并无规定；篇章先后，似亦无甚意义。论其内容，则如《汉书·艺文志》所谓"孔子应答弟子时人，及弟子相与言而接闻于夫子之语也"。略举纲要，可分以下之各类：

一、关于个人人格修养之教训。

二、关于社会伦理之教训。

三、政治谈。

四、哲理谈。

五、对于门弟子及古人时人之批评。

六、孔子之出处及其日常行事。

七、孔子之自述语。

八、弟子之诵美及时人之批评。（孔子人格之反映）

九、孔门弟子之言论行事。

上列第一、二两项，约占全书之半；其余七项，则亦占全书之半。《论语》内容，大略如此。要之，《论语》者，表见孔子人格思想之良书也。舍《论语》则孔子为人之精神，及其思想之大要，亦将无所考见。夫孔子人格之伟大，与其思想行事影响于后世之隆久，宜为含识之伦所共认，则《论语》之价值，亦从可想见。盖孔子为人有若干之价值者，则《论语》一书亦附带而有若干之价值也。

四 《论语》之读法及本要略编纂之体例

《论语》一书，既有若是重大之价值，则吾侪将用何法以善读之乎？窃谓读《论语》者，当分四步下手。

一、《论语》价值，既在表见孔子之为人；则读《论语》者，其主旨自在研究孔子，可无待言。而凡研究一伟大之人物者，最先首当注意其一生之行实，次及其人之性情，以至于日常之琐事；凡以考察其为人真精神之所在，而使其全人格之真相，活现于我之脑际，自明晰而感亲昵，自亲昵而生了解，然后乃研究其思想学说之大体，乃为得之。《孟子》曰："颂其言，读其书，不知其人可乎？是以论其世也，是尚友也。"（《万章》下）故读书者，不贵其闻书中之言，而尤贵于识书中之人。求识孔子之为人,即读《论语》者第一步主要之工夫也。

二、求识孔子之为人,不可不知孔子之时代背景。凡孔子当时之政治情势,社会状况,以及学术界之风尚,士大夫之生活,人民之心理,及孔子当身所交接之人物,所经过之邦域,均当一一顾及;而后孔子在当时之思想学说行事等等,乃可以考见其来源,审察其成效,而辨别其是非得失之所在。故读《论语》者,其眼光尤当旁及于孔子以外之人物,如孔门之诸弟子,孔子所遇列国之君卿大夫及并世贤者,大半载于《论语》。又当参考《左传》《国语》诸书,以见其详,以推而至于孔子时代之全景。是为读《论语》所当注意之第二步。

三、一伟大之人格,高尚之学风,其影响所及,常不止于当其身而已也。若孔子则流风所被,迄今未沫,则历来学者对于孔子之态度与意见,亦不可不知。顾兹事体大,无已,则即取历来学者对于《论语》一书之注释发明,择要浏览;不徒可以为读《论语》原文之一助,亦借此以见各时代学者对于《论语》一书之意见与态度为何如,而孔子对于后世之影响亦从可知也。(别详下节。)

四、孔子为二千五百年以前之人物,孔子学说思想为二千五百年以前之学说思想,吾侪生二千五百年以后,读其书,不可以不知时世之差。孰者为历久不磨之真理,可以俟诸百世而不惑,犹可以为吾侪所取信;孰者仅为时代之产品,事过境迁,已不复适用于今日,而不足以资崇奉。夫治学本所以致用,此则为读《论语》者一最后之工夫也。

要而言之,则读书者:

一、当注意于书中之人物、时代、行事,使书本有活气。

二、当注意于书中之分类、组织、系统,使书本有条理。

三、当注意于本书与同时及前后各时有关系之书籍,使书本有联络。

四、当注意于本书于我侪切身切世有关系之事项,使书本有应用。

读他书如是,读《论语》亦莫勿然。至于此册之编辑,则以限于篇幅,未能详备,注意所及,仅在上列第一步工夫。先叙孔子事略,乃及其学说之大要,次及门弟子言行。编选材料,一本《论语》本书,而亦时及同时及后世有关系之书籍。于上论四步读法,盖亦微引其端。触类旁通,是在读者。

五 《论语》之注释书关系书及本要略参考之材料

《论语》之注释最先有汉郑康成注,已佚,近人有辑本。其后有:

一、魏何晏《集解》,梁皇侃《义疏》。何晏本即现行十三经注疏所载。

二、宋朱熹《论语集注》,《论语或问》。《集注》简明,为宋以来至今通行之读本。

三、清刘宝楠《论语正义》。

何晏《集解》，可以代表魏晋及两汉人对《论语》之见解；朱熹《集注》，可以代表宋明人对《论语》之见解；刘宝楠《正义》，可以代表清儒对《论语》之见解。各时代学者治学之目标与方法既有不同，故其对于同一书之见解，亦不能出于一致。学者当平心参观，乃可以兼其长而略其短。

其他有关于研究《论语》之书籍，殆不下五六百种，可见《论语》一书，其取得古今学者之注意者为甚至矣。本《要略》先详事实，次陈义理，并尚简要，不贵博辩。所引专及原文，或兼附注释，取易明晓，则以朱《集注》、刘《正义》为主。其他取材，均注出处。（所引日本诸儒说，均见蟹江义丸《孔子研究》。）或有仅具定论，未能详陈考订辨释之所以然，则以篇幅所限，然亦足为学者研究《论语》之一臂助也。

第二章　孔子之事迹

一　孔子之先世

孔子，其先宋人也。

其祖弗父何①，以有宋而让厉公。及正考父②，佐戴、武、宣③，三命兹益共④。故其鼎铭曰："一命而偻，再命而伛，三命而俯⑤，循墙而走⑥；亦莫余敢侮。饘于是⑦，鬻于是，以糊⑧余口。"其共也如是！（《左传》昭公七年）

①弗父何，宋闵公之子，厉公之兄，何适嗣当立，以让厉公。②弗父何之曾孙。③皆宋君。④三命，上卿也。言位高益恭。⑤俯恭于伛，伛恭于偻。⑥不敢当道行也。⑦鼎也。⑧饘、鬻、糊，皆粥糜也。糊作动字用。

正考父之子孔父嘉，为宋大司马。宋穆公疾，召大司马孔父，而属殇公焉。华督弑殇公，遂杀孔父。其子奔鲁，始为陬⑨人。

⑨一本作郰，又作鄹，今山东曲阜县境。

孔子父郰叔纥多武力，为郰邑大夫。

郰叔纥之名见《左传》。郰，鲁邑，叔其字，纥其名。犹云卫叔封、申叔时也。《史记》作叔梁纥，未知所本，当从《左传》为正。（据崔述《洙泗考信录》。）

鲁人从晋伐偪阳，围之。偪阳人启门，诸侯之士门焉。县门发⑩，郰人纥抉⑪之，以出门者⑫。（《左传》襄公十年）

⑩门悬于上，机发而下也。⑪举也。⑫诸侯之士已入门内者。

高厚⑬围臧纥⑭于防，师⑮自阳关逆臧孙，至于旅松。郰叔纥、臧畴、臧贾，帅甲三百，宵犯齐师，送之而复⑯。齐师去之。（《左传》襄公十七年）

⑬齐人。⑭鲁人，即臧孙。⑮鲁师。⑯夜送臧孙于旅松，而还守防。

母颜氏⑰，名徵在⑱。

⑰见《史记·孔子世家》。⑱见《小戴礼记·檀弓》。

《史记·孔子世家》又云："纥与颜氏女祷于尼丘，野合而生孔子。"此因后人尊孔子为大圣，故谓其感天而生也。

二　孔子之诞生及幼时

孔子之生,为周灵王二十一年,即鲁襄公之二十二年。(西历纪元前五五一年)

孔子生而叔梁纥死①。

①见《史记·孔子世家》。惟未明记孔子生后何年。《家语》云:"孔子三岁而叔梁纥卒。"无确据,不可必信。

孔子为儿嬉戏,常陈俎豆,设礼容。(《孔子世家》)

三　孔子之少年

子曰:"吾少也贱,故多能鄙事。"(《子罕》)

孔子尝为委吏①矣,曰:"会计当而已矣。"尝为乘田②矣,曰:"牛羊茁③壮长而已矣。"(《孟子·万章》下)

①主委积仓庾之吏也。②苑囿之吏也。③茁,生长貌。

《史记·世家》云:"孔子贫且贱。及长,尝为季氏史,料量平。尝为司职吏,而畜蕃息。"委季、吏史四字相似,故误;后人又妄加氏字耳。孔子盖未为季氏家臣。畜牧不可以云司职,二字亦误。(据崔述《洙泗考信录》。)

子曰:"吾十有五而志于学。"(《为政》)

卫公孙朝问于子贡曰:"仲尼焉学?"子贡曰:"文、武之道,未坠于地,在人。贤者识其大者,不贤者识其小者,莫不有文、武之道焉。夫子焉不学,而亦何常师之有?"(《子张》)

传言孔子问礼老聃,访乐苌弘,问官郯子,学琴师襄。其人苟有善言善行足取,孔子皆从而师之。

达巷党④人曰:"大哉孔子!博学而无所成名。"(《子罕》)
④五百家为党。

公至自楚,孟僖子病⑤不能相礼,乃讲学之,苟能礼者从之。及其将死也,召其大夫⑥曰:"礼,人之干也。无礼无以立。吾闻将有达者,曰孔丘,圣人之后也。……臧孙纥有言曰:'圣人有明德者,若不当世,其后必有达人。'今其在孔丘乎?我若获没,必属说⑦与何忌⑧于夫子,使事之而学礼焉,以定其位!"故孟懿子与南宫敬叔师事仲尼。(《左传》昭公七年)
⑤恨也。三月公如楚,郑伯劳之,僖子为介,不能相仪。及楚,不能答郊劳。⑥家臣。⑦敬叔。⑧懿子。

《左传》此文载于昭公七年,而孟僖子之卒,实在昭公二十四年,时孔子三十四岁。《世家》云:"孔子年十七,孟厘子(厘即僖字,古通用)卒,懿子及南宫敬叔往学礼焉。"是误以昭公七年为孟僖子之卒年也,相差远矣。又有南宫敬叔与孔子适周,问礼见老子云云;所记盖亦多误,不足信。

其时孔子盖已好学知礼,见重于贵族矣。

四　孔子往齐

孔子年三十五,当鲁昭公之二十五年,昭公讨季氏不克,出奔齐。鲁乱,孔子适齐。

《史记·世家》云:"昭公二十年,齐景公与晏婴来适鲁,景公问孔子曰:'昔秦穆公国小处僻,其霸何也?'对曰:'秦国虽小,其志大;处虽僻,行中正。身举五羖,爵之大夫,起累绁之中,与语三日,授之以政。以此取之,虽王可也,其霸小矣。'景公说。"今按:以王、霸分言,乃战国时人语,且《春秋》经传均不载齐君如鲁事。恐不可信。

> 齐景公问政于孔子,孔子对曰:"君君,臣臣,父父,子子。"公曰:"善哉!信如君不君,臣不臣,父不父,子不子,虽有粟,吾得而食诸?"(《颜渊》)

当此时,季氏逐昭公,又陈桓①制齐,君不君,臣不臣,故孔子以此对。然孔子后亦不得志于齐,遂返鲁。

①桓子无宇也，陈乞之父，陈恒之祖。旧注作陈恒者误。

《墨子·非儒》下云："孔丘之齐，见景公。景公说，欲封之以尼溪，以告晏子。晏子曰：'不可。夫儒，浩倨而自顺者也，不可以教下；好乐而淫人，不可使亲治；立命而怠事，不可使守职；崇丧遂哀，不可使慈民；危服偯容，不可使导众。孔子盛容修饰以蛊世，弦歌鼓舞以聚徒，繁登降之礼以示仪，务趋翔之节以劝众。博学不可使仪世，劳思不可以补民，累寿不能尽其学，当年不能行其礼，积财不能赡其乐。繁饰邪术以惑世君，盛为声乐以淫愚民，其道不可以示世，其学不可以导众。今君封之以移齐俗，非所以导国先众。'公曰：'善！'于是厚其礼，留其封，敬见而不问其道。孔子乃恚怒于景公与晏子，归于鲁。"（以上《墨子》文。）其语又见《晏子春秋》。马骕曰："此等本墨氏非儒谤圣之言，不宜入《晏子》书中。"（《绎史》）然亦足以见儒墨之异同，故特录于此。

又《吕氏春秋》云：孔子见齐景公，景公致廪丘以为养。孔子辞不受，入谓弟子曰："吾闻君子当功以受禄。今说景公，景公未之行，而赐之廪丘，其不知丘亦甚矣！"令弟子趣驾而行。

《论语》亦记其事云：齐景公待孔子，曰："若季氏则吾不能，以季、孟之间待之。"曰："吾老矣，不能用也。"孔子行。（《微子》）

考其时势，殆亦未合。孔子在昭公世，未为大夫，班尚卑，望尚轻;景公非能深知孔子,何故即思以上卿待之,而云"以季氏则不能"哉?景公是时年仅四五十岁,其后在位尚二十余年,岁会诸侯,与晋争霸,亦不当云"老不能用"也。《微子篇》本多不可信语,此亦其一也。(据崔述《洙泗考信录》。)

孔子之去齐,接淅而行。孟子曰:"去齐,接淅而行,去他国之道也。"(《孟子·尽心》下)

五 孔子返鲁

孔子不得志于齐而返鲁。

鲁自大夫以下皆僭,离于正道。桓子嬖臣仲梁怀,与阳虎有隙,阳虎执怀,囚桓子,与盟而醳之。阳虎益轻季氏。季氏亦僭于公室,陪臣执国政。故孔子不仕,退而修《诗》《书》礼乐。弟子弥众,至自远方,莫不受业焉。(见《孔子世家》。)

阳货①欲见孔子,孔子不见,归②孔子豚。孔子时③其亡④也,而往拜之。遇诸涂。谓孔子曰:"来!予与尔言。曰:怀其宝⑤而迷其邦,可谓仁乎?"曰:"不可。""好从事而亟⑥失时,可谓知乎?"曰:"不可。""日月逝矣!岁不我与。"孔子曰:"诺!吾将仕矣。"(《阳货》)

①鲁大夫。②馈也。③伺也。④出在外也。⑤道也。⑥屡也。

此事又见于《孟子》,云:"阳货欲见孔子,而恶无礼。大夫有赐于士,不得受于其家,则往拜其门。阳货瞰孔子之亡也,而馈孔子蒸豚;孔子亦瞰其亡也,而往拜之。"(《滕文公》下)

孔安国注:"阳货,阳虎也,季氏家臣,而专鲁国之政。"崔述疑之。云:"虎乃季氏家臣,虽专政,未尝为大夫,孟子岂得称虎曰大夫哉?纵使虎妄自居于大夫,孔子岂得遂以大夫礼尊之哉?"然《左》昭七年,孟僖子将死,召其大夫曰云云,即家臣亦得僭称大夫之证。《檀弓》记陈子车之死,其妻与其家大夫谋以殉葬,则家臣之得称大夫固矣。

其后定公以孔子为司寇,其政治事业可纪者凡二:

一、夹谷之会

(定公十年)夏,公会齐侯于祝其,实夹谷。孔丘相⑦。犁弥言于齐侯曰:"孔丘知礼而无勇,若使莱人⑧以兵劫鲁侯,必得志焉。"齐侯从之。孔丘以公退,曰:"士兵之⑨。两君合好,而裔⑩夷之俘以兵乱之,非齐君所以命诸侯也。裔不谋夏,夷不乱华,俘不干盟,兵不逼好;于神为不祥,于德为愆义,于人为失礼,君必不然。"齐侯闻之,遽辟⑪之。将盟,齐人加于载书曰:"齐师出境,而不以甲车三百乘从我者,有如此盟。"孔丘使兹无还揖对曰:"而不反我汶阳之田,吾以共命者,亦如之。"齐侯将享公,孔丘谓梁丘据曰:"齐、鲁之故⑫,吾子何不闻焉?事⑬既成矣,而又享之,是勤执事也。且牺象⑭不出门,嘉乐⑮

不野合，飨而既具，是弃礼也；若其不具，用秕稗⑯也。用秕稗，君辱；弃礼，名恶。子盍图之？夫享，所以昭德也；不昭，不如其已也。"乃不果享。齐人来归郓、讙、龟阴之田。(《左传》)

⑦相礼也。诸侯盟会，上卿为相。以孔子知礼，故越次使之，故或谓之摄相。后人误为鲁相者，非也。⑧齐所灭莱夷也。⑨命士击莱人也。⑩远也。⑪辟去莱兵。⑫旧典也。⑬会事。⑭酒器。⑮钟磬。⑯秕，谷不成者。稗，草似谷者。用秕稗，犹今云不成体统也。

此孔子外交上之胜利，全本于其守礼之精神也。

二、堕三都

孔子曰："天下有道，则礼乐征伐自天子出；天下无道，则礼乐征伐自诸侯出。自诸侯出，盖十世希不失矣。自大夫出，五世希不失矣。陪臣⑰执国命，三世希不失矣。天下有道，则政不在大夫；天下有道，则庶人不议。"(《季氏》)

⑰家臣也。

孔子曰："禄之去公室，五世矣；政逮于大夫，四世矣。故夫三桓⑱之子孙微矣！"(《季氏》)

⑱鲁仲孙、叔孙、季孙三卿，皆出桓公，故曰三桓。

孔子论政最重礼。礼者，即古代阶级制度之一切典制仪文也。孔子以为贵族专政，阶级制度既渐次崩坏，则贵族自身亦将失势。故为公谋、为私谋,莫如复礼,复礼则上下相安而世平治矣。此孔子对于当时政治上之意见也。

> 孔子行乎季孙,三月不违。曰:"家不藏甲,邑无百雉之城。"于是帅师堕郈[19],帅师堕费[20]。(《公羊传》定公十二年)
>
> [19]叔孙氏邑。[20]季孙氏邑。

> 孟子曰:"孔子有见行可[21]之仕。于季桓子,见行可之仕也。"(《万章》下)
>
> [21]冀可行道。

然孔子"堕三都"之主张,在当时实遇重大之阻力。《左传》记其事云:

> 仲由为季氏宰,将堕三都,于是叔孙氏堕郈。季氏将堕费,公山不狃、叔孙辄帅费人以袭鲁。公与三子入于季氏之宫,登武子之台,费人攻之,弗克。入及公侧,仲尼命申句须、乐颀下伐之。费人北,国人追之,败诸姑蔑。二子奔齐,遂堕费。将堕成[22],公敛处父谓孟孙[23]:"堕成,齐人必至于北门。且成,孟氏之保障也,无成,是无孟氏也。子伪不知,我将不堕。"冬十二月,公围成,弗克。(定公十二年)
>
> [22]仲孙氏邑。[23]仲孙氏后改称孟氏。

孔子复礼之主张遂沮。

定公问:"君使臣,臣事君,如之何?"孔子对曰:"君使臣以礼,臣事君以忠。"(《八佾》)

定公问:"一言而可以兴邦,有诸?"孔子对曰:"言不可以若是其几也。人之言曰:'为君难,为臣不易。'如知为君之难也,不几乎一言而兴邦乎?"曰:"一言而丧邦,有诸?"孔子对曰:"言不可以若是其几也。人之言曰:'予无乐乎为君,唯其言而莫予违也。'如其善而莫之违也,不亦善乎?如不善而莫之违也,不几乎一言而丧邦乎?"(《子路》)

此二条,当亦在孔子为鲁司寇之时。

子路使子羔为费[24]宰,子曰:"贼夫人之子!"子路曰:"有民人焉,有社稷焉,何必读书,然后为学。"子曰:"是故恶夫佞者!"(《先进》)

[24] 或作郈。盖当时费、郈初堕,不可无良宰,仲由为季氏宰,故使子羔往也。

公伯寮愬[25]子路于季孙。子服景伯以告,曰:"夫子固有惑志[26]于公伯寮,吾力犹能肆诸市朝[27]。"子曰:"道之将行也与,命也!道之将废也与,命也!公伯寮其如命

何！"(《宪问》)

㉕谗也。㉖信谗也。㉗陈尸市朝也。

孔子为鲁司寇，子路为季氏宰，实相表里。堕都之事，子路主其谋。子路见疑，即孔子不用之由。此事当在堕都之后，孔子将去鲁之前也。

孔子为鲁司寇，不用，从而祭，燔肉㉘不至。不税冕㉙而行。(《孟子·告子》下)

㉘祭肉也。古者国君祭，以祭肉分赐大夫，礼也。㉙税冕，脱冕也。礼，大夫冕而祭于公。孔子不脱冕而行，孟子所谓"欲以微罪行"者也。

齐人归女乐，季桓子受之，三日不朝，孔子行。(《微子》)

《论语》《孟子》言孔子出行之故不一，要之，孔子以不信用故行也。

《史记·世家》云："孔子与闻国政三月，齐人闻而惧，曰：'孔子为政必霸，霸则吾地近焉，我为之先并矣，盍致地焉？'犁鉏曰：'请先尝沮之！沮之而不可，则致地，庸迟乎？'于是选齐国中女子好者八十人，皆衣文衣而舞康乐，文马三十驷，遗鲁君。陈女乐文马于鲁城南高门外。季桓子微服往观，再三，将受；乃语鲁君为周道游，往观终日，怠于政事。子路曰：'夫子！可以行矣！'孔子曰：'鲁今且郊，如致膰乎大夫，则吾犹可以止。'桓子卒受齐女乐，三日不听政。郊，又不致膰俎于大夫。孔子遂行，宿乎屯。师已送，曰：'夫子则非罪！'孔子曰：'吾歌可乎！'歌曰：'彼妇之口，可以出走；彼妇之谒，可以死败。优哉游哉！聊以卒岁！'师已反，桓子曰：'孔子亦何言？'师已以实告。桓子喟然叹曰：'夫子罪我以群婢故也夫！'"《史记》所载，盖即据《论语》《孟子》之言而加详。崔述疑其事，谓"出战国策士所伪撰"。

今按：孔子主复古礼，以抑当时贵族阶级之奢僭，故内则权家抗其政，外则敌国忌其事，谗间交作，决非一端；《史记》所载，容有其事，故并附录于此。

孔子之见信用于鲁者，盖仅三月之久。其去鲁，在定公之十三年，时孔子五十五岁。

孔子之去鲁，曰："迟迟吾行也。"去父母国之道也。（《尽心》下）

六　孔子适卫

孔子去鲁，遂适卫，当卫灵公三十八年。

子适卫，冉有仆[①]。子曰："庶矣哉！"冉有曰："既庶矣，又何加焉？"曰："富之。"曰："既富矣，又何加焉？"曰："教之。"（《子路》）

①御也。

子曰:"鲁、卫之政,兄弟也。"(《子路》)

于卫,主颜雠由②。弥子③之妻与子路之妻,兄弟也。弥子谓子路曰:"孔子主我,卫卿可得也。"子路以告。孔子曰:"有命。"(《万章》上)

②卫贤大夫。③弥子瑕,卫君之宠臣也。

王孙贾④问曰:"'与其媚于奥⑤,宁媚于灶⑥。'何谓也?"子曰:"不然。获罪于天,无所祷也。"(《八佾》)

④卫大夫执政者。⑤内也,喻近臣。⑥自喻,讽孔子使媚己也。

卫灵公问孔子:"居鲁得禄几何?"对曰:"奉粟六万。"卫人亦致粟六万。(《孔子世家》)

孟子曰:"孔子有际可⑦之仕。于卫灵公,际可之仕也。"(《万章》下)

⑦际,接也。接遇有礼亦可仕。

孔子居卫五年,灵公卒,孔子遂去。

按《史记·世家》记孔子于卫灵公时,凡四去卫,最后因灵公问陈而遂行,皆不可信。今不取。

冉有曰:"夫子为⑧卫君⑨乎?"子贡曰:"诺。吾将问之。"入曰:"伯夷、叔齐,何人也?"曰:"古之贤人也。"曰:

"怨乎?"曰:"求仁而得仁,又何怨。"出曰:"夫子不为⑩也。"(《述而》)

>^⑧助。⑨辄也。卫灵公逐太子蒯聩,公薨而立孙辄。晋人纳蒯聩于卫,卫人奉辄者拒之。⑩辄之立及拒蒯聩,以王父之命为辞。然夷齐亦是父命。不拘执父命而让国,孔子贤之,则知孔子不助卫君矣。

按《春秋》哀二年:"夏,卫灵公卒。六月乙酉,晋赵鞅纳卫太子于戚。"子父相抗之形已成。时孔子犹未去卫,二子之问如此,甚切当时情事。《世家》于孔子反卫,仅记子路问"卫君待子为政"一节,亦不谓此章在自陈反卫之后。自苏子由《古史》以下,始以此章为孔子反卫后语。今亦无以确定,姑置于此。

仪封人⑪请见,曰:"君子之至于斯也,吾未尝不得见也。"从者见之。出曰:"二三子何患于丧⑫乎?天下之无道也久矣!天将以夫子为木铎⑬。"(《八佾》)

>⑪仪,卫邑,在西南境。封人,官名。⑫失位也。⑬大铃,金口木舌。谓天将使孔子发大声宣扬天道也。

按此盖孔子去卫适陈时事。阎若璩谓在孔子失鲁司寇初至卫时,以地望考之不合,今不取。

七　孔子过宋

孔子既去卫。

> 过曹，过①宋，又过郑，遂至陈。(《孔子世家》)
> ①过宋、过郑，《世家》皆作适，依臧庸说改。

其过宋，遭桓魋之难。

> 孔子不悦于鲁卫，遭宋桓司马，将要而杀之，微服而过宋。(《万章》上)
> 子曰："天生德于予，桓魋其如予何？"(《述而》)

《史记·世家》云："孔子去卫过曹，去曹适宋，与弟子习礼大树下。宋司马桓魋欲杀孔子，拔其树，孔子去。"《艺文类聚》引《典略》云："孔子过宋，与弟子习礼于树下，宋司马桓魋使人拔其树，去适于野。"庄子言孔子伐檀于宋，即指此事。然则孔子殆亦以讲礼见逐耳。盖孔子主复古礼，于当时奢僭之贵族皆不便。桓魋拔其树，亦深恶其习礼也。孟子谓"将要而杀之"，其甚言矣乎？

八　孔子南游陈蔡

孔子在陈。

> 主司城贞子,为陈侯周臣。(《万章》上)
>
> 在陈绝粮,从者病,莫能兴。子路愠见,曰:"君子亦有穷乎!"子曰:"君子固穷,小人穷,斯滥矣。"(《卫灵公》)
>
> 孟子曰:"君子之厄于陈蔡之间,无上下之交也。"(《尽心》下)

今按:《荀子》亦云:"孔子南适楚,厄于陈蔡之间。七日不火食,藜羹不糁,弟子皆有饥色。"(《宥坐篇》)则孔子陈蔡之厄,仅乃经济之困乏耳。而《史记·世家》:"孔子迁于蔡三岁,吴伐陈,楚救陈,军于城父。闻孔子在陈蔡之间,使人聘孔子,孔子将往拜礼。陈蔡大夫谋曰:'孔子贤者,所刺讥皆中诸侯之疾。孔子用于楚,则陈蔡用事大夫危矣。'乃相与发徒役,围孔子于野。不得行,绝粮。孔子讲诵弦歌不衰。于是使子贡至楚,楚昭王兴师迎孔子,然后得免"云云。则孔子之在陈蔡,乃遭兵戈之围矣。此说不可信,后人辨者甚众。崔述曰:"楚大国也,陈蔡之畏楚久矣。况是时,吴师在陈城下,陈旦夕不自保,何暇出师以围布衣之士?陈方引领以待楚救,而乃围其所聘之人,以撄楚怒,欲何为者?哀之元年,楚子围蔡，蔡于是请迁于吴；二年，迁于州来；其畏楚也如此。幸其不伐足矣，安敢自生兵端？由是言之，谓陈蔡之大夫围孔子者，妄也。蔡方事吴，陈方事楚，楚围蔡而陈从之，陈围蔡而吴伐之，陈之与蔡仇雠也。且蔡迁于州来，去陈远矣，孔子时既在蔡，蔡人欲围孔子，斯围之耳，不必远谋之陈。比陈知孔子之往，则孔子已至楚矣。由是言之，谓陈蔡之大夫相与谋围孔子者，妄也。陈蔡合兵而来，当不下万余人，孔子之从者，不过数十人，围而杀之，如反掌耳。围之七日，至于绝粮，而不肯杀，又不肯縶之以归国。老师费财，意欲何为？设使楚竟不救，将坐俟其饿死而后去乎？其为谋亦拙矣！由是言之，谓陈蔡之大夫相与谋围孔子，使之绝粮，待楚救至而后免者，妄也。此皆时势之所必无，人情之所断不然者。"(《洙泗考信录》卷三）然则孔子何由见厄？盖其时吴方伐陈，孔子本仕于陈，至是乃去而之楚，见叶公。以陈被兵乱，故孔子遂困于中途耳。云陈蔡之间者，此乃叶公所居故蔡之地，非迁吴之蔡国也。

叶公问政，子曰："近者悦，远者来。"（《子路》）

今按：叶公楚臣，在蔡。《左传》哀公二年，蔡迁于州来；四年，叶公诸梁致蔡于负函。蔡既迁于州来，去陈益远，《论语》所云"从我于陈蔡"者，乃负函之蔡，非州来之蔡也。叶公楚卿，楚新得蔡地，故使出镇。孔子自陈往，中途绝粮。逮至蔡,与相问答。其后叶公请老,乃归于叶也。

子在陈曰:"归与!归与!吾党之小子狂简①,斐然成章,不知所以裁之。"(《公冶长》)
①大也。狂者进取有大志。

孔子在陈曰:"盍归乎来!吾党之士狂简,进取不忘其初。"(《尽心》下)

此孔子既游陈蔡,不得意而思归之言也。此后即复返卫。其他尚有楚昭王召孔子,及孔子赴晋临河而返诸说,不见于《论语》,其事皆不足信。今不载。

九 隐者之讥

孔子周游在外,时遇隐者,致讽谕规惜之意。

微生亩①谓孔子曰:"丘,何为是栖栖②者与?无乃为佞乎?"孔子曰:"非敢为佞也,疾固③也。"(《宪问》)
①亩名。呼夫子而辞甚倨,盖年长而隐者。②不肯安居也。③固,陋也。子欲居九夷,或曰陋,与此同意。

子路宿于石门④。晨门⑤曰:"奚自?"子路曰:"自孔

氏。"曰:"是知其不可而为之者与!"(《宪问》)

④鲁城门也。⑤主晨夜开闭者。

子击磬于卫。有荷蒉⑥而过孔氏之门者,曰:"有心哉!击磬乎!"既而曰:"鄙哉!硁硁乎!莫己⑦知也,斯已而已矣。深则厉⑧,浅则揭。"(《宪问》)

⑥草器所以盛土。⑦音纪,人己也。已而已矣,犹孟子云"独善其身"。⑧履石渡水。荷蒉者引《诗》喻当随时变化。

楚狂接舆⑨歌而过孔子曰:"凤兮!凤兮!何德之衰⑩!往者不可谏,来者犹可追。已而!已而!今之从政者殆而!"孔子下⑪,欲与之言。趣而避之,不得与之言。(《微子》)

⑨楚人佯狂者。⑩比孔子也。⑪下车也。

长沮、桀溺耦⑫而耕,孔子过之,使子路问津⑬焉。长沮曰:"夫执舆⑭者为谁?"子路曰:"为孔丘。"曰:"是鲁孔丘与?"曰:"是也。"曰:"是知津矣!"问于桀溺。桀溺曰:"子为谁?"曰:"为仲由。"曰:"是鲁孔丘之徒与?"对曰:"然。"曰:"滔滔者天下皆是也,而谁以⑮易之?且而与其从辟人之士⑯也,岂若从辟世之士⑰哉?"耰⑱而不辍。子路行,以告。夫子怃然⑲曰:"鸟兽不可与同群,吾非斯人之徒与而谁与⑳!天下有道,丘不与易也。"(《微子》)

⑫同偶。⑬济渡处。⑭执辔。⑮同与,言与谁易此滔滔者也。

⑯指孔子。⑰自指。⑱覆种也。⑲失意貌。⑳言不当辟世也。

子路从而后，遇丈人㉑，以杖荷蓧㉒。子路问曰："子见夫子乎？"丈人曰："四体㉓不勤，五谷不分㉔，孰为夫子！"植㉕其杖而芸㉖。子路拱而立。止子路宿，杀鸡为黍而食之，见其二子焉。明日，子路行，以告。子曰："隐者也！"使子路反见之，至则行矣。子路曰："不仕无义，长幼之节不可废也，君臣之义，如之何其废之？欲洁其身，而乱大伦。君子之仕也，行其义也。道之不行，已知之矣。"（《微子》）

㉑老人。㉒竹器。㉓四肢。㉔犹言不辨菽麦。责子路不务农而从师远游。㉕立。㉖去草。

子曰："贤者辟世，其次辟地，其次辟色，其次辟言。"子曰："作㉗者七人矣！"（《宪问》）

㉗"见几而作"之作。

孔子虽有志用世，而亦深有取乎隐者，观其"七人"之概可见。

一〇　孔子自卫返鲁

（卫出公）八年，孔子自陈入卫。（《史记·卫世家》）

子路曰："卫君①待子而为政，子将奚先？"子曰："必也正名乎!"子路曰:"有是哉!子之迂也!奚其正?"子曰:"野哉由也!君子于其所不知,盖阙如也。名不正则言不顺,言不顺则事不成,事不成则礼乐不兴,礼乐不兴则刑罚不中,刑罚不中则民无所措手足。故君子名之必可言也,言之必可行也。君子于其言,无所苟而已矣。"(《子路》)

①出公辄也。

孟子曰:"孔子有公养之仕。于卫孝公②,公养之仕也。"
(《万章》下)

②孝公即出公辄。

考传记所载,无孔子与卫孝公问答之语。则是孝公年少,尚未知与孔子相周旋,但致饔饩于孔子耳。是以孟子谓之"公养之仕"。其后鲁人以币召孔子,孔子遂归鲁。见《史记·世家》。

孔子去鲁,凡十四岁而返鲁。时为鲁哀公之十一年,孔子年六十八岁矣!

季孙欲以田赋,使冉有访于仲尼,仲尼曰:"丘不识也。"三发,卒曰:"子为国老,待子而行,若之何子之不言也?"仲尼不对,而私于冉有曰:"君子之行也,度于礼。施取其厚,事举其中,敛从其薄;如是则以邱③亦足矣。若不度于礼,而贪冒无厌,则虽以田赋,将又不足。

且子季孙若欲行而法，则周公之典在；若欲苟而行，又何访焉？"弗听。十二年春王正月，用田赋。（《左传》哀公十二年）

③邱，十六井。邱赋之法，因其田财通出马一匹，牛三头。今欲于邱赋外别计其田增赋。

则孔子以礼治国之主张始终未变，鲁人虽召之归，亦未能真用孔子也。

陈成子弑简公④。孔子沐浴而朝，告于哀公曰："陈恒弑其君，请讨之！"公曰："告夫三子。"孔子曰："以吾从大夫之后，不敢不告也。君曰告夫三子者！"之三子告，不可，孔子曰："以吾从大夫之后，不敢不告也！"（《宪问》）
④齐君。

《左传》亦记其事云：

齐陈恒弑其君壬⑤于舒州，孔丘三日斋而请伐齐，三。公曰："鲁为齐弱久矣，子之伐之，将若之何？"对曰："陈恒弑其君，民之不与者半。以鲁之众，加齐之半，可克也。"公曰："子告季孙！"孔子辞，退而告人曰："吾以从大夫之后也，故不敢不言。"（哀公十四年）
⑤简公。

盖孔子君君臣臣之主张,至此已大不行于当世。臣弑其君,子弑其父,莫能救正。鲁既不能用孔子,孔子亦老,从此不复有志于用世矣。

一一 孔子之慨叹

孔子皇皇奔走,年老返鲁,不得志于天下,故时有慨叹之言。

> 子曰:"莫我知也夫!"子贡曰:"何为其莫知子也?"子曰:"不怨天,不尤人,下学而上达,知我者其天乎!"(《宪问》)
>
> 子谓颜渊曰:"用之则行,舍之则藏,惟我与尔有是夫!"(《述而》)
>
> 子曰:"苟有用我者,期月①而已可也。三年有成。"(《子路》)
> ①期年也。
>
> 子贡曰:"有美玉于斯,韫椟②而藏诸?求善贾③而沽④诸?"子曰:"沽之哉!沽之哉!我待贾者也。"(《子罕》)
> ②韫藏,椟匮。③价。④卖。
>
> 子曰:"道不行,乘桴⑤浮于海,从我者其由与?"子

论语要略

路闻之喜。子曰:"由也,好勇过我,无所取材⑥。"(《公冶长》)
⑤编竹木,大者曰筏,小者曰桴。今云排。⑥为桴之材也。孔子微言寄慨,子路信为实然,故孔子戏之。

子欲居九夷。或曰:"陋,如之何!"子曰:"君子居之,何陋之有⑦?"(《子罕》)
⑦孔子特托意激世,不必以"化夷为夏"泥之。

子在川上,曰:"逝者如斯夫!不舍昼夜⑧。"(《子罕》)
⑧孙绰曰:"川流不舍,年逝不停,时已晏矣!而道不兴,所以忧叹也。"

子曰:"凤鸟不至,河不出图,吾已矣夫⑨!"(《子罕》)
⑨凤鸟河图,圣人受命之祥。孔子伤时无明君也。

一二 孔子之卒

孔子卒于周敬王四十一年,即鲁哀公之十六年(西历纪元前四七九年)。以周岁增年计之,孔子寿七十有二。(或以生年移前一年,则七十三岁。)《檀弓》记其事云:

孔子蚤作,负手曳杖,逍遥于门,歌曰:"泰山其颓乎!梁木其坏乎!哲人其萎乎!"既歌而入,当户而坐。子贡闻之,曰:"泰山其颓,则吾将安仰!梁木其坏,则吾将安放①!夫子殆将病也?"遂趋而入。夫子曰:"赐!

尔来何迟也？夏后氏殡②于东阶之上，则犹在阼③也。殷人殡于两楹之间，则与宾主夹之也。周人殡于西阶之上，则犹宾之也。而丘也，殷人也。予畴昔之夜，梦坐奠④于两楹之间。夫明王不兴，天下其孰能宗⑤予！予⑥殆将死也！"盖寝疾七日而殁。

①依也。梁木，众木所依。今本下有"哲人其萎"四字，据王引之说删。②停柩涂木曰殡。③主人之位。④定也，坐奠犹言安坐。⑤尊。⑥孔子自言梦安坐于两楹之间，既非南面听治之象，则必为殷家丧殡之兆，故自卜其将死也。

崔述云："按《论语》所记孔子之言多矣，大抵皆谦逊之辞，而无自圣之意；皆明民义所当为，而不言祸福之将至。独此歌以泰山、梁木、哲人自谓，而预决其死于梦兆，殊与孔子平日之言不类。恐出于后人传闻附会之言。"今按：崔说甚是。然孔子曰："天生德于予。"则不嫌其称哲人矣。又曰："凤鸟不至，河不出图。"则不嫌其验梦兆矣。古人传说，非有关于是非之大者，置而不辨可也。

《左传》亦记其事云：

（哀公十六年）夏四月己丑，孔丘卒。公诔之曰："旻天不吊，不慭⑦遗一老，俾屏⑧余一人以在位，茕茕余在疚⑨。呜呼！哀哉！尼父！无自律⑩。"子贡曰："君其不殁于鲁乎？夫子之言曰：'礼失则昏，名失则愆。'失志为昏，失所为愆。生不能用，死而诔之，非礼也。称一人，非名⑪。君两失之。"

⑦且。⑧蔽。⑨病。⑩丧孔子无以自为法。⑪非天子不得称"一人"。

《檀弓》又记其事云：

孔子之丧，门人疑所服。子贡曰："昔者夫子之丧颜渊，若丧子而无服。丧子路亦然。请丧夫子，若丧父而无服！"

《孟子》又记其事云：

昔者孔子殁，三年之外，门人治任⑫将归，入揖于子贡，相向而哭，皆失声，然后归。子贡反，筑室于场⑬，独居三年，然后归。(《滕文公》上)

⑫担也，今云行李。⑬祭神道也。冢墓之南，筑地使平坦以为祭祀者。

《史记》又记其事云：

孔子葬鲁城北泗上，……弟子及鲁人往从冢而家者，百有余室，因命曰孔里。鲁世世相传，以岁时奉祠孔子冢，而诸儒亦讲礼《乡饮》《大射》于孔子冢。孔子冢大一顷，故所居堂弟子⑭内，后世因庙藏孔子衣、冠、琴、车、书。至于汉，二百余年不绝。(《孔子世家》)

⑭当作"故弟子所居堂内"，传写误倒。

此外孔子事迹见于《论语》者，尚有公山不狃之召，佛肸之召，匡人之围，及在卫见灵公夫人南子诸项。然自来为诸儒所疑辨，其于孔子一生事业，亦殊无重大关系。故今统为删去，不复列入。其他传记载孔子事者尚多，或荒诞不可信，而皆不足以见孔子之真与其大，故均弗列。凡欲求孔子一生事业之真与其大者，则此篇所载，亦十得其八九矣。

论曰：孔子，千古之大圣也。然而孔子二千五百年前之人物也。尚论二千五百年前之人物，不可以不知二千五百年前之社会。当二千五百年前社会之情形，与今日绝相悬殊者，厥有一端，曰"贵族阶级之存在"是已。于斯时也，社会有显相分别之两阶级，一曰"贵族"，一曰"平民"。天子诸侯公卿大夫，凡社会中之握政权者，莫不由贵族世袭；而平民则仅为贵族之仆役，平居则授田耕牧以奉养其上，有事则赋甲从戎以捍御其敌。在二千五百年前之人类，盖有层层固定之阶级，其权利义务，即视其阶级之等差而不同。而当时亦咸以此为当然之现象，莫有悟其非者。及至孔子之时，贵族阶级已将次崩坏，诸侯上僭于天子，卿大夫上僭于诸侯，陪臣亦上僭于卿大夫。盖贵族阶级之自身，已不能自守其阶级之制限，甚至于臣弑其君，子弑其父，乱臣贼子不绝迹，而贵族阶级之自身，从此大乱。因贵族阶级之扰乱，而平民受其殃祸。孔子生于其时，其先世盖亦贵族之苗裔，早年即好学不倦，于从来贵族阶级一切制度礼乐，均所晓习。慨其时贵族之骄奢淫乱，而忧其不可久；感平民之困苦憔悴，而思有以拯之。于是始倡为"君君臣臣父父子子""正名""复礼"之主张。以为使贵族阶级能——恢复其从前相传之制度而恪守之,使诸侯尊其天子,卿大夫尊其诸侯,陪臣尊其卿大夫,则贵族之扰乱可以平息。为贵族者既可以长享其福利,而为平民者,亦得脱出于当时之祸殃,而安度其耕牧事上之生活。此孔子之理想,所毕生竭力以趋赴者也。然孔子自身,其在当时,则一贵族阶级中堕落之平民也。夫既为平民,则仅当依奉贵族之意志,而尽力以供役使;此当时人类所认为天经地义之大道也。而孔子顾不然。孔子以一平民,而出头批评贵族之生活,而欲加之以矫正。孔子曰:"天下有道,则庶人不议。"明其亦不得已也。然而从此乃招贵族之忌,奔走天下,栖栖皇皇,迄无宁止。削迹于宋,绝食于陈蔡,历人世之艰辛困厄,而其志不少变。鲁之晨门讥之曰:"是知其不可而为之者。"孔子亦自知之,故曰:"道之不行,已知之矣。"然而终不肯休者,在孔子亦有故。曰:"鸟兽不可与同群,吾非斯人之徒与而谁与?天下有道,丘不与易也。"孔子以为我既生斯世而为斯人矣,固当尽人群相处之道,岂可以目击世乱而不之救?而孔子又自负以救世之大任,曰:"天生德于予。"盖孔子之视世也甚亲,而自视也甚高。及其终不得志而归老于鲁,乃与其门弟子讲明人群相处之道,以谓不可行之于当时者,犹望其行之于后世。盖其意志之博大,其感情之深厚,有如此者。

孔子既不得行其志而死,其弟子终亦不能推行孔子之志,而贵族之骄奢淫乱日甚一日，平民之困苦憔悴亦日甚一日，而世乱遂日亟。此当为孔子所甚悲。然而自孔子以后，为平民者，乃始知贵族之有是非，而亦为吾平民所得而与闻之，而讥正之也。而为贵族者，自孔子以后，亦知平民之有可尊师，可敬信，可引与相共事，而不敢尽以仆役视平民。自此以往，相推相荡，至于战国之末，去孔子之死，二百五十年之间，而贵族阶级终至破灭，而社会人类渐享平等之福利。此实非孔子当时提倡"正名""复礼"之初心，而实符于孔子爱人救世之本意。且其风气亦自孔子"正名""复礼"之主张开其端。孔子之影响于当时之人心世局者如此。故在二千五百年前，而最先以一平民挺身反对贵族之生活，而提出矫正之主张者，孔子也。而孔子在当时，其于贵族、平民两阶级，实一视而同仁。在孔子之意，盖将跻一世人于和平康乐之境。而其自为谋也，则曰："饭疏食，饮水，曲肱而枕之，乐亦在其中矣。"故孔子之学说主张，犹不免二千五百年前人之色彩；而孔子之精神意气，实足以更历二千五百年而不朽。其精神意气之不朽，斯其所以为千古之大圣也。其学说主张，终不免带有时代之色彩，斯其所以为二千五百年前之人物也。然而孔子虽为二千五百年前之人物，而无害其为千古之大圣，斯则论孔子者所不可不明辨也。

一三　孔子年表

周灵王二一年 　鲁襄公二二年 （西元前五五一年）	孔子生。	
周景王元年 　鲁襄公二九年 （西元前五四四年）	孔子八岁。 为儿嬉戏，常陈俎豆，设礼容。	吴季札使诸侯，历交鲁叔孙穆子，齐晏平仲，郑子产，卫蘧瑗、史狗、史鳅、公子荆、公叔发、公子朝，晋赵文子、韩宣子、魏献子、叔向诸人。 明年，郑使子产为政，国大治。
周景王八年 　鲁昭公五年 （西元前五三七年）	孔子一五岁。 有志于学。	
周景王二〇年 　鲁昭公一七年 （西元前五二五年）	孔子二七岁。 郯子至鲁，孔子见之，学古官制焉。其为委吏、乘田，皆在前。	后三年，子产卒。
周敬王二年 　鲁昭公二四年 （西元前五一八年）	孔子三四岁。 鲁孟僖子卒，嘱其二子学礼于孔子。	
周敬王三年 　鲁昭公二五年 　齐景公三一年 （西元前五一七年）	孔子三五岁。 适齐，后返鲁。不仕而教授，弟子益进。	鲁昭公欲诛季氏，三桓攻公，公出居郓。鲁乱，孔子适齐。 鲁昭公在外七年，季氏为政。孔子于何年去齐归鲁，不可考。惟孔子曾观吴季札葬子嬴博间，事在鲁昭公二十七年。似其时孔子已反鲁。则在齐仅一年。

周敬王一五年 　鲁定公五年 （西元前五〇五年）	孔子四七岁。	鲁阳虎囚季桓子，与盟醳之。
周敬王一八年 　鲁定公八年 （西元前五〇二年）	孔子五〇岁。	鲁阳虎欲伐三桓，三桓攻阳虎，虎奔阳关。 明年，阳虎去鲁奔齐，孔子乃见用。
周敬王二〇年 　鲁定公一〇年 　齐景公四八年 （西元前五〇〇年）	孔子五二岁。 其时为鲁司寇。鲁定公与齐会夹谷，孔子相，齐人来归汶阳田。	齐晏平仲卒。
周敬王二二年 　鲁定公一二年 （西元前四九八年）	孔子五四岁。 见信于季孙，三月不达。堕郈，堕费。将堕成，弗克。	
周敬王二三年 　鲁定公一三年 　卫灵公三八年 （西元前四九七年）	孔子五五岁。 孔子不得志于鲁。春郊，膰肉不至，孔子去鲁，适卫。	
周敬王二七年 　鲁哀公二年 　卫灵公四二年卒 （西元前四九三年）	孔子五九岁。 去卫。	世家：孔子以鲁定公卒之岁去卫，尚前二年。不可据。

论语要略　　47

周敬王二八年 　鲁哀公三年 　宋景公二五年 　陈湣公一〇年 　（西元前四九二年）	孔子六〇岁。 过宋，至陈。	年表、世家均谓孔子以今年过宋，则去卫定在前岁。否则在途不应若是之久。 左传：哀公三年，孔子在陈，闻鲁火灾。知孔子即以是年至陈。
周敬王三一年 　鲁哀公六年 　陈湣公一三年 　楚昭王二七年卒 　卫出公四年 　（西元前四八九年）	孔子六三岁。 自陈如蔡，被兵绝粮。在蔡，见叶公，遂返卫。	吴伐陈，楚救陈，孔子绝粮在其时。不久即去。据世家：孔子即以是年返卫。年表：孔子返卫在哀公一〇年。不足据。
周敬王三六年 　鲁哀公一一年 　（西元前四八四年）	孔子六八岁。 鲁人以币召孔子，孔子返鲁。孔子之去鲁，至是十四年矣。	
周敬王三九年 　鲁哀公一四年 　（西元前四八一年）	孔子七一岁。齐陈恒弑其君简公，孔子请鲁君讨之，弗听。	是年，颜回卒，齐乱，宰予死之。明年，卫乱，仲由死之。
周敬王四一年 　鲁哀公一六年 　（西元前四七九年）	孔子七三岁。 夏四月己丑，孔子卒。	

第三章　孔子之日常生活

孔子，伟人也，既详其生平出处之大节，又当考其日常生活之情形，以见其人格之全部。兹据《论语》所载孔子日常生活诸端，略加纂辑如次：

一　平居之气象

子之燕①居，申申②如也，夭夭③如也。(《述而》)
①安也。退朝而居曰燕居。②整饬之貌，言其敬。③和舒之貌，言其和。

子温而厉④，威而不猛，恭而安。(《述而》)
④严肃也。

此记孔子平居之态度气象，而孔子之性情即可于此想见。

盖所谓圣人中和之气。孔子于德性之修养,既臻圆满,故其平常之蕴于中而发于外者,有如此也。

居不容。(《乡党》)

陆德明曰:"居不客,本或作容。"是唐时《论语》一本作客,一本作容也。臧琳之解曰:"居不客,言居家不以客礼自居。"是孔子之燕居,其优游自适,从容不迫之象可知也。孔子性嗜音乐,时与门人弟子,共相唱合,弦歌之声不绝。亦复散策舞雩,歌咏为娱。时或莞尔微笑,戏谑间作。则其态度之闲雅,襟怀之恬畅,绝无拘束危苦之状,而有从容中道之乐。其日常之生活,宜乎为门人弟子之目击而亲炙者所低徊向往而叹末由也。

子禽问于子贡曰:"夫子至于是邦也,必闻其政。求之与?抑与之与?"子贡曰:"夫子温[5]、良[6]、恭、俭、让以得之。夫子之求之也,其诸异乎人之求之与?"(《学而》)
[5]和柔也。[6]心之善。

子贡之言,足以想见孔子粹然中和之气象。盖孔子一言一行,皆平实圆满,绝无奇异偏僻;虽若人人常识中所能有,而自为人人日常践行所不及。其平实处即其伟大处,其圆满处即其卓绝处,宜其为千古人格之模范也。

二　哀乐之情感

子食于有丧者之侧，未尝饱①也。子于是日哭，则不歌②。(《述而》)

①哀不甘食也。②余哀未忘，自不能歌。

见齐衰③者，虽狎④必变⑤。(《乡党》)

③丧服。④习见。⑤变容。

凶服⑥者式⑦之。(《乡党》)

⑥送死之衣物。⑦又作轼，车前横木。以手伏轼示敬也。

此孔子对于死亡者之哀情，所谓恻隐之心，流露于不自禁也。

朋友死，无所归，曰："于我殡⑧。"(《乡党》)

⑧《檀弓》：宾客至，无所馆。子曰："生于我乎馆，死于我乎殡。"措辞不如《论语》，岂有宾客至而预言及其死者？

此孔子对于友谊之至情也。故伯牛有疾，孔子执其手而叹；颜渊之死，子哭之恸；子路之死，哭于中庭，而遂覆醢。盖孔子对于门弟子之情有如此也。

子钓⁹而不纲⑩,弋⑪不射宿⑫。(《述而》)
⑨一竿钓。⑩为大索横流,系多钩也。⑪缴射。⑫宿鸟。

孔子虽不废弋钓,然恻隐之心及于禽兽,亦仅求娱乐不务贪得也。

子在齐,闻《韶》,三月不知肉味,曰:"不图为乐之至于斯也!"(《述而》)
子与人歌而善,必使反⑬之,而后和之。(《述而》)
⑬反复也。

此可见孔子对于音乐趣味之深挚矣。要之,孔子盖为一感情恳至而酣郁之人,故其哀乐之情,皆沉着而深厚。而孔子一生之事业,亦胥由其恳至而酣郁之感情成之也。

三 日常之谈论

子所雅①言,《诗》《书》、执礼②,皆雅言也。(《述而》)
①正言其音,如今之国音。②谓执行礼事。

刘台拱《论语骈枝》云:"孔子生长于鲁,不能不鲁语。惟诵《诗》、读《书》、执礼,必正言其音,所以重先王之训典,谨末学之流失。"今按:凡此等处,孔子制行之谨,皆足以见孔子秉性之厚。在他人疑若规矩之束缚，在孔子则为性情之流露也。

> 子不语怪、力、乱、神。（《述而》）
> 子罕③言利，与④命，与仁。（《子罕》）
> ③少也。④赞许也。

此记孔子日常所言论也。今按：利、命、仁三者，孔子言仁最多，言命次之，言利最少。孔子遇难有不避，则曰有命；如遭桓魋之难，则曰"天生德于予"是也。孔子见利有不趋，则曰有命；如弥子招孔子主其家，孔子拒之，曰"有命"是也。孔子当敌仇有不报，则曰有命；如公伯寮愬子路，孔子不引以为怨，曰"有命"是也。凡孔子言命，皆有甚深意味，急切难以喻人者，而诿之曰命。故曰"不知命无以为君子"，是孔子深许命也。而《论语》载孔子言仁最多。盖孔子视仁极重，故群弟子凡孔子言仁，皆详记焉。至于利，则孔子虽毕生孜孜，志在利济，然利为人所乐趋，恐言之而多误会赖借，故孔子罕言也。

四　应事之态度

> 子绝四：毋意①，毋必②，毋固③，毋我④。（《子罕》）
> ①臆度。②期必。③执滞。④私己。

论语要略　53

此写孔子性格之流行而圆通也。故孟子曰:"孔子,圣之时者也。"正指其性格之流行圆通而言。然自与乡愿之同流俗合污世者不同,复与长沮、桀溺辈知其不可则已者有辨。此孔子性格之所以为大,而有"莫我知"之叹也。

  子之所慎:齐、战、疾。(《述而》)
  祭如在。祭神,如神在。子曰:"吾不与祭,如不祭。"(《八佾》)

凡此皆记孔子临事笃慎之处,皆孔子性情之深厚处也。

孔子日常生活,具如上述。此外尚有记孔子居乡党朝廷,及其衣食琐节,载于《论语》,亦可以见孔子日常精神之一斑。然以时代关系,在今日视之,已无详考深论之必要,此不更举。即据上述,而知孔子日常之生活,盖为一极富情感而又极守规范之生活也。凡人富于情感者,每每一往直前,有逾越规范之虑;而其谨守规辙者,则又摹拟依仿,转失真情;惟孔子为得内外之调和焉。

第四章 孔子人格之概观

一 弟子之诵赞

孔子生平行事,及其日常琐节,凡属德性之发露,志业之成就,既于前两章述其梗概。顾孔子究为何如人乎?此吾侪所急欲得一明晰之概念,以资论定者也。惟以孔子人格之伟大,德性之丰宏,孔子为何如人一问题,一时实难遽答。无已,试先举当时门弟子推崇其夫子之语,类而列之,以备参考焉。

> 宰我曰:"以予观于夫子,贤于尧舜远矣。"子贡曰:"见其礼而知其政,闻其乐而知其德,由百世之后,等百世之王,莫之能违也。自生民以来,未有夫子也。"有若曰:"岂惟民哉!麒麟之于走兽,凤凰之于飞鸟,泰山之于丘

垤，河海之于行潦，类也。圣人之于民，亦类也。出于其类，拔乎其萃，自生民以来，未有盛于孔子也。"(《孟子·公孙丑》上)

孟子称此三子，谓"智足以知圣人，而又不至阿其所好"，顾其崇尊孔子者如此。想其当时，身亲教诲，受师门之感化者既深，故其崇拜之情有若是之挚也。

曾子曰："江汉以濯之，秋阳以暴之，皜皜①乎不可尚已。"(《孟子·滕文公》上)
①即颢颢，天之元气。

焦循曰："江汉以濯之，以江汉比夫子也。秋阳以暴之，以秋阳比夫子也。皜皜乎不可尚，以天比夫子也。同一水，池沼可濯也，不能及江汉之濯也。同一火，燔燎可暴也，不能及秋阳之暴也。乃以江汉拟之，犹未足也；以秋阳拟之，犹未尽也；其如天之皜皜，不可尚矣。此曾子之推崇比拟，尤逾于宰我、子贡也。"今按：焦说是也。则七十子之学于孔子，犹如濯江汉而暴秋阳矣。非身亲教诲者，不能言之若是其有味也。

颜渊喟然叹曰："仰之弥高，钻之弥坚，瞻之在前，忽焉在后。夫子循循然善诱人，博我以文，约我以礼。

欲罢不能，既竭吾才，如有所立卓尔；虽欲从之，末由也已！"（《子罕》）

颜、曾皆孔门高第弟子。曾子之赞其师，专就师之人格言，专言孔子人格之精神与境界。以此较之宰我、子贡、有若之推崇孔子之功业者，弥见为亲切而入里。然颜渊则仅就师之教诲诱掖言，仅就己之对于其师之教诲诱掖之可望而不可即言，仅就己之"欲罢不能"与"欲从无由"言。此乃更见为真切而有味。而孔子之人格与其功业之高不可及，皆于此而可见。则至矣颜子之善述其师也！吾侪观于颜、曾之如何钦仰其师，不得不惊叹孔子感化力之伟大，与其人格之崇高矣。顾当时自孔子之门弟子以外，乃多不识孔子之人格，而或加讥毁，且有疑孔子为不如其门弟子者。

叔孙武叔语大夫于朝曰："子贡贤于仲尼。"子服景伯以告子贡。子贡曰："譬之宫墙，赐之墙也及肩，窥见室家之好。夫子之墙数仞，不得其门而入，不见宗庙之美，百官之富，得其门者或寡矣。夫子之云，不亦宜乎！"（《子张》）

叔孙武叔毁仲尼。子贡曰："无以为也，仲尼不可毁也。他人之贤者，丘陵也，犹可逾也；仲尼，日月也，无得而逾焉。人虽欲自绝，其何伤于日月乎？多见其不知量也！"（《子张》）

陈子禽谓子贡曰："子为恭也？仲尼岂贤于子乎？"

子贡曰:"君子一言以为知,一言以为不知,言不可不慎也。夫子之不可及也,犹天之不可阶而升也。夫子之得邦家者,所谓立之斯立,道之斯行,绥之斯来,动之斯和;其生也荣,其死也哀。如之何其可及也?"(《子张》)

吾人观于时人之推崇子贡,益可以想见孔子人格之崇高矣。抑凡此所举,可以见孔子人格之伟大与崇高,固也。顾孔子之所以为孔子,其人格之所以成其为伟大与崇高之实者,则犹未见也。且人之识孔子,终不若孔子之自知。今重举孔子之自道其为人者如下。凡欲识孔子之真相者,其于此寻之可也。

二 孔子之自述

《论语》载孔子自道之语亦甚多。兹撮要分类,略得四端:(一)自述性情,(二)自述能事,(三)自述行谊,(四)自述志愿。

叶公问孔子于子路,子路不对。子曰:"女奚不曰:'其为人也,发愤忘食,乐以忘忧,不知老之将至'云尔?"(《述而》)

子曰:"我非生而知之者,好古,敏以求之者也。"(《述而》)

子曰:"十室之邑,必有忠信如丘者焉,不如丘之好

学也。"(《公冶长》)

子曰:"富而可求也,虽执鞭之士,吾亦为之。如不可求,从吾所好。"(《述而》)

子曰:"饭疏食,饮水,曲肱而枕之,乐亦在其中矣。不义而富且贵,于我如浮云。"(《述而》)

此孔子自述其性情也。

子贡问于孔子曰:"夫子圣矣乎?"孔子曰:"圣则我不能,我学不厌而教不倦也。"子贡曰:"学不厌,智也;教不倦,仁也。仁且智,夫子既圣矣。"(《公孙丑》上)

子曰:"若圣与仁,则吾岂敢?抑为之不厌,诲人不倦,则可谓云尔已矣。"公西华曰:"正唯弟子不能学也。"(《述而》)

子曰:"默而识之,学而不厌,诲人不倦,何有于我哉?"(《述而》)

此孔子自述其能事也。

子曰:"不得中行而与之,必也狂狷乎!狂者进取,狷者有所不为也。"(《子路》)

子曰:"乡原,德之贼也。"(《阳货》)

此孔子自述行谊也。孔子进狂狷而斥乡愿,其意孟子曾论之,今附录以备参考。

万章问曰:"孔子在陈曰:'盍归乎来!吾党之士狂简,进取不忘其初。'孔子在陈,何思鲁之狂士?"孟子曰:"孔子不得中道而与之,必也狂狷乎!狂者进取,狷者有所不为也。孔子岂不欲中道哉!不可必得,故思其次也。""敢问何如斯可谓狂矣?"曰:"如琴张、曾皙、牧皮者,孔子之所谓狂矣。""何以谓之狂也?"曰:"其志嘐嘐然。曰:'古之人,古之人。'夷考其行,而不掩焉者也。狂者又不可得,欲得不屑不洁之士而与之,是狷也,是又其次也。孔子曰:'过我门而不入我室,我不憾焉者,其惟乡原乎!乡原,德之贼也。'"曰:"何如斯可谓之乡原矣?"曰:"何以是嘐嘐也?言不顾行,行不顾言,则曰:'古之人,古之人。'行何为踽踽凉凉?生斯世也,为斯世也善,斯可矣。阉然媚于世也者,是乡原也。"万子曰:"一乡皆称原人焉,无所往而不为原人,孔子以为德之贼,何哉?"曰:"非之,无举也;刺之,无刺也。同乎流俗,合乎污世。居之似忠信,行之似廉洁,众皆悦之,自以为是,而不可与入尧舜之道。故曰德之贼也。孔子曰:'恶似而非者。恶莠,恐其乱苗也。恶佞,恐其乱义也。恶利口,恐其乱信也。恶郑声,恐其乱乐也。恶紫,恐其乱朱也。恶乡原,恐其乱德也。'君子反经而已矣。经正则庶民兴;庶民兴,斯无邪慝矣。"

（《尽心》下）

孟子发明孔子进狂狷而斥乡愿之义如此。又进而论孔子之为人，曰：

> 非其君不事，非其民不使，治则进，乱则退，伯夷也。何事非君？何使非民？治亦进，乱亦进，伊尹也。可以仕则仕，可以止则止，可以久则久，可以速则速，孔子也。

（《公孙丑》上）

孟子曰："伯夷目不视恶色，耳不听恶声。非其君不事，非其民不使。治则进，乱则退。横政之所出，横民之所止，不忍居也。思与乡人处，如以朝衣朝冠坐于涂炭也。当纣之时，居北海之滨，以待天下之清也。故闻伯夷之风者，顽夫廉，懦夫有立志。伊尹曰：'何事非君？何使非民？'治亦进，乱亦进。曰：'天之生斯民也，使先知觉后知，使先觉觉后觉。予，天民之先觉者也，予将以此道觉此民也。'思天下之民，匹夫匹妇，有不与被尧舜之泽者，如己推而内之沟中，其自任以天下之重也。柳下惠不羞污君，不辞小官，进不隐贤，必以其道；遗佚而不怨，厄穷而不悯。与乡人处，由由然不忍去也。'尔为尔，我为我，虽袒裼裸裎于我侧，尔焉能浼我哉？'故闻柳下惠之风者，鄙夫宽，薄夫敦。孔子之去齐，接淅而行；去鲁，曰：'迟迟吾行也。'去父母国之道也。可以速而速，可以久而久,可以处而处,可以仕而仕,孔子也。"孟子曰:"伯夷,圣之清者也。伊尹,圣之任者也。柳下惠,圣之和者也。孔子,圣之时者也。孔子之谓集大成。"(《万章》下)

孟子之推崇孔子,亦已至矣。以其言足以发明孔子狂、狷、中行、乡愿之辨,而得孔子立身处世之精义,故详引焉。

> 颜渊季路侍。子曰:"盍各言尔志?"子路曰:"愿车马衣裘①与朋友共,敝之而无憾。"颜渊曰:"愿无伐善,无施劳②。"子路曰:"愿闻子之志!"子曰:"老者安之,朋友信之,少者怀之③。"(《公冶长》)
> ①今本作"衣轻裘",误。②不称伐己善,不张大己劳。③之,孔子自指。

此孔子自述其志愿也。可见孔门志业,全在人事,全在人事中所表现之心境,而尤贵于在自己心地上用力;此则季路、颜渊与孔子之所同。惟季路于此,似不如颜渊用力之深;而孔子之所志,则更见为深获人心之同然。故能使老者安于我,朋友信于我,少者怀于我。此非我之有以妙合于一切人之心之所向,又何以得此?此义即孔子之所谓"仁",亦即孔子之所以为"圣"也。人第知孔子为圣人,顾不知其所谓圣者何若?其所以为圣者又何在?虽其弟子推尊之甚至,然亦未道出其为人之真处。今抄列孔子自述之言,略分四项:(一)性情,(二)能事,(三)行谊,(四)志愿。而孔子之为人,大略可见也。

孔子自叙性能，曰"好学"，曰"乐学"，曰"学不厌"，曰"教不倦"。孔子之所以再三自道者在此。其对于学问行事一段好学不倦之精神，诚足为百世所慕仰也。

孔子自述行谊，则曰"中道"。中道之反面为"乡愿"。乡愿者，以他人之是非好恶为是非好恶，而不敢自有其是非好恶者也。中道者，不肯以他人之是非好恶为是非好恶，而能自有其是非好恶者也。狂也者，己之所是，己之所好，则起而行之者也。狷也者，己之所非，己之所恶，则去而不顾者也。能起而行矣，不能去而不顾，是狂也。能去而不顾，不能起而行，是狷也。中道者，当行则起而行，当不顾则去而不顾。盖背乎狂狷者，乡愿也。兼乎狂狷者，则中道也。中道者，时狂则狂，时狷则狷者也。故曰："用之则行，舍之则藏。"孔子之外，惟颜渊为有之。后世不解此意，以谓中道者，乃得乎狂狷之中，不过偏狂，不过偏狷；于是模棱进退，两无所据，相率而为乡愿之实，又自欺以中道之名。吁！可叹也。今欲重明孔子中道之谊，当提出两字，曰"时"，曰"直"。时以破顽固，直以破虚文。然后当狂则狂，当狷则狷，内直吾心，外识时务，庶几不失于中道之行也。

孔子自道志愿，则曰"老者安之，朋友信之，少者怀之"。盖以人类全体为其向往之标的，其精神之伟大可见。

要而论之，则归二点。曰"仁"，曰"智"。圣者，通也。仁也，智也，皆所以为通也。子贡曰："仁且智，夫子既圣矣。"此之谓"智足以知圣人"也。

第五章　孔子之学说

孔子之为人及其行事，既已考列如上述。今当进而研求孔子之学说。惟孔子既为二千五百年前之人物，则其学说思想，不免为二千五百年前人设想；其不能一一通用于今日，自无待论。又其与门弟子讲诵，因材施教，变化无方，今亦不能一体信奉以为科律也明矣。若孔子之论政治，其大意已见第二章，今不详述，而特详其关于个人人格修养及社会伦理之两点。盖惟此尤为孔子学说精神之所在，其间有传诸百世而无疑，放诸四海而皆准者，固非时代地域之所能限。此吾人所当考究者也。今分端提要论述之如次：

一　论仁

孔子与弟子论行己处世之道，最重"仁"字。仁者，从二人，犹言人与人相处，多人相处也。人生不能不多人相处。自其内部言之，则人与人相处所共有之同情曰"仁心"。自其外部言之，则人与人相处所公行之大道曰"仁道"。凡能具仁心而行仁道者曰"仁人"。今历引孔子之说而逐条证明之如下：

> 子曰："巧言令色①，鲜矣仁。"（《学而》）
> ①好其言，善其色，务以悦人。

人之相处，首贵直心由中，以真情相感通。致饰于外以求悦人，非仁道也。

> 子曰："惟仁者能好人，能恶人。"（《里仁》）

仁者直心由中，以真情示人，故能自有好恶。不仁者以有自私自利之心，故求悦人，则同流俗，合污世，而不能自有好恶。

按：从来解此章者，皆谓惟仁者"可以"好人恶人，都不识得"能"字。

> 子曰："我未见好仁者，恶不仁者。好仁者，无以尚之。恶不仁者，其为仁矣，不使不仁者加乎其身。有能一日用其力于仁矣乎？我未见力不足者。盖有之②矣，我未之见也！"（《里仁》）

②有用力于仁者。

仁者之好恶,即是好仁而恶不仁。仁者直心由中,以真情相见。故见仁人则好之,见不仁人则恶之。遇仁道即好之,遇不仁之道即恶之。好恶发于至诚,绝无掩饰顾忌。故曰仁者能有好恶,异乎巧言令色之徒也。然人之相处,贵能有互相好乐之心,而不贵其有互相厌恶之心。使人人均厌恶不仁,固亦可使人不敢为不仁;然不如人人好乐仁者,而使人皆愿欲为仁之为愈。故曰"好仁者无以尚之",言其行谊最胜,无以加逾其上也。好仁略近狂者,恶不仁略近狷者。

子贡曰:"如有博施于民,而能济众,何如?可谓仁乎?"子曰:"何事于仁?必也圣乎!尧舜其犹病诸!夫仁者,己欲立而立人,己欲达而达人。能近取譬,可谓仁之方③也已。"(《雍也》)

③道也。

此章论仁字最明白。人心不能无好恶,而人心之好恶又皆不甚相远。徒知己之好恶,不知人之亦同有好恶者,是自私自利之徒,不仁之人也。以我之有好恶,而推知他人之亦同我有好恶者,是仁人也。尝试论之。不仁之人,徒求满足其一己之好恶,而他人之好恶非所知。然将求满足其一己之好恶者,其势不能不有求于他人。于是以其有求于他人之故,而不敢自以其好恶示人，而务外为虚诈以求媚于人。究其极，人受其害，己无其利。故不仁者，人己之好恶两失之者也。仁者推己之好恶，而知他人之同有此好恶。以不背于他人之好恶者，而尽力以求满足其一己之好恶焉。以不背于其一己之好恶者，而尽力以求满足他人之好恶焉。究其极，人己两蒙其利。故仁者，人己之好恶两得之者也。故仁者，人我之见不敌其好恶之情者也。不仁者，好恶之情不敌其人我之见者也。后世之言仁者，不敢言好恶；不知无好恶，则其心麻痹而不仁矣。仁道之不明于世，亦宜也。阮元之言曰："为之不厌，己立己达也；诲人不倦，立人达人也。"而其为孔子好恶之心之流露发皇而畅遂则一也。

子曰："仁远乎哉？我欲仁，斯仁至矣。"（《述而》）

仁即是我心之好恶，何远之有？

颜渊问仁。子曰："克己④复礼为仁。一日克己复礼，天下归仁⑤焉。为仁由己，而由人乎哉？"颜渊曰："请问其目⑥。"子曰："非礼勿视，非礼勿听，非礼勿言，非礼勿动。"颜渊曰："回虽不敏，请事斯语矣。"（《颜渊》）
④克去己私。⑤天下尽归其一心之仁之内也。⑥条目。

此章论为仁之方。克己者，克，胜也；克胜其一己之私欲。克己始能由己，谓由己任其事也。礼者，"因人之情，而为之节文，以为民坊"者也。（《礼记·坊记》）人皆有好恶之情，而好恶不能无节。荀子曰："人生而有欲，欲而不得则不能无求，求而无度量分界则不能不争，争则乱，乱则穷。先王恶其乱也，故制礼义以分之，以养人之欲，给人之求，使欲必不穷乎物，物不必屈于欲；两者相持而长，是礼之所起也。"故吾之好恶而无害于人之好恶者，是即吾好恶之节，是即所谓礼也。不窥人秘密，不听人私语，不议论人长短，不侵犯人自由，此义人皆知之。然人徒以此相责难，相怨恨，不能反己自责自任，此不仁之类也。当知人类相处，虽其间息息相关涉，相交通，然必有一彼我所均当遵守，而不可逾越之界限焉。是谓礼节。礼节贵能彼我两方各自遵守，仁者则遵守我一方之界限而不逾越者也。

仲弓问仁。子曰："出门如见大宾，使民如承[7]大祭。己所不欲，勿施于人。在邦[8]无怨，在家[9]无怨。"仲弓曰："雍虽不敏，请事斯语矣。"（《颜渊》）
[7]当。[8]大至于邦国。[9]小至于家庭。

此章亦论为仁之方，并及行仁之验。大抵仁者贯通人我，故如见大宾，如承大祭，到处敬畏，不敢稍自恣肆，便是仁者心地。《韩诗外传》："己恶饥寒焉，则知天下之欲衣食也。己恶劳苦焉，则知天下之欲安佚也。己恶衰乏焉，则知天下之欲富足也。故君子之道,忠恕而已矣。"则己之所欲,又当施诸人。故孟子言:"仁者得民之心有道,所欲与之聚之,所恶勿施尔也。"仁者如是,自无可怨。己不怨人,人亦无怨于己也。

司马牛问仁。子曰:"仁者其言也讱[10]。"曰:"其言也讱,斯谓之仁矣乎?"子曰:"为之[11]难,言之得无讱乎?"(《颜渊》)

[10]不忍言也。[11]处之也。

天下有难处之事,仁者当之,情重心长,心有所不忍而不能径遂其情,故言之亦多重难。司马牛兄桓魋行恶,牛忧之,故夫子勉之以此。

樊迟问仁。子曰:"居处恭,执事敬,与人忠。虽之夷狄,不可弃[12]也。"(《子路》)

[12]不可弃去上述之三项。

此章与答颜渊、仲弓两章同意。

子曰:"刚、毅、木、讱,近仁。"(《子路》)

刚者无欲,毅者果敢,木者质朴,讱者迟钝。四者皆能直心由中，不失其真情，故曰近仁。

《宪问》："克⑬、伐⑭、怨、欲不行焉，可以为仁矣？"子曰："可以为难矣。仁，则吾不知也。"(《宪问》)
⑬好胜。⑭自伐其功。

"刚毅木讷"近仁者，为不失其真情也。"克伐怨欲不行焉"而不得为仁者，为其失人之真情也。焦循曰："董子论仁曰：'其事易。'此孔子之旨也。'我欲仁，斯仁至矣。''有能一日用其力于仁矣乎？我未见力不足者。'皆以仁为易也。故《易传》云：'易则易知，简则易从。'《吕览·察微》云：'子贡赎人于诸侯，来而让不取其金。孔子曰：赐失之矣。自今以往，鲁人不赎人矣。取其金，则无损于行。子路拯溺者，其人拜之以牛，子路受之。孔子曰：鲁人必拯溺者矣。'让不取金，不伐不欲也，而赎人之路遂窒。孟子称公刘好货，太王好色，与百姓同之，使有积仓而无怨旷。孟子之学，全得诸孔子。此即己达达人，己立立人之义。必屏妃妾，减服食，而于百姓之饥寒忧离漠不关心，则坚瓠也。故克伐怨欲不行，苦心絜身之士，孔子所不取。不如因己之欲，推以知人之欲。即因己之不欲，推以知人之不欲。絜矩取譬，事不难，而仁已至矣。绝己之欲，而不能通天下之志，非所以为仁也。"(《论语补疏》)

子路曰:"桓公杀公子纠,召忽死之,管仲不死。未仁乎?"子曰:"桓公九合诸侯,不以兵车,管仲之力也。如[15]其仁!如其仁!"(《宪问》)

[15]如,犹乃也。

仁者,自内言之,则为人我相通之心地;自外言之,则为人我兼得之功业。故管仲之功业,即管仲之仁也。

子贡曰:"管仲非仁者与?桓公杀公子纠,不能死,又相之。"子曰:"管仲相桓公,霸诸侯,一匡天下,民到于今受其赐[16]。微[17]管仲,吾其被发左衽[18]矣。岂若匹夫匹妇之为谅[19]也[20]?自经[21]于沟渎而莫之知也。"(《宪问》)

[16]不致被发左衽也。[17]无也。[18]衽,衣襟。当时夷狄之俗如此。[19]谅,信也。[20]同耶。[21]缢。

匹夫匹妇以言许人,必践其言,是之谓"谅",是犹有在我之私心存其间也。故虽区区小节,惟恐不践则不见谅于人。是其计划谋虑之私于一己可知。故孔子既深叹管仲之功业,而又致讥于匹夫匹妇之谅,深恐其乱仁也。

子曰:"志士仁人,无求生以害仁,有杀身以成仁。"(《卫灵公》)

小己处大群之中,有舍己为群之义务焉。求生害仁者,

论语要略 71

贪小己之生命而害大群者也。杀身成仁者，牺牲小己之生命以利大群者也。此章与前两章比看，知仁者有时杀身而不必定杀身。吾人之死不死，当审其有利于群与否。非谓仁必死，非谓死则仁也。

> 宰我问曰："仁者虽告之曰：'井有人㉒焉。'其从之也？"子曰："何为其然也？君子可逝㉓也，不可陷㉔也；可欺也，不可罔也。"（《雍也》）

㉒人本作仁，朱子《集注》："刘聘君曰：有仁之仁当作人。今从之。"按：朱改仁作人，是也。㉓使之往。㉔陷之于井。

据此则仁者之不弃功业明矣。刘氏《正义》曰："孟子亦云：'君子可欺以其方，难罔以非其道。'盖可欺者仁也，不可罔者知也。"故自经沟渎，谓之匹夫；从人陷井，谓之愚者。仁虽本诸心，犹必见之事焉。凡舍事而言心者，则终亦不得为仁也。

> 子曰："人之过也，各于其党。观过，斯知仁矣。"（《里仁》）

程子曰："人之过也，各于其类。君子常失于厚，小人常失于薄；君子过于爱，小人过于忍。"故樊迟问仁，子曰："爱人。"则过于爱者，终不失其为仁者之党也。

子贡问为仁。子曰:"工欲善其事,必先利其器。居是邦也,事其大夫之贤者,友其士之仁者。"(《卫灵公》)

人常能与仁者相处,则己之仁心油然而起,以真情之相感通也。

上引各章,于孔子论仁之义,大概可见。人群当以真心真情相处,是仁也。人群相处,当求各得其心之所安,亦仁也。仁字之义,不出此二者。

孔子言仁,又常兼言知、勇。盖知、勇皆所以行其仁而完成之者也。今略举其说如下:

子曰:"知者不惑,仁者不忧,勇者不惧。"(《子罕》)

以今日心理三分法言之,则知当知识,仁当情感,勇当意志。而知、情、意三者之间,实以情为主。情感者,心理活动之中枢也。真情畅遂,一片天机,故曰"仁者不忧"矣。

子曰:"不仁者不可以久处约㉕,不可以长处乐㉖。仁者安仁,知者利仁。"(《里仁》)
㉕久困则为非。㉖必骄佚。

不仁之人,失其真情,宜乎无往而可安,无往而可乐。仁者体之自然,故谓"安仁"。知者知仁为美,故利而行之也。

此孔子言知与仁之辨也。

> 子曰:"有德者必有言,有言者不必有德。仁者必有勇,勇者不必有仁。"(《宪问》)

仁者出乎真情,遇事勇为。勇者或逞血气,未必出其内心之真诚也。此孔子言勇与仁之辨也。故孔子言仁,盖已包有知、勇二德,为心理活动最高美而最圆满之一境。宜乎孔子常谦逊不敢以仁自居,亦不欲轻以许人矣。

二 论直

孔子论仁,首贵直心由中,故孔子又屡言直道。

> 子曰:"人之生也直,罔之生也幸而免。"(《雍也》)

"直"者诚也。内不以自欺,外不以欺人,心有所好恶而如实以出之者也。人类之生存于世,端赖其能以直心直道相处。至于欺诈虚伪之风既盛,则其群必衰乱,必败亡;其得免焉者,幸也。罔即专务自欺以欺人者也,故曰"罔之生也幸而免"。

> 樊迟问仁,子曰:"爱人。"问智,子曰:"知人。"樊迟未达①。子曰:"举②直错③诸枉④,能使枉者直。"樊迟

退,见子夏,曰:"向也,吾见于夫子而问智,子曰:'举直错诸枉,能使枉者直。'何谓也⑤?"子夏曰:"富哉言乎! 舜有天下,选于众,举皋陶,不仁者远矣。汤有天下,选于众,举伊尹,不仁者远矣。"(《颜渊》)

①晓也。②任用也。③废弃也。④邪曲也。⑤也同耶。

此章孔子言"举直错诸枉",而子夏却以举皋陶、伊尹而不仁者远释之。可见枉即是不仁者,而直即是仁者也。举直错诸枉,能使枉者直,即孟子所谓"经正则庶民兴"也。

或曰:"以德报怨,何如?"子曰:"何以报德? 以直报怨,以德报德。"(《宪问》)

朱子曰:"或人之言,可谓厚矣。然以圣人之言观之,则见其出于有意之私。"又曰:"于其所怨者,爱憎取舍,一以至公而无私,所谓直也。于其所德者,则必以德报之,不可忘也。"今按:以直道报怨者,其实则犹以仁道报怨也,以人与人相处之公道报怨也。此人虽于我有私怨,我未尝以我之私怨而报之,直以人与人相处之公道处之而已。公道即直道也。若人有怨于我,而我故报之以德,是未免流于邪枉虚伪,于仁为远,故孔子不取。或曰:"直道非一,视吾心何如耳。吾心有怨,报之,直也。苟能忘怨而不报,亦直也。惟含忍匿怨,虽终至不报,然其于世,必以浮道相与,一无所用其情者。

亦何取哉？"

叶公语孔子曰："吾党有直躬⁶者，其父攘⁷羊，而子证之。"孔子曰："吾党之直者异于是。父为子隐⁸，子为父隐，直在其中矣。"(《子路》)

⑥言行直之人也。⑦盗窃。⑧讳匿。

直者，由中之谓，称心之谓。其父攘人之羊，在常情，其子决不愿其事之外扬，是谓人情。如我中心之情而出之，即直也。今乃至证明吾父之攘人羊，是其人非沽名买直，即无情不仁。父子之情，不敌其个我之私，故至出此。彼不知子为父隐，即是其子由中之真情，即是直也。叶公盖以此夸炫于孔子，而未必真有其人。而孔子论直字之真义，乃从此而益明。

子曰："孰谓微生高直？或乞醯⁹焉，乞诸其邻而与之。"(《公冶长》)

⑨音希，醋也。

直者，内忖诸己者也。曲者，外揣于人者也。家自无醯，则谢之可矣。今惟恐人之不乐于我之谢，而必欲给其求；是不能内忖诸己，而已不免揣人意向为转移。究其极，将流为巧言令色，乌得为直徒哉？

子曰:"巧言令色,足恭,左丘明耻之,丘亦耻之。"(《公冶长》)

足恭谓过于恭,此与巧言令色皆非直道,孔子耻为不直也。

子贡问曰:"乡人皆好之,何如?"子曰:"未可也。""乡人皆恶之,何如?"子曰:"未可也。不如乡人之善者好之,其不善者恶之。"(《子路》)

夫至乡人皆恶之,是必不近人情之人也。然至乡人皆好之,此难免专务每人而悦之,为乡愿之徒。惟善者好之,不善者恶之,则其为直道之人可知。大抵直道者不以人之好恶为转移,故常不能每人而悦焉。

子曰:"吾之于人也,谁毁谁誉?如有所誉者,其有所试矣。斯民也,三代之所以直道而行也。"(《卫灵公》)

斯民即三代之民。三代可以行直道,乌见今之不可以行直道?苟其有所试而确有善效,则从而誉之,则见誉者既知奋励,而旁人亦借资激劝。自直道不明,于是毁誉无准。当面则誉之,背身则毁之。不足以奋励,亦不足以激劝。惟直者不求每人而悦,而后乃有毁誉之真。谁毁谁誉,犹其曰"仁者能好人能恶人"也。好恶不分,毁誉不真,而后是非坏,风俗隳矣。

子张问:"士何如斯可谓之达矣?"子曰:"何哉?尔所谓达者?"子张对曰:"在邦必闻,在家⑩必闻。"子曰:"是闻也,非达也。夫达也者,质直而好义,察言而观色⑪,虑⑫以下人,在邦必达,在家必达。夫闻也者,色取仁而行违,居之不疑,在邦必闻,在家必闻。"(《颜渊》)

⑩古代贵族家庭,组织大,仅次于邦。⑪心存敬畏,不敢忤慢人也。⑫虑,每也。犹无虑大凡也。

此又孔子尚质直而疾虚伪之证也。《卫灵公篇》亦云:"君子义以为质,礼以行之,孙以出之,信以成之。"与本章同意。质直而好义,即"义以为质"也。察言观色,虑以下人者,即"礼以行之,孙以出之"也。如是而吾之内心真情,可以取信于人,而成吾之志。成即达也。达者达其内心之实,闻者成于外誉之虚。故达者重真情,而闻者牵私欲。此闻、达之辨也。夫察言观色,虑以下人,不害其为直;而巧言令色,则鲜矣仁;亦在乎其情之真伪耳。孔子尚直而重礼,后世则以礼饰虚文,礼遂为"忠信之薄而乱之首"。于是孔子礼行孙出之论,反为乡愿媚世之资。直道之不明,良可慨也。

子曰:"恭而无礼则劳,慎而无礼则葸⑬,勇而无礼则乱,直而无礼则绞⑭。"(《泰伯》)

⑬畏惧之貌。⑭两绳相交,急也。

此孔子言直而不可无礼也。又曰:"好直不好学,其蔽也绞。"学即学礼矣。礼者,人群相处之节度分限也。人之相处,其存于内者,不可无情谊,故孔子言忠言直。其发于外者,不可无分限,故孔子言礼言恕。约而言之,则皆仁道也。故言礼者,不可忘内部之真情。言直者,不可忽外界之际限。此孔子论群道之精义也。

> 子曰:"色厉⑮而内荏⑯,譬诸小人,其犹穿窬⑰之盗也与?"(《阳货》)
> ⑮严也。⑯柔也。⑰窦也,壁空也。

凡内心与外色不相称者,皆邪枉之徒,不直之人,穿窬之盗类也。子贡恶"讦以为直者"(见《阳货》),《说文》:"讦,面相斥也。"是讦亦绞急之类。借讦以为直,本无好善恶恶之真情,是亦穿窬之盗也。孔子亦曰:"狂而不直,吾不知之矣!"(见《泰伯》。)自直道之不明,乃有伪直者出,则甚矣其不仁也。

孔子重"仁",人皆知之,顾其重"直",则知者鲜矣!惟不直故终不仁。求仁者莫善于先直中。故余以直次仁焉,其庶有免于孔子所恶之乡愿!

三　论忠恕

孔子固重"直"矣。然孔子所谓直者，谓其有真心真意，而不以欺诈邪曲待人也。若夫肆情恣志，一意孤行，而不顾人我相与之关系者，此非孔子之所谓直也。故欲求孔子之所谓直道，必自讲"忠""恕"始。

> 子曰："参乎！吾道一以贯之。"曾子曰："唯。"子出，门人问曰："何谓也？"曾子曰："夫子之道，'忠''恕'而已矣。"（《里仁》）

一贯之义，释之者多矣。焦循之言曰："孔子言：'吾道一以贯之。'曾子曰：'忠恕而已矣。'然则一贯者，忠恕也。忠恕者何？成己以及物也。孔子曰：'舜其大知也与！舜好问而好察迩言，隐恶而扬善，执其两端，用其中于民。'孟子曰：'大舜有大焉。善与人同，舍己从人，乐取于人以为善。'舜于天下之善，无不从之，是真一以贯之。以一心而容万善，此所以大也。孟子曰：'物之不齐，物之情也。'惟其不齐，则不得以己之性情，例诸天下之性情。即不得执己之所习所学所知所能，例诸天下之所习所学所知所能。故有圣人所不知而人知之，圣人所不能而人能之。知己有所欲，人亦各有所欲；己有所能，人亦各有所能。圣人尽其性以尽人物之性，因材而教育之，因能而器使之，因天下之人，共包涵于化育之中。

'致中和，天地位焉，万物育焉'。是故'人之有技，若己有之'，保邦之本也。'己所不知，人其舍诸'，举贤之要也。'知之为知之，不知为不知'，力学之基也。克己则无我，无我则有容天下之量。有容天下之量，以善济善，而天下之善扬；以善化恶，而天下之恶亦隐。贯者，通也。所谓'通神明之德，类万物之情'也。惟事事欲出乎己，则嫉忌之心生。嫉忌之心生，则不与人同而与人异。不与人同而与人异，执一也，非一以贯之。孔子又谓子贡曰：'汝以予为多学而识之者与？'对曰：'然。非与？'曰：'非也。予一以贯之。'圣人恶夫不知而作者，曰：'多闻，择其善者而从之，多见而识之，知之次也。'次者，次乎一以贯之者也。多学而后多闻多见。多闻多见，则不至守一先生之言，执一而不博。然多仍在己，未尝通于人。未通于人，仅为知之次，而不可为大知。必如舜之舍己从人，而知乃大。不多学则蔽于一曲，虽兼陈万物，而县衡无其具。乃博学则不能皆精。吾学焉而人精焉，舍己以从人，于是集千万人之知，以成吾一人之知。此'一以贯之'所以视'多学而识'者为大也。孔子非不多学而识，多学而识不足以尽，若曰：我非多学而识者也，是一以贯之者也。多学而识，成己也。一以贯之，成己以及物也。仅多学而未一贯，得其半，未得其全，故非之。"

焦氏之言，可谓明通之论。仁者首贵能通人我。通人我，故能直。忠恕者，即通人我之要道也。忠之为言中也。在外之所表见，即其在中之所存藏，此之谓忠。故忠即诚也，即实也,即直也。惟忠者为能尽己之性。何也?虚伪欺诈之人,掩饰藏匿,彼自不敢有己,何论于成己,何论于尽己哉?仁者,己欲立而立人,己欲达而达人。欲立欲达,忠也。立人达人,恕也。恕者,即本于其内在之忠。如是而可以言一贯,如是而可以言仁,如是而可以言直。"而已矣"者,言舍此以外无他道也。

惠栋曰:"一贯之道,三尺童子皆知之,百岁老人行不得。宋儒谓惟颜子、曾子、子贡得闻一贯,非也。"又曰:"吾道一以贯之,自本达末,原始及终,老子所谓甚易知甚易行,天下莫能知莫能行也。忠即一也,恕而行之,即一以贯之也。韦昭注《周语》'帅意能忠'曰:'循己之意,恕而行之为忠。'"(《周易述·易微言》上)今按:惠说亦为显白切至矣。故忠恕非有二事,只是一道。此道也,孔子时言之,即所谓仁是也。后人多为分别,转失之矣。

子贡问曰:"有一言①而可以终身行之者乎?"子曰:"其恕乎!己所不欲,勿施于人。"(《卫灵公》)

①一字也。

恕者,行仁之要道也。《中庸》云:

子曰:"道不远人。人之为道而远人,不可以为道。《诗》云:'伐柯伐柯,其则不远。'执柯以伐柯,睨而视之,犹以为远。故君子以人治人,改而止。忠恕违道不远,施诸己而不愿,亦勿施于人。君子之道四,丘未能一焉。所求乎子以事父,未能也。所求乎臣以事君,未能也。所求乎弟以事兄,未能也。所求乎朋友先施之,未能也。庸德之行,庸言之谨。有所不足,不敢不勉。有余,不敢尽。言顾行,行顾言,君子胡不慥慥尔!"

《大学》亦云:

所恶于上,毋以使下。所恶于下,毋以事上。所恶于前,毋以先后。所恶于后,毋以从前。所恶于右,毋以交于左。所恶于左,毋以交于右。此之谓絜矩之道。

此皆言恕道也。

曾子曰:"士不可以不弘毅,任重而道远。仁以为己任,不亦重乎?死而后已,不亦远乎?"(《泰伯》)

此章虽不言忠恕,而实与忠恕之道相关。弘,恕道也;毅则忠道也。人生之责任,不徒成己而已,尤贵其成己而成物焉。而物又至不齐也。我有所欲,人亦各有所欲焉。我有所能,人亦各有其所能焉。将以我之所欲,我之所能,强天下使齐于我,其害可以贼物,不足以成物也。故仁者必弘必恕。

然而"生斯世也，为斯世也善，斯可矣"，此又乡愿也。故仁者必忠必毅。惟忠与毅，故在己者，虽丝毫而必尽。惟弘与恕，故在人者，虽分寸而勿犯也。此后阐发忠恕之道最透辟者莫如孟子。今抄其一节如下：

> 孟子曰："君子所以异于人者，以其存心也。君子以仁存心，以礼存心。仁者爱人，有礼者敬人。爱人者人恒爱之，敬人者人恒敬之。有人于此，其待我以横逆，则君子必自反也；我必不仁也，必无礼也。此物奚宜至哉？其自反而仁矣，自反而有礼矣，其横逆犹是也，君子必自反也；我必不忠。其自反而忠矣，其横逆犹是也，君子曰：'此亦妄人也已矣！如此则与禽兽奚择②哉？于禽兽，又何难③焉？'是故君子有终身之忧，无一朝之患也。乃若所忧，则有之。舜人也，我亦人也。舜为法于天下，可传于后世，我由④未免为乡人也，是则可忧也。忧之如何？如舜而已矣。若夫君子所患则亡矣。非仁，无为也；非礼，无行也。如有一朝之患，则君子不患矣。"（《离娄》下）
> ②异也。③校也。④同犹。

自反者，即忠恕之道，即弘毅之道，即仁道也。

四 论忠信

孔子言一贯之道,曾子以"忠""恕"申说之。然自曾子此言以外,《论语》实罕以忠恕并举者。而以"忠""信"并举之文,则屡见于《论语》。今更备引其辞,而推论其与忠恕之异同焉。

> 子曰:"十室之邑,必有忠信如丘者焉,不如丘之好学也。"(《公冶长》)

则忠信,人之美质也。

> 子以四教:文、行、忠、信。(《述而》)

文者文学,博学于文也;行者躬行,约之以礼也;而要归于忠信。刘氏《正义》曰:"中以尽心曰忠,恒有诸己曰信。"则忠信者,人之美质,亦孔门之学的也。故曰:"忠信之人,可以学礼。"朱子曰:"礼必以忠信为质。"是忠信为学之始事也。而四教以忠信居后,是忠信又学之终事也。故非忠信不足以为学,惟学以成其忠信。忠信者,成始成终,本末一贯之道也。

> 子曰:"主忠信,无友不如己者,过则勿惮改。"(《学而》)
> 子张问崇德、辨惑。子曰:"主忠信,徙义,崇德也。

爱之欲其生,恶之欲其死,既欲其生,又欲其死,是惑也。"(《颜渊》)

此孔子以忠信为德,常以忠信教人也。

子张问行。子曰:"言忠信,行笃敬,虽蛮貊之邦行矣。言不忠信,行不笃敬,虽州里行乎哉?"(《卫灵公》)

《说苑·敬慎篇》:"颜回将西游,问于孔子,曰:'何以为身?'孔子曰:'恭敬忠信,可以为身。恭则免于众,敬则人爱之,忠则人与之,信则人恃之。人所爱,人所恃,必免于患矣。'"与此文义同。则信者盖有二义:我之可以取信于人者一也。人之见吾之可信,遂从而信我者又其一也。凡蕴之于内者,必见之于外;凡根之于心者,必达之于事;忠之与信皆是也。

曾子曰:"吾日三省吾身:为人谋而不忠乎?与朋友交而不信乎?传不习乎?"(《学而》)

传者,孔子之所传也。孔子以忠信传,故曾子日习忠信以自反省也。

子曰:"人而无信,不知其可也。大车无輗,小车无

辄,其何以行之哉?"(《为政》)

辄辄者,车之辕端持衡者也。辕端与衡木之中,俱凿圆孔相对,以辄辄交贯而缚之,为衡上之键也。旧注或即以为横木者误。苏子由曰:"我与物为二。君子之欲交于物也,非信无自入矣。譬如车,轮舆既具,牛马既设,而判然二物也,将何以行之?惟为辄辄以交之,而后轮舆得借于牛马而载道也。"今按:苏氏论物必相交以信而后行,甚得其理。惟于辄辄字义,解释似尚欠晰。凌焕之言曰:"大车鬲以驾牛,小车衡以驾马,其关键则名辄辄。辕所以引车,必施辄辄而后行。信之在人,亦交接相持之关键,故以辄辄喻信。"则为义密而理畅矣。然则信者,所以行其忠也。我虽甚忠于人,而人不我信,则我忠不达。人之忠于我也,而我不之信,则人之忠亦不达。故人之交相忠者,又贵其能交相信。则孔子之言忠信,犹其言忠恕也。我不恕人,则不足以竭吾之忠;恕者,自我而言之也。人不信我,亦不足以竭我之忠;信者,自人而言之也。恕之与信,凡所以推行吾之忠也,皆人与人相处之所不可缺者也。故君子之忠于人者,在我惟恐其不恕,在人惟恐其不信焉。

子夏曰:"君子信而后劳其民,未信则以为厉[①]己也。信而后谏,未信则以为谤己也。"(《子张》)

[①]病也。

子夏此言，可以发明无信不行之意。君子之劳其民，亦以忠于民也；君子之谏，亦以忠于君也；然而无信则我之忠不达。庄子曰："夫爱马者，以筐盛矢，以蜃盛溺，适有蚊虻仆缘，而拊之不时，则缺衔、毁首碎胸。意有所至而爱有所亡，可不慎邪？"则君子之忠于人者，可弗以爱有所亡自戒慎耶？

子贡问友。子曰："忠告而善道②之，不可则止，毋自辱焉！"（《颜渊》）

②道，开导。尽我心以劝告之，善我说以开导之。

此亦不信则不得以竭吾之忠也。刘氏《正义》曰："责善，朋友之道也。然不可则宜止不复言，所以全交，亦所以养其羞恶之心，使之自悟也。"今按：《正义》之说，见恕道焉。我之恕，足以召人之信，而达我之忠矣。故忠信也，忠恕也，皆一贯之道也，皆始终一贯、物我一贯之仁道也。

子贡问政。子曰："足食，足兵，民信之矣。"子贡曰："必不得已而去，于斯三者何先？"曰："去兵。"子贡曰："必不得已而去，于斯二者何先？"曰："去食。自古皆有死，民无信不立。"（《颜渊》）

程子曰："孔门弟子善问，直穷到底。如此章者，非子贡不能问，非圣人不能答也。"今按：为政者足食足兵，以养以护，亦一片仁心，其意则忠于民也。今不得已而去兵，已不免强敌之侵凌；又不得已而去食，使吾民为饿殍。忍视其死，曰"自古皆有之"，非圣人之不仁也。盖人群之相处，万不可以无信。使吾人不相爱不相忠者，皆人我之不相信阶之厉也。使人群能相信，则讲信修睦，胜残去杀，兵固可以去。不幸而天灾流行，饥馑荐至，将见救灾恤邻，输粟开籴，而食亦可以去。不然则争城以战，杀人盈城，争地以战，杀人盈野；虽有兵，终不足以为护；虽有食，终不足以为养。夫既为人与人相食之世矣，则人类灭亡之危机亦兆矣，而何以常立于斯世哉？此孔子所以有不得已则去食存信之说也。忠信之不行也，于今为甚。人方争利其兵以夺食而相杀，则足食足兵以自保，教忠教信以救世，固可并行而不悖之道也。

五　论礼

观于以上各节之所称论，曰仁，曰直，曰忠，曰恕，曰信，皆指人类之内心而言，又皆指人类内心之情感而言。孔子既为一慈祥恺悌、感情酝郁之仁人，其论人群相处之道，亦若专重于内心之情感者，而实非也。盖孔子一面既重视内心之情感，而一面又重视外部之规范。孔子每每即事以论心，即心以推事，本末内外，一以贯之，并无畸轻畸重之见。此于上之各节，已阐发其意。至于孔子专论外部之规范者，则曰"礼"。故曰：深明孔子论人群相处之道者，不可不究孔子

之论礼。孔子自为儿童时,即已"陈俎豆,设礼容"为嬉戏,其好礼之天性可见。及长而以知礼见称,故《八佾篇》载:

> 子入太庙,每事问。或曰:"孰谓鄹人之子知礼乎?入太庙,每事问。"子闻之,曰:"是礼也?"

孔安国曰:"时人多言孔子知礼。"故孟僖子将死,嘱其二子从孔子以学礼。夹谷之会,犁弥言于齐侯曰:"孔丘知礼。"孔子奔走在外,其至宋也,犹与弟子习礼大树下。孔子死,而诸儒仍世世讲习《乡饮》《大射》诸礼于孔子冢。则欲求孔子毕生精神所寄,其生活之详,学说之实,尤不可以不究孔子所讲习之礼。惟孔子生二千五百年前,当时社会之组织,人群生活之状况,已与今大相悬殊。而孔子之所谓礼者,不出当时社会组织之制度及人群生活之方式之二者。大则为国家维系之法制,小则为人民交接之仪文。今已时移势易,重究二千五百年前人之礼法制度仪文细节,此乃史家考古之所有事,非此所当详论。孔子对于政治上复礼之主张,已于第二章叙其大要,今亦弗复及。此外《论语》中载孔子论礼之语尚多,兹择其发明礼意者,摘抄一二,以见梗概。

> 子曰:"礼云礼云,玉帛云乎哉?乐云乐云,钟鼓云乎哉?"(《阳货》)

《汉书·礼乐志》云:"乐以治内而为同,礼以修外而为异。同则和亲,异则畏敬。畏敬之意难见,则著之于享献辞受登降跪拜。和亲之说难形,则发之于诗歌咏言钟石筦弦。盖嘉其敬意,不及其财贿。美其欢心,而不流其声音。故孔子曰:'礼云礼云,玉帛云乎哉?乐云乐云,钟鼓云乎哉?'此礼乐之本也。"此论发明孔子之意,极为明尽。盖人之精神,虽若存于内部,而必发露为形式,舒散于外表。故外部物质之形式,即为内部精神之表象。礼乐之起源在此,礼乐之可贵亦在此。礼乐者,本为人类和与敬之感情之表现。玉帛钟鼓,即以导达人心之和与敬者。舍人心之和与敬,则礼乐仅为虚伪骄夸,非徒不足重,抑且至可鄙矣。则孔子虽重礼,而孔子重礼之精神,岂不大可见耶!

> 子曰:"人而不仁如礼何?人而不仁如乐何?"(《八佾》)

《儒行》云:"礼乐所以饰仁。"饰者,修饰义,即今人所谓象征也。人有酝郁恳挚之感情,乃以礼乐为象征,以导达而发舒之,使其感情畅遂,得有相当之满足也。包咸曰:"人而不仁,必不能行礼乐。"游酢曰:"人而不仁,则人心亡矣。其如礼乐何哉?言虽欲用之,而礼乐不为之用也。"二说皆精,而游氏之说尤好。夫礼乐本自吾人内部情感之要求而起。今世无情不仁之徒,乃束缚于礼乐而以为苦,或则借礼乐为诈伪骄奢,益以斫丧其良心;是皆所谓"无如礼乐何"者也。

林放①问礼之本。子曰:"大哉问!礼与其奢也宁俭,丧与其易也宁戚。"(《八佾》)

①鲁人。

包咸曰:"易,和易也。言礼之本意,失于奢,不如俭。丧,失于和易,不如哀戚。"盖礼之本意,所以导达人情者也。及其失也,则转而汩没人情焉。今俭之与戚,虽未能导达人情至于恰好之境,犹不至如奢与易之汩没人情也,故孔子宁舍彼而取此。

子夏问曰:"'巧笑倩②兮,美目盼③兮,素④以为绚⑤兮。'何谓也?"子曰:"绘事后素。"曰:"礼后乎?"子曰:"起予者,商也。始可与言《诗》已矣。"(《八佾》)

②笑貌。③动目貌。④白采,如今素粉。⑤文貌。

郑康成云:"凡绘画先布众色,然后以素分布其间,以成其文。喻美女虽有倩盼美质,亦须礼以成之。"龟田鹏斋曰:"古人作画,画山先以青绿,画火先以丹朱,如后世之没骨画。各色布施,形象既成,乃用粉笔,为之分界,是谓后素。于是山皴之重叠,火焰之炎上,了然分明,而绚烂可观焉。犹人有忠信之美质,而加之礼文之饰,则文质彬彬之君子也。犹妇人有生来倩盼之美,而加之素粉,以有靓妆之可观也。"戴震曰:"凡美质皆宜进之以礼。《论语》曰:'十室之邑,必有忠信如丘者焉，不如丘之好学也。'其人情渐漓而徒以饰貌为礼也，非徒恶其饰貌，恶其情漓耳。林放问礼之本，子夏言礼后，皆重礼而非轻礼也。"

二氏之说，实得孔子之意。盖孔子谓质美者须终之以礼文，本为内外交养本末一贯之论；而后人以谓非质美者不足以事礼文，则为偏枯之见，半截之言也。

> 子曰："恭而无礼则劳，慎而无礼则葸，勇而无礼则乱，直而无礼则绞。"（《泰伯》）

恭、慎、勇、直皆内心之美德，及其发露于外而不得其正，则失其美而适以成其丑焉。故君子不惟其内心之为贵，尤在其内心之发而中节之为贵也。此孔子重礼之意也。内心之情感，外部之礼文，在孔子实认其为一事，而无所轩轾。故孔子之言礼，犹其言仁也。夫礼因乎人情，可以义起；必拘拘于二千五百年前人之揖让进退拜跪登降，以寻孔子之所谓"礼"，则失之远矣。故今之所论，仅止于此，其他则不详焉。

六　论道

孔子论学，皆切近笃实，不尚高妙之论，而尤注重于现实之人事。

> 季路问事鬼神。子曰："未能事人，焉能事鬼？"曰："敢问死。"曰："未知生，焉知死？"（《先进》）

故孔子仅言人生，季路问事鬼神及人死以后事，孔子以"未能""未知"答之。此孔子警醒其弟子着紧人生之意也。

> 子贡曰："夫子之文章，可得而闻也。夫子之言性与天道，不可得而闻也！"（《公冶长》）

"文章"者，《诗》《书》礼乐，切近人生者也。"性与天道"，则为宗教与哲学上之问题。今不晓孔子自身对于宗教哲学上之意见何若；惟其教弟子，则惟着紧人生一面，而宗教与哲学皆所不谈。今《论语》中记孔子论及"道"字者甚多。然仅说"道"字，本与"天道"有辨。朱子释之曰：

> 道者，事物当然之理。

又曰：

> 道则人伦日用之间所当行者是也。

则孔子之所谓道，其含义亦在于人生可知。今略引其说如次。

子曰:"富与贵,是人之所欲也;不以其道,得之不处也。贫与贱,是人之所恶也;不以其道,得之不去也。君子去仁,恶乎成名?君子无终食之间违仁,造次必于是,颠沛必于是。"(《里仁》)

据此,则孔子之所谓道,即仁也。

孔子曰:"天下有道,则礼乐征伐自天子出;天下无道,则礼乐征伐自诸侯出。"

又曰:"天下有道,则政不在大夫;天下有道,则庶人不议。"(《季氏》)

据此,则孔子所谓道,即礼也。自其表于外者而言曰礼,自其蕴于内者而言曰仁。此二者,皆孔子之所谓道,特所从言之异辞耳。

子曰:"谁能出不由户?何莫由斯道也!"(《雍也》)

此章可作两解:一说谓人之日用行习,无非是道,特人或终身由之而不知。一说则谓人知由户,不知由道,故孔子慨叹之。今按文义,若以后说为顺。《卫灵公篇》记:

子曰:"民之于仁也,甚于水火。水火,吾见蹈而死者矣，未见蹈仁而死者也。"

语意正同。孔子以为人群生活之互相维系，端赖人类情感之相通；故仁为人生之命脉，其需要有甚于水火。然天下自有不仁之人。彼之所以犹得食息生活于斯世者，则以彼自托庇于他人之仁也。故曰："人之生也直，罔之生也幸而免。"果使天下尽为不仁不直之徒，则沦胥以尽，谁复为幸免者？然则人生固自有道，亦有背道而幸生者，正以道不尽泯之故耳。上章前一说亦自可通。

子曰："朝闻道，夕死可矣。"（《里仁》）

甚言人之不可以不闻道而死，以终为幸生之徒也。

子曰："士志于道，而耻恶衣恶食者，未足与议也。"（《里仁》）

人之耻恶衣恶食者，以有彼我之见，骄吝之私故也。人必通彼我，绝骄吝，乃可以入于人与人相处之仁道。彼既耻恶衣恶食，岂足与议于道哉？则虽有其志，不足取矣。

子曰："可与共学，未可与适道。可与适道，未可与立。可与立，未可与权。"（《子罕》）

戴震曰:"同一所学之事,试问何为而学?其志有去道甚远者矣,求利禄声名者是也。道责于身不使差谬,而观其守道,能不见夺者寡矣,故未可与立。守道卓然,知常而不知变,由精义未深,所以增益其心志之明使全乎圣智者,未之尽也,故未可与权。"然则孔子之论道,固贵乎人之能立而有守,又贵乎人之知权而能变。然要之,其所谓道,不过人生中之一事,固非高出于人生之上也。故:

子曰:"人能弘道,非道弘人。"(《卫灵公》)

朱子曰:"人心有觉,而道体无为,故人能大其道,道不能大其人也。"孔子以道为人生中运用之一事,犹其以礼乐为人生中运用之一事也。人之所以运用此礼乐与道者,则人类之情感,吾心之仁是也。故曰"人能弘道"。使其人无情不仁,则道亦无存,乌能弘人乎?

子曰:"道不同,不相为谋。"(《卫灵公》)

吴嘉宾云:"孟子曰:'伯夷、伊尹、柳下惠三子者不同道。'道者,志之所趋舍,如出处语默之类。虽同于为善,而有不同。其是非得失,皆自知之,不能相为谋也。"今按:吴说是矣而未尽。道既为人生运用之一事,则道固随人生之不同而变。夫人有性情之不同,有地位之不同,有时代之不同,则道亦宜有不同，固莫能相为谋也。孔子生二千五百年前，彼自为二千五百年前人谋。我侪生二千五百年后，我侪之人生，我侪当自谋之，孔子不能强为我侪预谋也。或者乃欲以孔子在二千五百年前之所谓道、所谓礼者，求其一一强行于二千五百年后之今日；是不徒不当于孔子之所谓"权"，抑其人既愚且懒，亦不足以当孔子之所谓"立"。彼惟依赖于孔子之预为之谋，亦未尝能"适道"。彼特求道之弘人者耳。彼求道之弘人，遂尊其道曰天道，而曰："天不变，道亦不变。"则固孔子所难言也。然则吾侪今日，惟当各本吾侪当身之真情，各本吾侪内心之仁，以自谋吾侪今日当行之道，以自务吾侪今日当兴之礼；固不必屑屑以求合于孔子当日之所谓道与礼者，始有合于孔子"不相为谋"之说也。故孔子又曰："为仁由己，而由人乎哉！"由己不由人，即不相为谋也。后人都以君子小人善恶邪正说道之不同，是犹浅之乎言之也。

七　论君子

孔子论行己处群人生之大道，其义已尽于上述。孔子又时言"君子"。君子者，盖孔子理想中一圆满人格之表现也。今重为摘抄数则，以见指归。

> 子曰："君子食无求饱，居无求安，敏于事而慎于言，就有道而正焉，可谓好学也已。"（《学而》）

子曰:"君子谋道不谋食。耕也,馁在其中矣;学也,禄在其中矣。君子忧道不忧贫。"(《卫灵公》)

刘氏《正义》云:"古者四民各习其业,自非有秀异者,不升于学。春秋时,士之为学者多不得禄,故趋于异业而习耕者众。观于樊迟以学稼学圃为请,而长沮、桀溺、荷蓧丈人之类,虽隐于耕,皆不免谋食之意;则知当时学者以谋食为亟,而谋道之心或不专矣。"今按:孔子以耕、学分言,自是针对当时社会之生活状况而言。然要之求衣与食,为人类比较低级之冲动;求道与学,为人类比较高级之冲动。吾人惟能以高级冲动支配其低级冲动者,乃得为君子。此孔子之意,仍得适用于今日,时虽变而理不易也。读古书,论古人者,当知此意。

子曰:"君子不重则不威,学则不固。主①忠信,无友不如己者,过则勿惮改。"(《学而》)
① 亲也,如于卫主颜雠由之"主"。

《说文》:"重,厚也。"惟有敦厚之性情者,其言行有威仪,其学问能坚固,轻惰则失之矣。则孔子论君子,亦首重性情也。

子曰:"君子博学于文,约之以礼,亦可以弗畔矣夫。"(《雍也》)

刘氏《正义》曰:"博学于文,则多闻多见,可以畜德,而于行礼验之。礼也者,履也。言人所可履行之也。"今按:《正义》之解甚是。孔子之意,谓学者当博求成文,而反之于当身当世所能实行者而履践之;则所学所行,可以弗违于道也。此皆论君子之学。

子曰:"君子欲讷于言而敏于行。"(《里仁》)
子曰:"君子耻其言而过其行。"(《宪问》)

皇侃本"而"作"之",当从之。《里仁篇》云:"古者言之不出,耻躬之不逮也。"语意正同。盖道之所重,能行尤胜于能言也。

子贡问君子。子曰:"先行其言,而后从之。"(《为政》)
子曰:"君子之于天下也,无适②也,无莫③也,义之与比。"(《里仁》)

②敌也,为所恶。③慕也,为所好。

子曰:"君子矜④而不争,群而不党。"(《卫灵公》)

④庄也,今云自重。

子曰:"君子贞⑤而不谅⑥。"(《卫灵公》)

⑤守正。⑥不可通之小信。

子曰:"君子义以为质⑦,礼以行之,孙⑧以出之,信以成之。君子哉!"(《卫灵公》)

⑦体也。⑧逊让。

此皆论君子之行。

子曰:"君子病无能焉,不病人之不己知也。"(《卫灵公》)

《宪问篇》曰:"不患人之不己知,患其不能也。"义同。

子曰:"君子疾没世而名不称焉。"(《卫灵公》)

《里仁篇》又云:"君子去仁,恶乎成名?"然则君子之恶没身而无名者,其实则恶其生而无益于人群也。故"君子病无能焉"。此论君子之志。

司马牛问君子。子曰:"君子不忧不惧。"曰:"不忧不惧,斯谓之君子矣乎?"子曰:"内省不疚⑨,夫何忧何惧?"(《颜渊》)

⑨病也,喻罪恶。

子曰:"君子道者三,我无能焉。仁者不忧,知者不惑,勇者不惧。"子贡曰:"夫子自道也。"(《宪问》)

此论君子之德性。今约而言之，则君子当有高尚优美之情操与德性，一也。君子贵实行不尚空言，二也。君子重礼义尚群德，三也。君子有自得之乐，四也。孔子之言君子，大略如是。古人本以"君子"为贵族有位者之称，"小人"为平民在野者之称。《论语》中亦有言及君子、小人之辨者，则有指其德性品格而言，有指其地位阶级而言。此读者所当明辨也。今略引数条，阐明之如次：

子曰："君子周⑩而不比⑪，小人比而不周。"（《为政》）
⑩普遍为公。⑪阿党为私。

子曰："君子和而不同，小人同而不和。"（《子路》）

何晏云："君子心和，然则所见各异，故曰不同。小人所嗜好者同，然各争其利，故曰不和也。"

子曰："君子泰而不骄，小人骄而不泰。"（《子路》）

何晏云："君子自纵泰，似骄而不骄。小人拘忌，而实自骄矜。"焦循曰："泰者，通也。君子所知所能，放而达之于世，故云纵泰似骄，然实非骄也。小人所知所能，匿而不露，似乎不骄，不知其拘忌正其骄矜也。君子不自矜而通之于世，小人自以为是而不通之于人，此骄、泰之分也。"今按：骄、泰之辨，亦在仁、不仁之间耳。

子曰："君子上达，小人下达。"(《宪问》)

皇侃曰："上达达于仁义，下达达于财利。"朱子曰："君子循天理，故日进乎高明。小人徇人欲，故日究乎污下。"

子曰："君子求诸己，小人求诸人。"(《卫灵公》)
子曰："君子不可小知而可大受也，小人不可大受而可小知也。"(《卫灵公》)

王肃曰："君子之道深远，小人之道浅近。"朱子曰："大受足以任重，小知未必无长可取。"

子曰："君子坦荡荡⑫，小人长戚戚⑬。"(《述而》)
⑫宽广貌。⑬多忧惧。

子曰："君子成人之美，不成人之恶。小人反是。"(《颜渊》)

《大戴礼·曾子立事篇》："君子己善，亦乐人之善也；己能，亦乐人之能也。君子不说人之过，成人之美。存往者，在来者。朝有过，夕改则与之；夕有过，朝改则与之。"孔广森云：

"彼有过者，方畏人非议，我从而为之辞说，则彼将无意于改，是成人之恶矣。故君子不为也。"今按：君子成人之美者，仁也。不成人之恶者，直也。小人不仁不直，故不足以成人之美，而反成人之恶焉。此所论君子、小人，皆指德性品格而言也。

子曰："君子，易事而难说也。说之不以其道，不说也。及其使人也，器之。小人，难事而易说也。说之虽不以道，说也。及其使人也，求备焉。"（《子路》）

此条君子、小人，皆指在位者而言，亦以德性分说也。

子曰："君子喻⑭于义，小人喻于利。"（《里仁》）
⑭晓也。

董仲舒云："公仪子相鲁，见其家织帛，怒而出其妻；食于舍而茹葵，愠而拔其葵；曰：'吾已食禄，又夺园夫女红利乎？'古之贤人君子在列位者皆如是。及周之衰，其卿大夫缓于谊而急于利，故诗人刺之，曰：'节彼南山，维石岩岩。赫赫师尹，民具尔瞻。'尔好义，则民向仁而俗善；尔好利，则民向邪而俗败。由是观之，天子大夫，下民之所视效，岂可居贤人之位而为庶人之行哉？夫皇皇求财利，惟恐匮乏者，庶人之意也。皇皇求仁义，常恐不能化民者，卿大夫之意也。"董子之论，即《论语》本章之义。古人谓守职业求财利为小人在野者之事，至君子有位则不应更求财利，即孟子所谓"治人者食于人，治于人者食人"之意也。此章君子、小人，古人皆以有位与在野为解。迨至后世，社会上显然之阶级已不存在，于是遂专以为有德、无德之辨。凡其专注意于一身一家之私利者，则鄙之为无德之小人；凡其能注意于众是众非之公义者，则尊之为有德之君子。此虽与董子之解不同，要亦不能遽认为遂违《论语》之真义也。

子曰："君子怀[15]德，小人怀土。君子怀刑，小人怀惠。"（《里仁》）

[15] 思念也。

刘氏《正义》云："君子己立立人，己达达人，思成己将以成物，所思念在德也。小人惟身家之是图，饥寒之是恤，所思念在土也。怀刑则日儆于礼法，小人瞖不畏法，所怀在恩惠也。"今按：本章君子、小人，亦指有位与在野言。据此则君子、小人之分，其初实为贵族、平民之分也。古人教育道德，其主要皆限于贵族阶级。故《论语》即以君子为有教育、有道德者之称。虽不免时若与当时之阶级思想、贵族色彩相混合，然此乃是二千五百年前之议论，读者分别观之可也。即变通而观之，殆亦无不可也。

八　论学

孔子一伟大之学者也。又其自述，为一毕生好学不倦之志士。则其论学之语，宜多可采者。惟以时代之相去既远，在孔子当时之所学，已有与今绝不类者。则孔子之言，容有不尽合于今日。今择其精要语，不为时效所限者，录之如次。

子曰："知之者不如好之者，好之者不如乐之者。"（《雍也》）

此最论学之精语也。孔子于门人中，独称颜子好学。又谓"一箪食，一瓢饮，在陋巷，不改其乐"，正谓不改其好学之乐。孔子"疏食饮水，乐在其中"，亦此乐也。故曰："发愤忘食，乐以忘忧。"则孔子论学，亦以性情为主也。

子曰："学而不思则罔①，思而不学则殆②。"（《为政》）
①罔罔无知貌。②危疑不定。

此亦孔子论学精语也。朱子曰："不求诸心，故昏而无得。不习其事，故危而不安。"孔子之论，实能内外交修，以经验与思想并重，绝无偏倚之弊焉。

子曰："吾尝终日不食，终夜不寝，以思，无益。不

如学也。"(《卫灵公》)

朱子曰:"此为思而不学者言之。"

子曰:"赐也!女以予为多学而识之者与?"对曰:"然。非与?"曰:"非也。予一以贯之。"(《卫灵公》)

今按:多学而识,即学而不思者也。惟思而后可以得其一贯。此后孟子论学,深得孔子之意。故曰:"思则得之,不思则不得也。"又曰:"是不为也,非不能也。""亦在为之而已。"孟子之"思""为"并重,即孔子之"学""思"并重也。

子曰:"君子博学于文,约之以礼,亦可以弗畔矣夫!"(《雍也》)

说见前。

子曰:"温故而知新,可以为师矣。"(《为政》)

温故即"博学于文",多见多闻,时习有说,学之事也。知新则"约之以礼",通今致用,践履有悟,思之事也。若是则可以为师。此孔子论学之宗旨也。

子曰:"古之学者为己,今之学者为人。"(《宪问》)

孔安国曰:"为己履而行之,为人徒能言之。"此亦论学之要辨也。孔子论学以性情始,以实行终,亦一贯之道也。

子曰:"三人行,必有我师焉。择其善者而从之,其不善者而改之。"(《述而》)

《里仁篇》亦曰:"见贤思齐焉,见不贤而内自省也。"此谓随事所见,择而从之改之,非谓一人善、一人不善也。子贡曰:"夫子焉不学?而亦何常师之有?"此之谓也。

子曰:"生而知之者,上也。学而知之者,次也。困而学之,又其次也。困而不学,民斯为下矣。"(《季氏》)

子曰:"譬如为山,未成一篑,止,吾止也。譬如平地,虽覆一篑,进,吾往也。"(《子罕》)

子曰:"学如不及,犹恐失之。"(《泰伯》)

子曰:"不曰如之何、如之何者,吾末如之何也已矣!"(《卫灵公》)

子曰:"饱食终日,无所用心,难矣哉!不有博弈者乎?为之犹贤乎已。"(《阳货》)

此皆孔子勉人向学之言也。

子曰:"学而时习之,不亦说乎?有朋③自远方来,不亦乐乎?人不知而不愠,不亦君子乎?"(《学而》)

③学朋也。

此章描写学者之生活,最为亲切有味,盖孔子之自道也。

今论孔子学说,至此而止。限于篇幅,未能尽详,然精要不越于此矣。余则学者自究之可也。

第六章　孔子之弟子

一　姓名　籍贯　年龄

《史记·孔子世家》:"孔子以《诗》《书》礼乐教,弟子盖三千焉。身通六艺者,七十有二人。"考诸古书,殆不然。孟子云:"以德服人者,中心悦而诚服也,如七十子之服孔子也。"是孔子门人实仅七十,安能有三千之多?是必后人之奢言也。(据《洙泗考信录》。)

南郭惠子问于子贡曰:"夫子之门,何其杂也?"子贡曰:"君子正身以俟,欲来者不距,欲去者不止。且夫良医之门多病人,檃栝之侧多枉木,是以杂也。"(《荀子·法行》)

今据《史记·仲尼弟子列传》,列其姓名较著者:

颜回,字子渊,鲁人。少孔子三十岁。年四十一卒。(旧作三十一,误。)

闵损,字子骞,鲁人。少孔子十五岁。

冉耕,字伯牛,鲁人。年无考。

冉雍,字仲弓,鲁人。少孔子二十九岁。伯牛之子。(见《论衡·自纪篇》。)

冉求,字子有,鲁人。少孔子二十九岁。

仲由,字子路,鲁之卞人。少孔子九岁。

宰予,字子我,亦称宰我,鲁人。年无考,当与颜渊、子贡相次。

端木赐,字子贡,卫人。少孔子三十一岁。(贡当作赣。《说文》:"赣,赐也。贡,献功也。")

言偃,字子游,吴人。少孔子四十五岁。(或说鲁人。当从之。)

卜商,字子夏,卫人。少孔子四十四岁。

颛孙师,字子张,陈人。少孔子四十八岁。(其先自陈奔鲁,故为鲁人。《吕氏春秋》:"子张,鲁之鄙家也。")

曾参,字子舆,鲁之武城人。少孔子四十六岁。(参似当读为骖。)

澹台灭明,字子羽,鲁之南武城人。少孔子三十九岁。

宓不齐,字子贱,鲁人。少孔子三十岁。(据司马贞《索隐》引《家语》。《列传》云少四十九岁,疑误。宓音伏,读如密者误。)

原宪,字子思,鲁人。少孔子三十六岁。(疑当作二十六。)

公冶长,字子长,齐人。年无考。

南宫适,字子容,鲁人。年无考。

曾点,字子皙,曾参之父。年无考。

论语要略

颜无繇，字路，颜回父。少孔子六岁。

高柴，字子羔，或云卫人，或云齐人，或云郑人。少孔子三十岁。

漆雕启，字子开，鲁人。少孔子十一岁。（疑误，或当作四十一。）

司马耕，字子牛，宋人。年无考。

樊须，字子迟，齐人，或云鲁人。少孔子三十六岁。（疑当作四十六。）

有若，鲁人。少孔子三十三岁。（据《索隐》引《家语》。《列传》云少十三岁，疑误。）

公西赤，字子华，鲁人。少孔子四十二岁。（疑当作三十二。）

右二十五人，鲁人十有八。卫二人，齐一人，宋一人；吴一人，今疑为鲁人；又疑未定者二人。观此知孔子之门弟子，仅仅多在鲁境。使弟子来自四方，不应惟鲁多贤也。至其年岁，颇多舛误，更难深考。要之孔门弟子，有先、后辈之别。先辈从游在孔子去鲁至卫以前，如颜渊、闵子骞、冉伯牛、仲弓、子路、冉有、公西华、宰我、子贡、原宪、子羔是也。后辈从游在孔子自卫返鲁之后，如子游、子夏、曾子、有子、子张、樊迟、漆雕开、澹台灭明是也。此则略可断者。

二 品题事略

孔子于诸弟子时有称论,《论语》记之云:

德行:颜渊、闵子骞、冉伯牛、仲弓。言语:宰我、子贡。政事:冉有、季路。文学:子游、子夏。(《先进》)

孟子亦云:"宰我、子贡,善为说辞;冉牛、闵子、颜渊,善言德行。"(《公孙丑》上)而孔子于颜渊尤所称赏。

子曰:"贤哉回也!一箪[①]食,一瓢[②]饮,在陋巷[③],人不堪其忧,回也不改其乐。贤哉回也!"(《雍也》)
[①]饭器。[②]饮器。[③]巷有二义:里中道谓之巷,人所居亦谓巷。此陋巷即《儒行》所云"一亩之宫,环堵之室"。解为街巷,非也。

孟子亦云:"颜子当乱世,居于陋巷,一箪食,一瓢饮,人不堪其忧,颜子不改其乐。"与孔子疏食饮水,曲肱而枕,同一精神。故宋儒周濂溪教二程子"寻孔颜乐处",良有以也。

子曰:"回也,其心三月不违仁;其余,则日月至焉而已矣。"(《雍也》)

三月为一时。孔子称颜子于仁移时不变,盖能终不违仁者。

论语要略

其他虽日月至有仁时,尚未能终日终月不违。日月至者,谓每一日每一月而至仁也。

子曰:"语之而不惰者,其回也与?"(《子罕》)

此即颜子不违仁之学也。中庸曰:"回之为人也,择乎中庸,得一善,则拳拳服膺而弗失之矣。"《易·系辞传》曰:"颜氏之子,其殆庶几乎!有不善,未尝不知;知之,未尝复行也。"上语皆谓是孔子所言。今按:《中庸》《易·系辞》二书,虽未可尽信,然此言甚足传颜渊好学不惰之精神。惟其好学不惰,故得三月而不违仁。孔子曰:"十室之邑,必有忠信如丘者焉,不如丘之好学也。"学所以成其性情,岂可以舍学问而谈性情哉?故颜子之不惰,即颜子不违仁之功夫,真可谓得孔子好学不厌之薪传者也。颜子之不改其乐,及其好学不惰,实为颜子真能学孔子之处,故特表之于首焉。

子谓颜渊曰:"用之则行,舍之则藏,惟我与尔有是夫!"(《述而》)

时行则行,时藏则藏,此孔子许颜子为知中行之道也。此颜子所以在德行之科。若能行不能藏,则必于德行有违矣。

子曰:"回也,非助[4]我者也。于吾言无所不说[5]。"

(《先进》)

④益也，教学相长也。⑤解也。

子曰："吾与回言，终日不违⑥如愚。退而省其私⑦，亦足以发⑧。回也不愚。"(《为政》)

⑥无所疑问。⑦同学之间。⑧发明孔子所言之义。

此两条皆孔子深赞颜子之辞也。

颜渊喟然叹曰："仰之弥高，钻之弥坚，瞻之⑨在前，忽焉在后。夫子循循⑩然善诱⑪人，博我以文，约我以礼。欲罢不能，既竭吾才，如有所立卓尔；虽欲从之⑫，末由也已！"(《子罕》)

⑨三之字皆指孔子之道。⑩有次序。⑪进也。⑫指孔子之所立卓尔者。

扬子《法言·学行篇》："颜不孔，虽得天下，不足以为乐。然亦有苦乎？曰：'颜苦孔之卓之至也。'或人瞿然曰：'兹苦也，只其所以为乐也与！'"《庄子·田子方篇》："颜渊曰：'夫子步亦步，夫子趋亦趋，夫子驰亦驰。夫子既奔逸绝尘，而回瞠若乎后矣！'"此可以见孔子之道高，而颜子之好学也。《孟子·尽心篇》："公孙丑曰：'道则高矣美矣，宜若登天然，似不可及也。何不使彼为可几及，而日孳孳也？'孟子曰：'大匠不为拙工改废绳墨，羿不为拙射变其彀率，君子引而不发，跃如也。中道而立,能者从之。'"若颜子殆可谓"能者"矣!

颜渊死,子曰:"噫[13]!天丧予!天丧予[14]!"(《先进》)
[13]痛伤之声。[14]言失其辅佐也。

颜渊死,子哭之恸[15]。从者曰:"子恸矣。"曰:"有恸乎?非夫人之为恸而谁为!"(《先进》)
[15]哀过也。

颜渊死,门人欲厚葬之。子曰:"不可!"门人厚葬之。子曰:"回也视予犹父也,予不得视犹子也。非我也,夫二三子也。"(《先进》)

子谓颜渊曰:"惜乎!吾见其进也,未见其止也!"(《子罕》)

颜渊年二十九,发尽白,四十一岁而死,时孔子年七十一矣。

哀公问:"弟子孰为好学?"孔子对曰:"有颜回者好学,不迁怒,不贰过,不幸短命死矣!今也则亡,未闻好学者也!"(《雍也》)

曾子曰:"以能问于不能,以多问于寡,有若无,实若虚,犯而不校[16],昔者吾友尝从事于斯矣。"(《泰伯》)
[16]报也。

此章前人皆谓指颜子而言，谓所言非颜渊不足当之。因并录于此。

（以上颜渊。）

子曰："孝哉闵子骞！人不间于其父母昆弟之言。"（《先进》）

焦循曰："《艺文类聚》引《说苑》云：'闵子骞兄弟二人，母死，其父更娶，复有二子。子骞为其父御车失辔，父持其手，衣甚单。父则归，呼其后母儿，持其手，衣甚厚温。即谓其妇曰："吾所以娶汝，乃为吾子。今汝欺我，去无留！"子骞曰："母在一子单，母去四子寒。"其父默然。故曰：孝哉闵子骞，一言其母还，再言三子温。'故曾子问从令，而孔子善闵子骞守礼不苟从亲。（见《汉书·杜邺传》。）盖闵子不从父令则后母不遣，父感之，其后母与两弟亦感之，一家孝友克全。故人无间其父母昆弟之言也。"（《论语补疏》）崔述不信其事，曰："玩孔子语意，乃以父母昆弟之称其孝为易，而人之称其孝为难。父母昆弟之言，或不免因溺爱而溢美，故必人言佥同，乃可为据。绝不类身处逆境者。大抵三代以上，书缺实多，事难详考。后之好事者，各自以其意附会之。孔子称闵子之孝，吾知闵子之孝而已。闵子之所以为孝，吾不得而知也。吾不知闵子之所以为孝，无害闵子之为孝也。"（《洙泗考信录·余录》）今按：焦说以实证，崔说以虚会，未知二说孰是？读者并相参观，而会合体会之，可以得读书考信之方矣。因并存焉。

季氏⑰使闵子骞为费宰。闵子骞曰:"善为我辞焉,如有复我者,则吾必在汶⑱上矣。"(《雍也》)

⑰季康子。⑱汶有二,一在青州,一在徐州。此指在徐州者。

故《史记》称:"闵子不仕大夫,不食污君之禄。"
(以上闵子骞。)

伯牛有疾,子问之,自牖⑲执其手,曰:"亡⑳之,命矣夫!斯人也而有斯疾也?斯人也而有斯疾也㉑?"(《雍也》)

⑲在墙曰牖,在屋曰窗。今统言窗也。⑳亡读如无,言无可以致此疾之道。㉑同邪,疑问感叹之词。

《淮南子·精神训》:"伯牛为厉㉒。"《说文》:"疠,恶疾也。"
㉒厉即疠省。
(以上冉伯牛。)

子曰:"雍也,可使南面㉓。"(《雍也》)
㉓为天子诸侯也。

或曰:"雍也仁,而不佞。"子曰:"焉用佞?御人以口给,屡憎于人。不知其仁,焉用佞?"(《公冶长》)

仲弓问子桑伯子。子曰:"可也,简㉔。"仲弓曰:"居敬而行简㉕,以临其民,不亦可乎?居简而行简,无乃大

简乎?"子曰:"雍之言然。"(《雍也》)

㉔易野无礼文。㉕居敬行简,犹云共已无为。

此仲弓有南面之才之证也。曾为季氏宰,未能章其施。荀子曰:"圣人之得势者,舜、禹是也。圣人之不得势者,仲尼、子弓是也。"子弓即仲弓。荀子甚尊之,常以与孔子并称。

(以上仲弓。)

子路、曾皙、冉有、公西华侍坐。子曰:"以吾一日长乎尔,毋吾以也!居则曰:'不吾知也。'如或知尔,则何以哉?"子路率尔而对曰:"千乘之国,摄㉖乎大国之间,加之以师旅,因之以饥馑;由也为之,比及三年,可使有勇,且知方也。"夫子哂之。"求!尔何如?"对曰:"方六七十,如㉗五六十,求也为之,比及三年,可使足民。如其礼乐,以俟君子。""赤!尔何如?"对曰:"非曰能之,愿学焉。宗庙之事㉘,如㉙会同㉚,端㉛章甫㉜,愿为小相焉。""点!尔何如?"鼓瑟希,铿尔,舍瑟而作。对曰:"异乎三子者之撰㉝。"子曰:"何伤乎?亦各言其志也。"曰:"暮春者,春服既成,冠者五六人,童子六七人,浴乎沂,风乎舞雩㉞,咏而归。"夫子喟然叹曰:"吾与点也。"三子者出,曾皙后。曾皙曰:"夫三子者之言何如?"子曰:"亦各言其志也已矣。"曰:"夫子何哂由也?"曰:"为国以礼,其言不让,是故哂之。"(《先进》)

㉖蹩也。㉗如，与也，及也。此言小国。㉘指祭祀。㉙与也。㉚诸侯相会聚。㉛玄端服。㉜冠名。皆傧相之服。㉝郑本作僎，读为诠，善言也。曾点谦辞。㉞沂水上有雩台，古人旱则祭以祈雨曰雩。有乐舞，故曰舞雩。

孟武伯问："子路仁乎？"子曰："不知也。"又问。子曰："由也，千乘之国，可使治其赋㉟也。不知其仁也。""求也何如？"子曰："求也，千室之邑，百乘之家，可使为之宰㊱也。不知其仁也。""赤也何如？"子曰："赤也，束带立于朝，可使与宾客言也。不知其仁也。"（《公冶长》）

㉟兵赋。㊱邑长家臣，皆名曰宰。

子路问："闻斯行诸？"子曰："有父兄在，如之何其闻斯行之？"冉有问："闻斯行诸？"子曰："闻斯行之。"公西华曰："由也问闻斯行诸，子曰有父兄在。求也问闻斯行诸，子曰闻斯行之。赤也惑，敢问。"子曰："求也退，故进之。由也兼人，故退之。"（《先进》）

钱大昕《潜研堂文集》："《曲礼》：'父母在，不许友以死，不有私财。'《檀弓》：'未仕者不敢税人，如税人则以父兄之命。'注云：'不专家财也。'《白虎通》云：'朋友之道，亲存不得行者二：不得许友以其身，不得专通财之恩。友饥则白之于父兄，父兄许之，乃称父兄与之。不听即止。'故《论语》曰：'有父兄在，如之何其闻斯行之'也。"今按：钱氏指此章所问"闻斯行诸",专指救人困难任侠之事,似与全章义不合。注家泛云闻义即行,是也。

季康子问:"仲由可使从政也与?"子曰:"由也果,于从政乎何有?"曰:"赐也可使从政也与?"曰:"赐也达,于从政乎何有?"曰:"求也可使从政也与?"曰:"求也艺,于从政乎何有?"(《雍也》)

孔子自鲁之卫,周游列国,冉求先归,为季氏宰,胜齐于郎。季氏乃使冉子召孔子,孔子归。康子之问三子乃其时。

哀公十一年春,齐国书高无丕帅师伐鲁,及清。季孙谓其宰冉求曰:"齐师在清,必鲁故也,若之何?"求曰:"一子守,二子从公御诸竟。"季孙曰:"不能。"求曰:"居封疆之间。"季孙告二子,二子不可。求曰:"若不可,则君无出,一子帅师,背城而战。不属者,非鲁人也。鲁之群室,众于齐之兵车。一室敌车,优矣。子何患焉?二子之不欲战也宜,政在季氏。当子之身,齐人伐鲁,而不能战,子之耻也。大不列于诸侯矣。"季孙使从于朝,俟于党氏之沟。武叔呼而问战焉。对曰:"君子有远虑,小人何知?"懿子强问之。对曰:"小人虑材而言,量力而共者也。"武叔曰:"是谓我不成丈夫也。"退而搜乘。孟孺子洩帅右师,颜羽御,邴洩为右。冉求帅左师，管周父御，樊迟为右。季孙曰："须也弱。"有子曰："就用命焉。"季氏之甲七千，冉有以武城人三百为己徒卒。老幼守宫，次于雩门之外。五日，右师从之。公叔务人见保者而泣，曰："事充，政重，上不能谋，士不能死，何以治民？吾既言之矣，敢不勉乎？"师及齐师战于郊。齐师自稷曲，师不逾沟。樊迟曰："非不能也，不信子也。请三刻而逾之。"如之。众从之。师入齐军。右师奔。齐人从之，陈瓘、陈庄涉泗。孟之侧后入以为殿，抽矢策其马，曰："马不进也。"林不狃之伍曰："走乎？"不狃曰："谁不如？"曰："然则止乎？"不狃曰："恶贤？"徐步而死。师获甲首八十。齐人不能师，宵谍曰："齐人遁。"冉有请从之，三。季孙弗许。孟孺子语人曰："我不如颜羽，而贤于邴洩。子羽锐敏，我不欲战而能默。"洩曰："驱之！"公为与其嬖僮汪锜乘，皆死，皆殡。孔子曰："能执干戈以卫社稷，可无殇也。"冉有用矛于齐师，故能入其军。孔子曰："义也。"（《左传》）

《史记》作"战于郎"，郎在郊也。是年孔子返。然孔子深不喜冉子之为季氏尽力。

> 季氏富于周公[37]，而求也为之聚敛而附益之。子曰："非吾徒也，小子鸣鼓而攻之可也。"（《先进》）
> [37]周公世为周王室之公。

《孟子》亦记其事。云：

> 求也为季氏宰，无能改于其德，而赋粟倍他日。孔子曰："求，非吾徒也，小子鸣鼓而攻之可也。"（《离娄》上）

《左传》《国语》亦载其事。大抵季氏重敛于下，而冉有不能正，故孔子责之。

> 冉子退朝[38]。子曰："何晏也？"对曰："有政[39]。"子曰："其事[40]也？如有政，虽不吾以[41]，吾其与闻之。"（《子路》）
> [38]季氏私朝。[39]国政。[40]家事。[41]用也。

孔子为鲁国老，常得预闻国政，此章孔子所以斥季氏而教冉子之意可见。

> 冉求曰："非不说子之道，力不足也。"子曰："力不足者，中道而废[42]，今汝画[43]。"（《雍也》）
> [42]废，置也。置物息于中途，俟有力再进。[43]划地自止也。

冉有政事之才，亦圣门卓卓者。然孔子责之曰"画"，与颜子之"语而不倦"者异矣。乃至鸣鼓之攻，几致不容于师门。颜子陋巷，则孔子亟称之。孔子不忘用世，而进退其门弟子者如此。其意可长思也。

（以上冉有。）

季氏将伐颛臾。冉有、季路见于孔子，曰："季氏将有事于颛臾。"孔子曰："求！无乃尔是过与？夫颛臾，昔者先王以为东蒙[44]主，且在邦域之中矣，是社稷之臣也。何以伐为？"冉有曰："夫子欲之，吾二臣者皆不欲也。"孔子曰："求！周任[45]有言曰：'陈力就列，不能者止。'危而不持，颠而不扶，则将焉用彼相矣？且尔言过矣！虎兕出于柙，龟玉毁于椟中，是谁之过与？"冉有曰："今夫颛臾固而近于费，今不取，后世必为子孙忧。"孔子曰："求！君子疾夫舍曰欲之，而必为之辞。丘也闻有国有家者，不患寡而患不均，不患贫而患不安。盖均无贫，和无寡，安无倾。夫如是，故远人不服，则修文德以来之。既来之，则安之。今由与求也，相夫子，远人不服而不能来也，邦分崩离析而不能守也，而谋动干戈于邦内。吾恐季孙之忧，不在颛臾，而在萧墙[46]之内也。"（《季氏》）

[44]山名。[45]古史官。[46]萧，肃也。人臣朝君，入宫墙而敬肃，故曰萧墙。

崔述云："此章可疑者五：《论语》所记孔子之言，皆简而直，此章独繁而曲。其文不类，一也。子路为季氏宰，在定公世；冉有为季氏宰，在哀公世。其时不合，二也。子路主堕都之谋，其刚直有素；归鲁之后，不肯承季氏意，以盟叛人；必不一旦隳其晚节，以阿季氏。其理不似，三也。颛臾之伐，不见于经传，洪氏意其因孔子之言而中止；然则田赋之用，何不以因孔子之言而中止？其事无征，四也。僖二十一年《传》云：'任宿、须句、颛臾，风姓也。实司大皡与有济之祀。'不言为东蒙主，亦不言为鲁有。其说不同，五也。且此篇文皆称孔子，与前十五篇异，其非孔子之徒所记甚明。"（《洙泗考信录·余录》）毛西河则谓："子路自哀十年反鲁，至哀十四年春小邾射以句绎来奔，季氏使子路要之，而子路请辞，则此时已再仕鲁矣。子路死卫在十五年冬，则仕鲁后再仕卫而死，虽年促而事实有然。《论语》伐颛臾之载，何疑之有？"又曰："《韩非子》：季孙相鲁，子路为郈令。鲁以五月起为长沟，子路挟粟而餐之，孔子使子贡覆其餐。季孙让之曰：'肥也起民而使之，而先生使餐，将无夺肥之民耶？'按伐颛臾是季康子事，而此称肥，为康子名，则由仕康子，正与求共事矣。此亦一傍证。"（《四书改错》）今按：冉有先归仕鲁，子路随孔子归，亦仕鲁，而权任次于冉有，故孔子独以责冉子也。《论语》上下篇文辞有异，而本章更甚。然崔氏疑并无其事，则亦失之过矣。

季子然[47]问："仲由、冉求，可为大臣与？"子曰："吾以子为异之问，曾[48]由与求之问！所谓大臣者，以道事君，不可则止。今由与求也，可谓具臣[49]矣。"曰："然则从之者与？"子曰："弑父与君，亦不从也。"（《先进》）

[47]或说孔子弟子。戴望云："即季襄。"孔注："子然，季氏子弟。自夸其家得臣二人，故问之。"当依孔氏。[48]乃仅。[49]备数之臣。

论语要略　125

小邾射以句绎来奔,曰:"使季路要我,吾无盟矣。"使子路,子路辞。季康子使冉有谓之曰:"千乘之国,不信其盟,而信子之言,子何辱焉?"对曰:"鲁有事于小邾,不敢问故,死其城下,可也。彼不臣而济⁵⁰其言,是义之也。由弗能。"(《左传》哀公十四年)

⁵⁰成也。

子曰:"片⁵¹言可以折狱⁵²者,其由也与!"子路无宿诺⁵³。(《颜渊》)

⁵¹半也。⁵²断也。⁵³久留也。子路立践其诺,不宿久。

按:此孔子言子路见信于人,故听其偏言单辞,即可据以断狱,不必更听两造也。单辞不可不明察,而子路之单辞则可信。

子曰:"衣敝缊⁵⁴袍,与衣狐貉者立,而不耻者,其由也与!""不忮⁵⁵不求,何用不臧⁵⁶?"子路终身诵之。子曰:"是道⁵⁷也,何足以臧?"(《子罕》)

⁵⁴絮。⁵⁵忌。⁵⁶善。"不忮不求"两句见《卫风》。⁵⁷指"终身诵之"言。是以一善沾沾自喜也。

子曰:"道不行,乘桴浮于海,从我者其由与?"子路闻之喜。子曰:"由也,好勇过我,无所取材。"(《公冶长》)

子路曰:"子行三军则谁与?"子曰:"暴虎⁵⁸冯河⁵⁹,

死而无悔者,吾不与也。必也临事而惧,好谋而成⁶⁰者也。"(《述而》)

⁵⁸徒搏。⁵⁹徒涉。⁶⁰定也,决也。

子路有闻,未之能行,唯恐有闻。(《公冶长》)

子曰:"由之瑟,奚为于丘之门?"门人不敬子路。子曰:"由也升堂矣,未入于室也。"(《先进》)

闵子侍侧,訚訚⁶¹如也。子路,行行⁶²如也。冉有、子贡,侃侃⁶³如也。子乐。曰:"若由也,不得其死然。"(《先进》)

⁶¹和悦貌。⁶²刚强貌。⁶³刚直貌。

子路为季氏宰,助孔子堕三都,其事已详于第二章。其后随孔子周游,返鲁后,子路复至卫,为卫孔悝邑宰。卫乱,太子蒯聩入孔悝家,强盟孔悝,劫之登台,遂与其徒袭攻出公,出公奔鲁。子路闻乱:

将入,遇子羔将出。曰:"门已闭矣。"季子曰:"吾姑至焉。"子羔曰:"弗及,不践其难。"季子曰:"食焉,不辟其难。"子羔遂出。子路入,及门,公孙敢门焉。曰:"无入为也!"季子曰:"是公孙也,求利焉而逃其难。由不然,利其禄必救其患。"有使者出,乃入。曰:"太子焉用孔悝,虽杀之,必或继之。"且曰:"太子无勇,若燔台半,必舍孔叔。"太子闻之惧,下石乞、盂黡敌子路,以戈击之,

断缨。子路曰:"君子死,冠不免。"结缨而死。孔子闻卫乱,曰:"柴也其来!由也死矣!"(《左传》哀公十五年)

孔子哭子路于中庭。有人吊者,而夫子拜⁶⁴之。既哭,进使者⁶⁵而问故。使者曰:"醢之矣!"遂命覆醢。(《檀弓》)
⁶⁴孔子为之主也。⁶⁵自卫来赴之使。

颜渊死,子曰:"噫!天丧予!"子路死,子曰:"噫!天祝⁶⁶予!"(《公羊》哀公十四年)
⁶⁶断也。

子路死之明年,孔子亦死。

或问乎曾西⁶⁷曰:"吾子与子路孰贤?"曾西蹴然曰:"吾先子之所畏也。"(《公孙丑》上)
⁶⁷曾子之子。

子路于孔门中年最长,孔子亦屡称之,又为同学所畏重。虽孔子于子路亦时有贬责,要之升堂入室,为定论也。

(以上冉有、季路、公西华。)

宰予画⁶⁸寝。子曰:"朽木不可雕也,粪土之墙不可杇⁶⁹也。于予与何诛?"(《公冶长》)
⁶⁸或作昼。⁶⁹镘。

子曰："始吾于人也，听其言而信其行。今吾于人也，听其言而观其行。于予与改是。"(《公冶长》)

宰我问："三年之丧，其⁷⁰已久矣？君子三年不为礼，礼必坏；三年不为乐，乐必崩。旧谷既没，新谷既升，钻燧改火⁷¹，期⁷²已可矣。"子曰："食夫稻，衣夫锦，于汝安乎？"曰："安。""汝安则为之。夫君子之居丧，食旨不甘，闻乐不乐，居处不安，故不为也。今汝安，则为之。"宰我出。子曰："予之不仁也！子生三年，然后免于父母之怀。夫三年之丧，天下之通丧也。予也，有三年之爱于其父母乎？"(《阳货》)

⁷⁰其本作期，今据或改本。⁷¹《月令》:春取榆柳之火，夏季取枣杏之火，季夏取桑柘之火，秋取柞楢之火，冬取槐檀之火。⁷²音基，周年也。

据《韩非子》《吕氏春秋》《淮南子》诸书，宰我仕齐，以谋讨陈恒见杀。《列传》谓其与陈恒为乱者，盖误。又按：宰我与子贡同列言语之科，亦孔门高第弟子。《论语》所载，于宰我独多深责之辞。疑宰我身后，多见诬于其政敌；编者不察，载之《论语》。或非当时之情实也。

（以上宰我。）

子谓子贡曰："女与回也孰愈⁷³？"对曰："赐也何敢望回！回也闻一以知十，赐也闻一以知二。"子曰："弗如也，吾与女弗如也⁷⁴。"(《公冶长》)

⁷³胜。⁷⁴吾与女俱不如，欲以慰子贡。

孔子以子贡与颜子并提，则虽有"与汝弗如"之叹，而子贡之贤可知也。

> 子曰："回也其庶乎！屡空㊄。赐不受命㊅而货殖焉，亿㊆则屡中。"（《先进》）
> ㊄贫也。㊅古者商贾皆官主之，子贡未受命于官，自以其财经商也。
> ㊆亿测。

史记称："子贡鬻财于曹鲁之间。"又云："子贡相卫，结驷连骑，排藜藿，入穷阎，过谢原宪。宪摄敝衣冠见子贡。子贡耻之，曰：'夫子岂病乎？'原宪曰：'吾闻之，无财者谓之贫，学道而不能行者谓之病。若宪，贫也，非病也。'子贡惭，不怿而去。"今按：子贡曰："贫而无谄，富而无骄，何如？"子曰："可也。未若贫而乐，富而好礼者也。"子贡长于理财，其富则有之。若贫以为耻，富以为荣，则子贡不如是也。此盖后人之托言耳。

> 子贡问曰："赐也何如？"子曰："女器也。"曰："何器也？"曰："瑚琏㊇也。"（《公冶长》）
> ㊇宗庙受黍稷之器。

> 子贡方㊈人。子曰："赐也贤乎哉！夫我则不暇。"（《宪问》）

⑦⑨比方，批评也。

子贡问曰："有一言而可以终身行之者乎？"子曰："其恕乎！己所不欲，勿施于人！"（《卫灵公》）

子贡曰："我不欲人之加⑧⓪诸我也，吾亦欲无加诸人。"子曰："赐也，非尔所及也⑧①。"（《公冶长》）

⑧⓪陵也。⑧①不加非义于人，此我所能。亦欲人不加诸我，则非我所能也。

子贡曰："纣之不善，不如是之甚也。是以君子恶居下流，天下之恶皆归焉。"（《子张》）

子贡曰："君子之过也，如日月之食焉；过也，人皆见之。更也，人皆仰之。"（《子张》）

子贡与宰我同列言语之科，孟子亦称其"善为说辞"，《左传》载其应对之辞令甚备。如：

鲁哀公会吴于鄫，太宰嚭⑧②召季康子。康子使子贡辞。太宰嚭曰："国君道长⑧③，而大夫不出门，此何礼也？"对曰："岂以为礼？畏大国也。大国不以礼命于诸侯，苟不以礼，岂可量也？寡君既共命焉，其老岂敢弃其国？太伯端委⑧④以治周礼，仲雍嗣之，断发文身，臝⑧⑤以为饰，岂礼也哉？有由然也。"（《左传》哀公七年）

⑧②吴大夫。⑧③长大于道路。⑧④礼衣。⑧⑤裸。

论语要略

鲁哀公会吴子伐齐,将战,吴子呼叔孙⁸⁶曰:"而事何也?"对曰:"从司马⁸⁷。"王赐之甲剑铍,曰:"奉尔君事!敬无废命!"叔孙未能对。卫赐进,曰:"州仇奉甲,从君而拜。"(《左传》哀公十一年)

⑧⑥叔孙武叔州仇。⑧⑦从吴司马所命。

鲁哀公会吴子橐皋,吴子使太宰嚭请寻盟。公不欲,使子贡对曰:"盟所以周⁸⁸信也。故心以制之,玉帛以奉之,言以结之,明神以要之。寡君以为苟有盟焉,弗可改也已。若犹可改,日盟何益?今吾子曰必寻⁸⁹盟,若可寻也,亦可寒⁹⁰也。"乃不寻盟。(《左传》哀公十二年)

⑧⑧固。⑧⑨重温。⑨⑩歇。

吴征会于卫,卫侯来,吴人藩⁹¹卫侯之舍。子服景伯谓子贡曰:"夫诸侯之会,事既毕矣,侯伯致礼,地主归饩⁹²,以相辞也。今吴不行礼于卫,而藩其君舍以难之。子盍见太宰!"乃请束锦以行,语及卫故。太宰嚭曰:"寡君愿事卫君,卫君之来也缓,寡君惧,故将止⁹³之。"子贡曰:"卫君之来,必谋于其众,其众或欲或否,是以缓来。其欲来者,子之党也;其不欲来者,子之雠也。若执卫君,是堕⁹⁴党而崇雠也。夫堕子者,得其志矣。且合诸侯而执卫君,谁敢不惧?堕党崇雠,而惧诸侯,或者难以霸乎?"太宰嚭说,乃舍卫侯。(《左传》哀公十二年)

⑨①篱。⑨②生物。⑨③执。⑨④毁。

鲁及齐平，子服景伯如齐，子赣为介。见公孙成[95]，曰："人皆臣人，而有背人之心；况齐人虽为子役，其有不贰乎？子，周公之孙也。多飨大利，犹思不义，利不可得而丧宗国[96]，将焉用之？"成曰："善哉！吾不早闻命！"陈成子馆客，曰："寡君使恒[97]告曰：寡君愿事君，如事卫[98]君。"景伯揖子赣而进之，对曰："寡君之愿也。昔晋人伐卫，齐为卫故，伐晋冠氏，丧车五百。因与卫地，自济以西，禚、媚、杏以南，书社[99]五百。吴人加敝邑以乱，齐因其病，取谨与阐。寡君是以寒心。若得视卫君之事君也，则固所愿也。"成子病之，乃归成。公孙宿以其兵甲入于嬴[100]。
(《左传》哀公十五年)

[95]鲁人，名宿，为成宰，叛归齐者。[96]鲁，成之宗国。[97]成子名。[98]言卫与齐同好，而鲁未肯。[99]二十五家为一社，书之籍。[100]齐地。

《史记·仲尼弟子列传》，尚有子贡存鲁乱齐亡吴强晋霸越一节，盖战国策士之托辞，不足信据。

(以上子贡。)

子游为武城宰。子曰："女得人焉耳乎？"曰："有澹台灭明者，行不由径，非公事未尝至于偃之室也。"(《雍也》)

子之武城，闻弦歌之声。夫子莞尔而笑曰："割鸡焉用牛刀？"子游对曰："昔者，偃也闻诸夫子，曰：'君子学道则爱人，小人学道则易使也。'"子曰："二三子！偃

之言是也。前言戏之耳。"(《阳货》)

子游曰:"丧致⑩¹乎哀而止⑩²。"(《子张》)

⑩¹尽也。⑩²不尚文饰。

子游曰:"事君数⑩³,斯辱矣;朋友数,斯疏矣。"(《里仁》)

⑩³骤速。

（以上子游。）

子游曰:"子夏之门人小子,当洒扫应对进退,则可矣,抑末也。本之则无,如之何?"子夏闻之,曰:"噫!言游过矣!君子之道,孰先传焉?孰后倦焉?譬诸草木,区以别矣。君子之道,焉可诬也?有始有卒者,其惟圣人乎?"(《子张》)

子夏曰:"贤贤易⑩⁴色,事父母能竭其力,事君能致其身,与朋友交,言而有信;虽曰未学,吾必谓之学矣。"(《学而》)

⑩⁴此指夫妇,能敬妻之贤,而更易其好色之心。

子夏曰:"虽小道,必有可观者焉;致远恐泥⑩⁵,是以君子不为也。"(《子张》)

⑩⁵不通。

子夏曰:"日知其所亡,月无忘其所能,可谓好学也

已矣。"(《子张》)

子夏曰:"博学而笃志,切问而近思,仁在其中矣。"(《子张》)

子夏曰:"百工居肆以成其事,君子学以致其道。"(《子张》)

子夏曰:"小人之过也必文[106]。"(《子张》)

[106] 文饰以自解。

子夏曰:"君子有三变:望之俨然,即之也温,听其言也厉[107]。"(《子张》)

[107] 严正。

司马牛忧曰:"人皆有兄弟,我独亡[108]。"子夏曰:"商闻之矣,死生有命,富贵在天。君子敬而无失,与人恭而有礼。四海之内,皆兄弟也。君子何患乎无兄弟也?"(《颜渊》)

[108] 牛有兄桓魋,忧其为乱将死。

子谓子夏曰:"女为君子儒,无为小人儒!"(《雍也》)

子夏为莒父宰。(《子路》)

子夏居西河教授,为魏文侯师。(《史记·仲尼弟子列传》)

(以上子夏。)

子夏之门人问交于子张。子张曰:"子夏云何?"对曰:"子夏曰:'可者与之,其不可者拒之。'"子张曰:"异乎吾所闻。君子尊贤而容众,嘉善而矜⑩不能。我之大贤与,于人何所不容?我之不贤与,人将拒我,如之何其拒人也?"(《子张》)

⑩怜。

子贡问:"师与商也孰贤?"子曰:"师也过,商也不及。"曰:"然则师愈乎?"子曰:"过犹不及。"(《先进》)

师也辟。(《先进》)

子游曰:"吾友张也,为难能也,然而未仁。"(《子张》)

曾子曰:"堂堂乎张也,难与并为仁矣。"(《子张》)

按:辟者,开广务外之意。曾子所谓堂堂,亦言其规模之开拓。孔子弟子,子张独为阔步。旧说于此数章,均以盛容仪、习礼貌为训,似失之。

子张问行。子曰:"言忠信,行笃敬,虽蛮貊之邦行矣。言不忠信,行不笃敬,虽州里行乎哉?立则见其参于前也,在舆则见其倚于衡也,夫然后行。"子张书诸绅⑪。(《卫灵公》)

⑪大带。

子张曰:"士见危致命,见得思义,祭思敬,丧思哀,其可已矣。"(《子张》)

子张曰:"执德不弘,信道不笃,焉能为有?焉能为无?"(《子张》)

子张病,召申祥⑪而语之曰:"君子曰终,小人曰死。吾今日其庶几乎?"(《檀弓》)

⑪子张子。

(以上子张。)

子曰:"参乎!吾道一以贯之。"曾子曰:"唯!"子出。门人问曰:"何谓也?"曾子曰:"夫子之道,忠恕而已矣。"(《里仁》)

曾子曰:"吾日三省吾身:为人谋而不忠乎?与朋友交而不信乎?传不习乎?"(《学而》)

曾子曰:"士不可以不弘毅,任重而道远。仁以为己任,不亦重乎?死而后已,不亦远乎?"(《泰伯》)

曾子曰:"可以托六尺之孤,可以寄百里之命,临大节而不可夺也。君子人与?君子人也!"(《泰伯》)

曾子养曾皙,必有酒肉。将彻,必请所与。问有余,必曰:"有。"曾皙死,曾元养曾子,必有酒肉。将彻,不请所与。问有余,曰:"亡矣。"将以复进也。此所谓养口体者也。若曾子者,则可为养志也。事亲若曾子者可也。(《离娄》上)

曾皙嗜羊枣,而曾子不忍食羊枣。公孙丑问曰:"脍炙与羊枣孰美?"孟子曰:"脍炙哉!"公孙丑曰:"然则曾子何为食脍炙,而不食羊枣?"曰:"脍炙所同也,羊枣所独也。讳名不讳姓,姓所同也,名所独也。"(《尽心》下)

曾子之孝见于《孟子》者如此,其他传记所载,或出附会假托,不可尽信。

曾子居武城,有越寇。或曰:"寇至,盍去诸?"曰:"无寓人于我室,毁伤其薪木!"寇退,则曰:"修我墙屋,我将反!"寇退,曾子反。左右曰:"待先生如此其忠且敬也,寇至则先去以为民望,寇退则反,殆于不可?"沈犹行曰:"是非汝所知也。昔沈犹有负刍⑪之祸,从先生者七十人,未有与焉。"(《离娄》下)
⑪人名。

孟子曰:"曾子师也,父兄也。"(《离娄》下)

曾子有疾,召门弟子曰:"启予足!启予手!《诗》云:'战战兢兢,如临深渊,如履薄冰。'而今而后,吾知免夫!小子!"(《泰伯》)

参也鲁。(《先进》)

(以上曾子。)

崔述云:"《春秋传》多载子路、冉有、子贡之事,而子贡尤多;曾子、游、夏,皆无闻焉。《戴记》则多记孔子没后,曾子、游、夏、子张之言;而冉有、子贡,罕所论著。盖圣门中子路最长,闵子、仲弓、冉有、子贡,则其年若相班者。孔子在时,既为日月之明所掩;孔子殁后,为时亦未必甚久。子贡当孔子世,已显名于诸侯,仕宦之日既多,讲学之日必少;是以不为后学所宗耳。若游、夏、子张、曾子,则视诸子为后起,事孔子之日短,教学者之日长;是以孔子在时,无所表见,而名言绪论,多见于孔子殁后也。"

子谓子贱:"君子哉若人!鲁无君子者,斯焉取斯!"(《公冶长》)

子贱为单父宰,反命于孔子,曰:"此国有贤不齐者五人,教不齐所以治者。"(《史记·仲尼弟子列传》)

子贱治单父,弹鸣琴,身不下堂,而单父治。巫马期以星出,以星入,日夜不处,以身亲之,而单父亦治。巫马期问于子贱。子贱曰:"我任人,子任力。任人者佚,任力者劳。"(《吕览》)

(以上宓不齐。)

原思为之宰⑬,与之粟九百⑭,辞。子曰:"毋!以与尔邻里乡党乎?"(《雍也》)

⑬孔子为鲁司寇,以原宪为家邑宰。⑭九百斛。

(以上原宪。)

子谓公冶长:"可妻也。虽在缧绁之中,非其罪也。"以其子妻之。(《公冶长》)

(以上公冶长。)

子谓南容:"邦有道,不废。邦无道,免于刑戮。"以其兄之子妻之。(《公冶长》)

南容三复白圭⑮,孔子以其兄之子妻之。(《先进》)

⑮《诗》云:"白圭之玷,尚可磨也。斯言之玷,不可为也。"南容读《诗》至此,三反覆之,其心慎言也。

南宫适问于孔子曰:"羿善射,奡荡舟,俱不得其死然。禹稷躬稼,而有天下。"夫子不答。南宫适出,子曰:"君子哉若人!尚德哉若人!"(《宪问》)

(以上南容。)

子路使子羔为费宰。子曰:"贼夫人之子。"(《先进》)

卫乱,季子将入,遇子羔将出。曰:"门已闭矣。"季

子曰："吾姑至焉。"子羔曰："弗及，不践其难。"季子曰："食焉，不辟其难。"子羔遂出。子路入。（《左传》哀公十五年）

《说苑》云："子羔为卫政，刖人之足。卫之君臣乱，子羔走郭门。郭门闭，刖者守门，曰：'于彼有缺。'子羔曰：'君子不逾。'曰：'于彼有窦。'子羔曰：'君子不遂。'曰：'于此有室。'子羔入，追者罢。子羔将去，谓刖者曰：'吾亲刖子之足，此子报怨时也，何故逃我？'刖者曰：'斩足，固我罪也，无可奈何。狱决罪定，临当论刑，君愀然不乐，见于颜色，此臣之所以脱君也。'"此事不知信否，而殊足风世，附录于此。

子羔既去卫，遂仕于鲁。鲁会齐侯盟于蒙，子羔预往焉。（《左传》哀公十七年）

成人有其兄死而不为衰者，闻子皋将为成宰，遂为衰。成人曰："蚕则绩而蟹有匡⑯，范⑰则冠而蝉有绥⑱，兄则死而子皋为之衰。"（《檀弓》）

⑯蟹背有匡，可以贮蜜。 ⑰蜂也。 ⑱蝉喙长在口下，似冠之绥。

高子皋之执亲之丧也，泣血三年，未尝见齿。（《檀弓》）

柴也愚。（《先进》）

《论语》子羔仅两见，皆非美辞。然其事旁见于传记者不一，其言论行事亦足多者。盖子羔年少，仕鲁在孔子卒后，是以不著于《论语》耳。

（以上子羔。）

子使漆雕开仕，对曰："吾斯之未能信。"子说。（《公冶长》）

（以上漆雕开。）

宋向魋作乱而奔卫，司马牛致其邑与珪焉而适齐。向魋出于卫地，公文氏攻之，求夏后氏之璜焉，与之他玉而奔齐。陈成子使为次卿，司马牛又致其邑焉而适吴。吴人恶之而反。赵简子召之，陈成子亦召之。卒于鲁郭门之外，阬氏葬诸丘舆。（《左传》哀公十四年）

（以上司马牛。）

樊迟请学稼。子曰："吾不如老农。"请学为圃。曰："吾不如老圃。"樊迟出。子曰："小人哉！樊须也。上好礼则民莫敢不敬，上好义则民莫敢不服，上好信则民莫敢不用情。夫如是，则四方之民襁负其子而至矣。焉用稼？"（《子路》）

樊迟从游于舞雩之下，曰："敢问崇德、修慝、辨惑。"

子曰:"善哉问!先事后得,非崇德与?攻其恶,无攻人之恶,非修慝与?一朝之忿,忘其身,以及其亲,非惑与?"(《颜渊》)

樊迟曾为冉有御,与齐师战于郊,已见前引。
(以上樊迟。)

吴伐鲁。微虎⑲欲宵攻王⑳舍,私属徒七百人,三踊于幕庭,卒三百人,有若与焉。及稷门之内。或谓季孙曰:"不足以害吴,而多杀国士,不如已也。"乃止之。吴子闻之,一夕三迁。(《左传》哀公八年)

⑲鲁大夫。⑳吴王。

哀公问于有若曰:"年饥,用不足,如之何?"有若对曰:"盍彻㉑乎?"曰:"二,吾犹不足,如之何其彻也?"对曰:"百姓足,君孰与不足?百姓不足,君孰与足?"(《颜渊》)

㉑什一而税,周谓之彻。

有子曰:"其为人也孝弟,而好犯上者,鲜矣。不好犯上,而好作乱者,未之有也。君子务本,本立而道生。孝弟也者,其为仁之本与?"(《学而》)

他日,子夏、子张、子游,以有若似圣人,欲以所

事孔子事之，强曾子；曾子曰："不可！江汉以濯之，秋阳以暴之，皓皓乎不可尚已。"（《滕文公》下）

游、夏以有子似圣人，则其言行必有过人者。《论语》有子、曾子并称子，后人以为盖曾子、有子之门人所记，而有子言行独不甚详，亦可惜也。

（以上有子。）

孟子要略

弁 言

孟子之学，辜较言之，所为有大贡献于后世人群者，厥要有三。一曰发明性善之义。此乃中国传统政教纲领，亦即中国传统文化精神之所依寄，而其义首由孟子畅发之。苟非人性之善，则人类社会，不过一功利权力欺诈杀伐之场，能以法律暂维于不溃，斯为郅治升平矣。而法律之效终有际限，乃弥缝以宗教，博爱慈仁，皆出帝意，人生与罪恶俱来，非皈依上帝，即无以自赎，亦无以得救。则宗教与法律，相辅相成。若果不信斯世之外尚有一上帝，则如印度有释迦，中国有庄老，惟有破弃人类，归之虚无寂灭。独中国传统政教大纲，既不仰赖宗教，又不偏仗法律，而汲汲为斯世大群谋福利；亦不蹈老释之悲观与消极；则惟以主人性本善故。孟子曰："养其大体为大人，养其小体为小人。"孟子之言性善，亦标准于大人而言也。故其道性善，言必称尧舜，尧舜大人也。大人者，得人类此心之所同然,所谓"不失其赤子之心",赤子之心即心之同然也。夫使千古人心之同然者而必归于恶,则法律终为在外之钳制,纵使上帝慈仁,亦将于事无济。故耶教信仰,必有世界末日,则与老释之虚无寂灭,岂不同其归宿?今使转易其辞,指凡千古人心之所同然者而曰此即性也,此即善也,则不烦有上帝;而法律亦人性之善所自创。善无终极,斯世界无末日,人生不虚无,而政教有所企向,文化有所期望。此孟子性善之学所为有大贡献于后世人群者一也。

二曰孟子言养气。人类之于宇宙,个人之于社会,其小藐焉,其暂忽焉;而孟子曰:"我善养吾浩然之气。其为气也,至大至刚以直,养而无害,则塞于天地之间。"夫而后小者有以见其大,暂者有以见其久。于何能尔?亦曰我一人暂尔独然之气,有以合乎众人千古同然之性,斯即所谓"配义与道"也。道者,人群千古之所同;义者,我一人暂尔之所独。何以我一人暂尔之独而谓之曰义?曰:惟此一人暂尔之独,有以会乎人群千古之同,故以谓之义也。浩然之气,则集义所生。夫使其人暂尔之所独,无不合乎大群千古之所同,则其气浩然矣。斯言也,斯行也,皆其人一时暂尔之气之动,果其无当于千古人群之性之同,则是藐焉忽焉者,又何道而得浩然塞天地乎?故非善养气,即无以尽其性之善。人之不能尽其性而极乎善者,皆其养气之功有不至也。孟子道性善,指大群千古同然之本体;孟子言养气,指小我暂忽所独之工夫;必兼二者,而后表里备,本末俱。此孟子养气之学所为有大贡献于后世人群者又一也。

三曰孟子言知言。当孟子之时，群言尨杂，是非淆乱，家家自以为大道，人人自以为正义，而不知其皆藐焉忽焉，特一气之动而已。使我而无以知道义之正，定是非之宗，则终亦自陷于藐焉忽焉之一气之动而止，又何以得浩然者而养之乎？故知言者，又养气之工夫也。若何而知？曰：知之以大群千古之所同。凡其无当于大群千古之所同者，皆其人暂尔之独，是皆一气之动，非所谓道与义也。孟子道性善，言必称尧舜，拒杨墨，而曰："乃我所愿，则学孔子。"尧舜孔子，乃人群千古之同，杨墨则暂尔一人之独。此何以知？知之于千百年之后，孔子之道大行，杨墨之言已熄，则易。知之于千百年之前，杨墨之言盈天下，天下不之杨则之墨，当时天下皆不知而孟子独知之，则难。故曰："能言拒杨墨者，圣人之徒也。"是孟子亦知其难矣。而孟子独何以知？曰：孟子亦知之以人性，知之以人性之皆善而已。墨氏兼爱，是无父也；杨氏为我，是无君也；无父无君，是禽兽也。不知人性自有仁，故外假天志而侈言兼爱；不知人性自有义，故退就一己而昌言为我。兼爱、为我非不是，其病在于昧人性。人性自有仁义，此人性之所以善；仁义原本人性，此仁义之所以为善。杨墨违人性背仁义而言兼爱、为我，孟子拒之，亦所以发明人性之善也。故曰："诐辞知其所蔽，淫辞知其所陷，邪辞知其所离，遁辞知其所穷。生于其心，害于其政，发于其政，害于其事。"诐淫邪遁，其先皆病于心。己心即病，则无以见人性之同。孟子之知言，亦在乎知人心而已。《诗》曰："他人有心，予忖度之。""执柯伐柯，其则不远。"故孟子曰："思则得之，不思则不得也。"人莫不有心，心莫不能思，先立乎其大者，则小者不能夺也。故曰："归而求之有余师。"又曰："人皆可以为尧舜。"上求之千古群心之同，近反之一己当心之独，而有以见其会通焉，斯可以证人性之善，而知言之学亦尽于此矣。故孟子之论知言，其实即心学也。孟子曰："尽心可以知性，尽性可以知天。"夫曰可以知天，又何论乎知言哉！人必能知言而后可以卓然自出于群言之表，不夺不惑，有以养其浩然之气，而尽吾性以极乎善也。此孟子知言之学所为有大贡献于后世人群者三也。此三者，其实则一，皆所以尽人心而发明性善之旨也。

孟子生乎乱世，外则发明人性之善，内则自尽吾心，以知言养气为务。必孟子之学昌，而后拨乱世而反之治者可期。亦必遵孟子之涂辙，而后可以得孔学之真趋。二十年前，曾为《论语》《孟子》"要略"两编，提要钩玄，期于普及。读者傥会合而观，其果于当世之人心稍有裨补，则尤私衷之所恳切而祈祷者也。

中华民国三十六年岁尽钱穆识于无锡荣巷之江南大学

第一章　孟子传略

孟轲，邹人也，受业子思之门人。(《史记·孟子荀卿列传》)游齐，当齐威王之世。与匡章交游。

公都子曰："匡章，通国皆称不孝焉，夫子与之游，又从而礼貌之，敢问何也？"孟子曰："世俗所谓不孝者五：惰其四支，不顾父母之养，一不孝也；博弈好饮酒，不顾父母之养，二不孝也；好货财，私妻子，不顾父母之养，三不孝也；从耳目之欲，以为父母戮，四不孝也；好勇斗很①，以危父母，五不孝也。章子有一于是乎？夫章子，子父责善②而不相遇也。责善，朋友之道也；父子责善，贼恩③之大者。夫章子岂不欲有夫妻子母之属哉？为得罪于父，不得近，出妻屏子，终身不养焉。其设心以为不若是，是则罪之大者。是则章子而已矣。"(《离娄》下)

孟子要略

①很,不听从也。当时禁斗杀人之法,戮及父母。②责善,以善相责也。③贼恩,如今云伤情。

章子事又见于《国策》。齐威王使章子将而拒秦,威王念其母为父所杀,埋于马栈之下,谓曰:"全军而还,必更葬将军之母。"章子对曰:"臣非不能更葬臣之母。臣之母得罪臣之父。臣之父未教而死,臣葬母,是欺死父也,故不敢。"军行,有言章子以兵降秦者三。威王不信,有司请之,王曰:"不欺死父,岂欺生君?"章子竟大胜秦而返。《国策》所述如此。是"通国皆称匡章不孝"者,必当章子未胜秦前,既不葬其死母,因出妻屏子,不敢自安逸,而齐人乃讥其不孝。孟子独识其人而礼貌之也。乃既大胜秦兵,心事既白,而威王亦必为改葬其母。其在齐,声位俱隆,决无通国称其不孝之理。孟子与游,公都子亦不复有此疑矣。即此一节,足证孟子当齐威王时已游齐。

其后,孟子尝居宋。

孟子谓戴不胜④曰:"子欲子之王⑤之善与?我明告子!有楚大夫于此,欲其子之齐语也,则使齐人傅诸?使楚人傅诸?"曰:"使齐人傅之。"曰:"一齐人傅之,众楚人咻之,虽日挞而求其齐也,不可得矣。引而置之庄岳⑥之间,数年,虽日挞而求其楚,亦不可得矣。子谓薛居州善士也,使之居于王所。在于王所者,长幼卑尊,皆薛居州也。王谁与为不善?在王所者,长幼卑尊,皆非薛居州也。王谁与为善?一薛居州,独如宋王何?"
(《滕文公》下)

④宋臣。⑤宋王偃称王在齐威王三十年,《史记·六国表》误。孟子游宋当在宋偃称王后不久时。⑥庄,街名,岳,里名。皆属齐国。

滕文公为世子,将之楚,过宋而见孟子。孟子道性善,言必称尧舜。世子自楚反,复见孟子。孟子曰:"世子疑吾言乎?夫道一而已矣。成覸谓齐景公曰:'彼丈夫也,我丈夫也,吾何畏彼哉?'颜渊曰:'舜何人也?予何人也?有为者亦若是。'公明仪曰:'文王我师也,周公岂欺我哉?'今滕,绝长补短,将五十里也,犹可以为善国。《书》曰:'若药不瞑眩,厥疾不瘳。'"(《滕文公》上)

去宋过薛⑦。

⑦薛乃齐孟尝君田文父靖郭君田婴封邑。威王三十五年,封靖郭君于薛。孟子至薛当在其时。

陈臻⑧问曰:"前日于齐,王馈兼金⑨一百而不受;于宋,馈七十镒⑩而受;于薛,馈五十镒而受。前日之不受是,则今日之受非也。今日之受是,则前日之不受非也。夫子必居一于此矣。"孟子曰:"皆是也。当在宋也,予将有远行⑪,行者必以赆⑫。辞曰馈赆,予何为不受?当在薛也,予有戒心⑬。辞曰闻戒,故为兵馈之。予何为不受?若于齐,

则未有处也。无处而馈之，是货之也。焉有君子而可以货取乎？"(《公孙丑》下)

⑧孟子弟子。⑨好金也，其价兼倍于一百镒也。⑩古者以一镒为一金。镒，二十两也。⑪自宋返也。⑫送行者赠贿之礼也。⑬时有恶人欲害孟子。

曾在鲁。

鲁平公将出，嬖人臧仓者请曰："他日君出，则必命有司所之。今乘舆已驾矣，有司未知所之，敢请！"公曰："将见孟子。"曰："何哉？君所为轻身以先于匹夫者。以为贤乎？礼义由贤者出，而孟子之后丧逾前丧⑭。君无见焉！"公曰："诺。"乐正子⑮入见，曰："君奚为不见孟轲也？"曰："或告寡人曰：'孟子之后丧逾前丧。'是以不往见也。"曰："何哉？君所谓逾者。前以士，后以大夫；前以三鼎，而后以五鼎⑯与？"曰："否。谓棺椁衣衾之美也。"曰："非所谓逾也，贫富不同也。"乐正子见孟子，曰："克告于君，君为⑰来见也。嬖人有臧仓者沮君，君是以不果来也。"曰："行或使之，止或尼之，行止非人所能也。吾之不遇鲁侯，天也！臧氏之子，焉能使予不遇哉！"(《梁惠王》下)

⑭前丧父约，后丧母奢。⑮孟子弟子。⑯士祭三鼎，大夫祭五鼎。⑰犹将也。

鲁平公元年，当齐威王之三十六年。(《史记·六国表》误。)臧仓毁孟子后丧逾前丧，并非即在丧中。否则孟子尚居母丧，乐正子亦不汲汲谋使鲁君来见。臧仓称孟子为"匹夫"，亦以孟子其时尚未达。旧说列其事于齐宣王时，则孟子已为齐卿，不应称"匹夫"。宣王既尊礼孟子，孟子之于鲁平公，亦不遽有"不遇，天也"之叹。故知旧说之误也。

乃返邹。

邹与鲁哄[18]，穆公问曰："吾有司死者三十三人，而民莫之死也。诛之，则不可胜诛；不诛，则疾视其长上之死而不救。如之何则可也？"孟子对曰："凶年饥岁，君之民，老弱转乎沟壑，壮者散而之四方者，几千人矣。而君之仓廪实，府库充，有司莫以告，是上慢而残下也。曾子曰：'戒之！戒之！出乎尔者，反乎尔者也。'夫民今而后得反之也，君无尤为。君行仁政，斯民亲其上，死其长矣。"（《梁惠王》下）

[18] 斗也。

滕定公[19]薨，世子谓然友[20]曰："昔者孟子尝与我言于宋，于心终不忘。今也不幸，至于大故，吾欲使子问于孟子，然后行事。"然友之邹[21]，问于孟子。（《滕文公》上）

[19] 文公父。[20] 世子傅。[21] 滕在今徐州，去邹四十余里，往返不过大半日，故可问而行事。孟子劝之行三年之丧。文公即位，孟子遂至滕。

孟子要略

孟子至滕。

滕文公问为国。孟子曰:"民事不可缓也㉒。《诗》云:'昼尔于茅,宵尔索绹,亟其乘屋,其始播百谷㉓。'民之为道也,有恒产者有恒心,无恒产者无恒心。苟无恒心,放僻邪侈无不为已。及陷乎罪,然后从而刑之,是罔㉔民也。焉有仁人在位,罔民而可为也㉕?"(《滕文公》上)

㉒当以政治督促,教以生产之务。㉓昼取茅草,夜索为绳,以盖野外之屋,昼夜不缓,恐妨来春田事也。㉔罔同网,张罗网以网民。㉕也,同邪。

孟子去滕,遂游梁,当梁惠王之后元十五年,为齐威王三十七年。

孟子见梁惠王,王曰:"叟!不远千里而来,亦将有以利吾国乎?"孟子对曰:"王何必曰'利'?亦有'仁义'而已矣。王曰:'何以利吾国?'大夫曰:'何以利吾家?'士庶人曰:'何以利吾身?'上下交征㉖利,而国危矣。万乘之国,弑其君者,必千乘之家;千乘之国,弑其君者,必百乘之家。万取千焉,千取百焉,不为不多矣,苟为后义而先利,不夺不餍㉗。未有仁而遗其亲者也,未有义而后其君者也。王亦曰'仁义'而已矣,何必曰'利'。"(《梁惠王》上)

㉖取也。㉗足也。

是年，齐威王薨，子宣王立。明年，梁惠王薨，子襄王立。

孟子见梁襄王，出语人曰："望之不似人君，就㉘之而不见所畏焉。卒㉙然问曰：'天下恶乎定？'吾对曰：'定于一。''孰能一之？'对曰：'不嗜杀人者能一之。''孰能与之？'对曰：'天下莫不与也。王知夫苗乎？七八月之间旱，则苗槁矣。天油然作云，沛然下雨，则苗浡然兴之矣。其如是，孰能御之？今夫天下之人牧，未有不嗜杀人者也。如有不嗜杀人者，则天下之民，皆引领而望之矣！诚如是也，民归之，由㉚水之就下，沛然谁能御之？'"（《梁惠王》上）

㉘近也。㉙读如猝。㉚同犹。

是年孟子即去梁返齐，为齐宣王元年。

孟子自范㉛之齐，望见齐王㉜之子，喟然叹曰："居移气，养移体，大哉居乎！夫非尽人之子与？王子宫室车马衣服多与人同，而王子若彼者，其居使之然也。况居天下之广居㉝者乎！鲁君之宋，呼于垤泽㉞之门，守者曰：'此非吾君也，何其声之似我君也？'此无他，居相似也。"（《尽心》上）

㉛范，山东濮州范县。本晋邑，后属齐。㉜威王子为宣王。孟子自范至齐，初见宣王，犹未终丧，故称王子。㉝广居，谓行仁义。㉞宋城南门，《左》襄十七年之泽门即此。

齐宣王欲短丧㉟,公孙丑㊱曰:"为期之丧㊲犹愈于已乎?"孟子曰:"是犹或绐㊳其兄之臂,子谓之姑徐徐云尔。亦教之孝悌而已矣。"(《尽心》上)

㉟丧其父威王也。㊱孟子弟子。㊲既不能三年丧,以期年,差愈于止而不行丧也。㊳搣。

齐宣王问曰:"齐桓、晋文之事,可得闻乎?"孟子对曰:"仲尼之徒,无道桓文之事者,是以后世无传焉!臣未之闻也。无以㊴,则王乎?"曰:"德何如则可以王矣?"曰:"保民而王,莫之能御也。"(《梁惠王》上)

㊴同已。

齐人伐燕,或问曰:"劝齐伐燕,有诸?"曰:"未也。沈同㊵问:'燕可伐与?'吾应之曰:'可!'彼然而伐之也。彼如曰:'孰可以伐之?'则将应之曰:'为天吏,则可以伐之。'今有杀人者,或问之曰:'人可杀与?'则将应之曰:'可!'彼如曰:'孰可以杀之?'则将应之曰:'为士师,则可以杀之。'今以燕伐燕,何为劝之哉?"(《公孙丑》下)

㊵齐臣。

齐人伐燕,胜之。宣王问曰:"或谓寡人勿取,或谓寡人取之。以万乘之国,伐万乘之国,五旬而举之,人力不至于此。不取,必有天殃。取之何如!"孟子对曰:"取之而燕民悦,则取之。古之人有行之者,武王是也。

取之而燕民不悦，则勿取。古之人有行之者，文王是也。以万乘之国，伐万乘之国，箪食壶浆，以迎王师，岂有他哉？避水火也。如水益深，如火益热，亦运[41]而已矣。"（《梁惠王》下）

[41]又转迎他人也。

齐人伐燕，取之。诸侯将谋救燕。宣王曰："诸侯多谋伐寡人者，何以待之？"孟子对曰："臣闻七十里为政于天下者，汤是也；未闻以千里畏人者也。《书》曰：'汤一征，自葛始。'天下信之。东面而征西夷怨，南面而征北狄怨，曰：'奚为后我？'民望之，若大旱之望云霓也。归市者不止，耕者不变，诛其君而吊其民，若时雨降，民大悦。《书》曰：'徯我后[42]，后来其苏！'今燕虐其民，王往而征之，民以为将拯己于水火之中也，箪食壶浆，以迎王师。若杀其父兄，系累其子弟，毁其宗庙，迁其重器，如之何其可也？天下固畏齐之强也，今又倍地而不行仁政，是动天下之兵也。王速出令，反其旄倪[43]，止其重器，谋于燕众，置君而后去之，则犹可及止也。"（《梁惠王》下）

[42]徯，待也。后，君也。[43]旄，老耄也。倪，小孩也。

燕人畔，王曰："吾甚惭于孟子。"（《公孙丑》下）

燕王哙让国于相子之，国乱，齐伐燕，其事在宣王六年。至宣王九年，为燕昭王元年。燕既畔齐，孟子亦去，当在其时。

孟子致为臣而归。王就见孟子，曰："前日愿见而不可得，得侍同朝，甚喜。今又弃寡人而归，不识可以继此而得见乎？"对曰："不敢请耳，固所愿也。"他日，王谓时子㊹曰："我欲中国㊺而授孟子室，养弟子以万钟㊻，使诸大夫国人皆有所矜式㊼。子盍为我言之？"时子因陈子㊽而以告孟子。陈子以时子之言告孟子。孟子曰："然！夫时子恶知其不可也？如使予欲富，辞十万㊾而受万，是为欲富乎？季孙㊿曰：'异哉子叔疑！使己为政，不用，则亦已矣，又使其弟子为卿。人亦孰不欲富贵，而独于富贵之中有私龙断(51)焉！'古之为市者也，以其所有，易其所无者，有司者治之耳。有贱丈夫焉，必求龙断而登之，以左右望而罔(52)市利。人皆以为贱，故从而征(53)之。征商，自此贱丈夫始矣！"（《公孙丑》下）

㊹齐臣。㊺国，都城也。中国，谓择都城之中央。㊻六石四斗为钟。㊼矜，敬也。式，法也。㊽陈臻，孟子弟子。㊾十万者，孟子约举仕齐八九年所得俸禄成数言之。孟子年俸约可万钟。㊿季孙、子叔疑，皆鲁臣。孟子引古以为说。(51)龙，读为垄。断，读为敦。土堆曰敦，即今墩字。(52)古人日中为市，集于旷野，以实物相易。登高冈土阜，可以见市物之多寡。以寡易多，则得利也。罔同网。(53)征，税也。

孟子去齐。尹士语人曰："不识王之不可以为汤武，则是不明也。识其不可，然且至，则是干泽[54]也。千里而见王，不遇，故去。三宿而后出昼[55]，是何濡滞也？士则滋不悦。"高子[56]以告。曰："夫尹士，恶知予哉！千里而见王，是予所欲也。不遇故去，岂予所欲哉？予不得已也。予三宿而出昼，于予心犹以为速。王庶几改之！王如改诸，则必反予。夫出昼而王不予追也，予然后浩然有归志。予虽然，岂舍王哉！王由[57]足用为善。王如用予，则岂徒齐民安，天下之民举安。王庶几改之！予日望之！予岂若是小丈夫然哉！谏于其君而不受，则怒。悻悻然见于其面，去则穷日之力而后宿哉？"尹士闻之，曰："士诚小人也！"(《公孙丑》下)

[54]干，求也。泽，禄也。[55]齐西南近邑。孟子去齐欲归邹，至昼地三宿。[56]孟子弟子。[57]同犹。

孟子去齐，充虞路问[58]曰："夫子若有不豫色然。前日虞闻诸夫子曰：'君子不怨天，不尤人。'"曰："彼一时，此一时也。五百年必有王者兴，其间必有名世[59]者。由周而来，七百有余岁矣。以其数，则过矣；以其时考之，则可矣。夫天未欲平治天下也。如欲平治天下，当今之世，舍我其谁也？吾何为不豫哉！"(《公孙丑》下)

[58]路中问也。[59]如云孔子之时、孟子之时，则以孔子、孟子名世也。

孟子去齐，居休[60]，公孙丑问曰："仕而不受禄[61]，古

孟子要略　161

之道乎？"曰："非也。于崇，吾得见王，退而有去志，不欲变，故不受也。继而有师命⁶²，不可以请，久于⁶³齐，非我志也。"（《公孙丑》下）

⁶⁰休在颍川，属宋（见《路史·国名纪》），是孟子去齐之宋也。或云休城在今兖州府滕县北十五里，距孟子家约百里（见《四书释地续》），是孟子去齐归邹也。不可详考。⁶¹此见孟子未受齐禄，故曰"辞十万"。⁶²师旅之命，齐伐燕也。⁶³孟子本志不欲久居齐，亦见仕而不受禄，非正道也。

今考孟子年岁，其至梁在惠王后元十五年。时惠王在位已五十年，计其年寿殆及七十，或已过之，而称孟子曰"叟"。"叟"是长老之称，则孟子之年亦当近及七十也。至是去齐，又逾八九年，孟子已老，此后遂不复见于世矣。

《史记》云："当孟子之时，天下方务于合纵连横，以攻伐为贤，而孟轲乃述唐虞三代之德；是以所如者不合，退而与万章之徒序《诗》《书》，述仲尼之意，作《孟子》七篇。"（《孟子荀卿列传》）是谓孟子退老著书，而万章之徒预其事。赵岐云："孟子退而论集所与高第弟子公孙丑、万章之徒难疑答问，又自撰其法度之言，著书七篇。"（《孟子题词》）是亦谓七篇乃孟子自撰，而又有公孙丑、万章之徒之所记录也。清儒崔述云："《孟子》一书，为公孙丑、万章所纂述者近是。谓孟子与之同撰，或孟子所自撰，则非也。《孟子》七篇之文，往往有可议者，如'决汝汉，排淮泗而注之江'，'伊尹五就汤，五就桀'之属，皆于事理未合。果孟子所自著，不应疏略如是,一也。七篇中称时君皆举其谥,如梁惠王、襄王、齐宣王、鲁平公、邹穆公皆然。其人未必皆先孟子而卒,何以皆称其谥?二也。七篇中于孟子门人多以子称之,如乐正子、公都子、屋庐子、徐子、陈子皆然,不称子者无几。果孟子所自著,恐未必自称其门人皆曰子,三也。细玩此书,盖孟子之门人万章、公孙丑等所追述。故二子问答之言在七篇中为最多,而二子在书中亦皆不以子称。"(《孟子事实录》)今会合三说,殆孟子自有所撰,而终成于万章、公孙丑之徒之所撰集,最为近是。赵岐云:"又有外书四篇——《性善辩》《文说》《孝经》《为政》——其文不能宏深,不与内篇相似,似非《孟子》本真,后世依仿而托之。"(《孟子题词》)今考诸书称引《孟子》逸文者,皆肤浅无足取。赵氏之辨,盖可信也。

[附] 孟子年谱

周烈王六年 梁惠成王元年 （西元前三七〇年）	
周显王八年 秦孝公元年 梁惠成王十年 （西元前三六一年）	卫公孙鞅入秦。
周显王一二年 梁惠成王一四年 齐威王元年 （西元前三五七年）	齐威王招文学游说之士聚稷下。 孟子亦游齐。
周显王一五年 梁惠成王一七年 （西元前三五四年）	魏伐赵，季梁谏，见国策。季梁为杨朱友，先杨朱而死，见列子仲尼、力命。 齐田忌救赵伐魏。
周显王一六年 梁惠成王一八年 齐威王五年 （西元前三五三年）	齐田忌败魏桂陵。
周显王二二年 齐威王一一年 秦孝公一五年 （西元前三四七年）	齐将匡章败秦。 孟子在齐，与匡章交游。
周显王二六年 梁惠成王二八年 齐威王一五年 （西元前三四三年）	齐败梁马陵。

周显王三〇年 　楚威王元年 　（西元前三三九年）	史记：庄子与楚威王同时，威王聘为相，庄子辞。见庄子。
周显王三一年 　秦孝公二四年 　宋王偃元年 　（西元前三三八年）	秦孝公卒，商君死，尸佼逃蜀。
周显王三二年 　（西元前三三七年）	申不害卒。
周显王三五年 　梁惠成王后元（三七）年 　齐威王二四年 　（西元前三三四年）	齐、魏会徐州相王，惠施用事于魏。
周显王四一年 　宋王偃一〇年 　秦惠文王一〇年 　（西元前三二八年）	宋称王。 张仪为秦相。
周显王四四年 　秦惠王一三年 　赵武灵王元年 　（西元前三二五年）	秦初称王。 荀卿自赵游学于齐。 孟子游宋，当在此时。
周显王四六年 　梁惠成王后一二年 　齐威王三五年 　（西元前三二三年）	犀首约魏、赵、韩、燕、中山五国相王。 齐封田婴于薛，遂城薛。孟子自宋过薛至鲁。
周显王四七年 　齐威王三六年 　鲁平公元年 　（西元前三二二年）	鲁平公欲见孟子，臧仓沮之。孟子反邹，见邹穆公。 滕定公薨，滕使然友之邹。孟子自邹至滕。

孟子要略　　165

周显王四八年 　齐威王三七年 　（西元前三二一年）	孟子在滕。 许行自楚至滕。
周慎靓王元年 　梁惠成王后一五年 　齐威王三七年 　燕王哙元年 　（西元前三二〇年）	孟子游梁。 齐威王卒。
周慎靓王二年 　梁惠成王后一六年 　齐宣王元年 　（西元前三一九年）	梁惠成王卒，孟子重适齐。
周慎靓王五年 　燕王哙五年 　（西元前三一六年）	燕王哙让国于相子之。
周赧王元年 　齐宣王六年 　（西元前三一四年）	齐伐燕，取之，章子为将。 孟子与宣王论伐燕事，宣王不听。
周赧王三年 　齐宣王八年 　楚怀王一七年 　（西元前三一二年）	燕人叛齐，立公子职。 孟子去齐在此年后。 秦败楚师，取汉中。 孟子过宋牼于石邱。
周赧王一二年 　鲁平公二〇年 　（西元前三〇三年）	鲁平公卒。

周赧王一四年 　齐宣王一九年 　（西元前三〇一年）	齐宣王卒，湣王立。
周赧王一九年 　梁襄王二三年 　（西元前二九六年）	梁襄王卒。 楚怀王死于秦。

（按：谱中所列年代与《史记·六国表》不同，说详余著《先秦诸子系年》，兹不具。）

第二章　孟子对于当时政治之主张

孟子对于当时政治上之主张，可于其与列国国君之言论征之。其在邹，邹君问民不死敌，孟子劝以"行仁政"；其在滕，滕文公问为国，孟子教以"民事不可缓"。（均见前引。）其重民之意可见。

滕文公问曰："滕小国也，间于齐楚，事齐乎？事楚乎？"孟子对曰："是谋，非吾所能及也。无已，则有一焉。凿斯池也，筑斯城也，与民守之，效死而民弗去，则是可为也。"（《梁惠王》下）

滕文公问曰："齐人将筑薛，吾甚恐，如之何则可？"孟子对曰："昔者大王居邠，狄人侵之，去之岐山之下居焉，非择而取之，不得已也。苟为善，后世子孙，必有王者矣。君子创业垂统，为可继也。若夫成功，则天也。君如彼

何哉？强为善而已矣！"（《梁惠王》下）

滕文公问曰："滕小国也，竭力以事大国，则不得免焉，如之何则可？"孟子对曰："昔者大王居邠，狄人侵之，事之以皮币，不得免焉；事之以犬马，不得免焉；事之以珠玉，不得免焉。乃属①其耆老而告之曰：'狄人之所欲者，吾土地也。吾闻之也，君子不以其所以养人者害人。二三子何患乎无君？我将去之。'去邠，逾梁山，邑于岐山之下居焉。邠人曰：'仁人也，不可失也。'从之者如归市。或②曰：'世守也，非身之所能为也。效死勿去。'君请择于斯二者！"（《梁惠王》下）

①会也。②邠之或人也。

此孟子对于小国之政见也。其至梁，梁惠王问何以利吾国，孟子告之以"仁义"。（见前引。）其他与惠王论政之语尚多，要以经济民生为重。

梁惠王曰："寡人之于国也，尽心焉耳矣。河内凶，则移其民于河东，移其粟于河内；河东凶，亦然。察邻国之政，无如寡人之用心者。邻国之民不加少，寡人之民不加多，何也？"孟子对曰："王好战，请以战喻！填然③鼓之，兵刃既接，弃甲曳兵而走，或百步而后止，或五十步而后止；以五十步笑百步，则何如？"曰："不可！直④不百步耳，是亦走也。"曰："王如知此，则无望民之多于邻国也。不违农时，谷不可胜食也；数罟⑤不入洿池，鱼鳖不可胜食也；斧斤以时入山林，材木不可胜用也。谷与鱼鳖不可胜食，材木不可胜用，是使民养生丧死无憾也；养生丧死无憾，王道之始也。五亩之宅⑥，树之以桑，五十者可以衣帛矣。鸡豚狗彘之畜无失其时，七十者可以食肉矣。百亩之田勿夺其时，数口之家可以无饥矣。谨庠序⑦之教，申之以孝悌之义，颁白者不负戴于道路矣。七十者衣帛食肉，黎民不饥不寒，然而不王者，未之有也。狗彘食人食，而不知检⑧；涂有饿莩⑨，而不知发⑩；人死，则曰：'非我也，岁也。'是何异于刺人而杀之，曰：'非我也，兵也。'王无罪岁！斯天下之民至焉。"（《梁惠王》上）

> ③鼓音。④但也。⑤密网也。⑥古者民居之地在都邑曰宅，在市曰廛，田中庐舍曰庐。民以冬至后四十五日出田，而桑则在城内之宅，蚕时则入城。⑦岁事既毕，余子皆入学，十五入小学，十八入大学，离冬至四十五日始出学傅农事。⑧当作敛。⑨饿死者曰莩。⑩发敛之法，丰岁敛之于官，凶岁则粜之于民。

梁惠王曰："寡人愿安承教！"孟子对曰："杀人以梃与刃，有以异乎？"曰："无以异也。""以刃与政，有以异乎？"曰："无以异也。"曰："庖有肥肉，厩有肥马，民有饥色，野有饿莩，此率兽而食人也。兽相食，且人恶之；为民父母行政，不免于率兽而食人，恶在其为民父母也？仲尼曰：'始作俑⑪者，其无后乎！'为其象人而用之也。如之何其使斯民饥而死也！"（《梁惠王》上）

⑪偶人，用之送死。

梁惠王曰："晋国天下莫强焉，叟之所知也。及寡人之身，东败于齐⑫，长子死焉；西丧地于秦七百里⑬，南辱于楚⑭。寡人耻之，愿比死者⑮一洒之。如之何则可？"孟子对曰："地方百里而可以王。王如施仁政于民，省刑罚，薄税敛，深耕易耨⑯；壮者以暇日修其孝弟忠信，入以事其父兄，出以事其长上，可使制⑰梃以挞秦楚之坚甲利兵矣。彼夺其民时，使不得耕耨以养其父母；父母冻饿，兄弟妻子离散。彼陷溺其民，王往而征之，夫谁与王敌？故曰：'仁者无敌。'王请勿疑！"(《梁惠王》上)

⑫事在惠王二十八年，齐破魏军，杀其将庞涓，虏太子申。⑬齐败魏之明年，秦使商君将而伐魏，虏公子卬。至惠王后元五年，献河西之地以和于秦。⑭楚昭阳攻魏得八邑，在惠王后元十二年。⑮比，代也。死者指太子申之徒。⑯耘苗令简易，即立苗欲疏之意。⑰制，读为掣。

其见梁襄王，论不嗜杀人者可以一天下。(见前引。)其见齐宣王：

齐宣王问曰："齐桓、晋文之事，可得闻乎？"孟子对曰："仲尼之徒，无道桓、文之事者，是以后世无传焉；臣未之闻也。无以，则王乎？"曰："德何如，则可以王矣？"曰："保民而王，莫之能御也。"曰："若寡人者，可以保民乎哉？"曰："可！"曰："何由知吾可也？"曰："臣闻

孟子要略　171

之胡龁曰:'王坐于堂上,有牵牛而过堂下者,王见之,曰:牛何之?对曰:将以衅[18]钟。王曰:舍之!吾不忍其觳觫[19],若无罪而就死地。对曰:然则废衅钟与?曰:何可废也,以羊易之。'不识有诸?"曰:"有之。"曰:"是心足以王矣。百姓皆以王为爱[20]也,臣固知王之不忍也。"王曰:"然!诚有百姓者[21],齐国虽褊小,吾何爱一牛?即不忍其觳觫,若无罪而就死地,故以羊易之也。"曰:"王无异于百姓之以王为爱也。以小易大,彼恶知之?王若隐[22]其无罪而就死地,则牛羊何择焉?"王笑曰:"是诚何心哉!我非爱其财而易之以羊也,宜乎百姓之谓我爱也。"曰:"无伤也,是乃仁术也,见牛未见羊也。君子之于禽兽也,见其生,不忍见其死;闻其声,不忍食其肉;是以君子远庖厨也。"王说,曰:"《诗》云:'他人有心,予忖度之。'夫子之谓也。夫我乃行之,反而求之,不得吾心;夫子言之,于我心有戚戚焉[23]。此心之所以合于王者何也?"曰:"有复于王者曰:'吾力足以举百钧[24],而不足以举一羽;明足以察秋毫之末,而不见舆薪。'则王许之乎?"曰:"否!""今恩足以及禽兽,而功不至于百姓者,独何与?然则一羽之不举,为不用力焉;舆薪之不见,为不用明焉;百姓之不见保,为不用恩焉。故王之不王,不为也,非不能也。"曰:"不为者与不能者之形,何以异!"曰:"挟太山以超北海,语人曰我不能,是诚不能也;为长者折枝[25],语人曰我不能,是不为也,非不能也。故王之不王,非挟太山以超北海之类也；王之不王，是折枝之类也。老吾老，以及人之老；幼吾幼，以及人之幼；天下可运于掌。《诗》云：'刑于寡妻，至于兄弟，以御㉖于家邦。'言举斯心加诸彼而已。故推恩足以保四海，不推恩无以保妻子。古之人所以大过人者，无他焉，善推其所为而已矣。今恩足以及禽兽，而功不至于百姓者，独何与？权然后知轻重，度然后知短长；物皆然，心为甚。王请度之！抑王兴甲兵，危士臣，构怨于诸侯，然后快于心与？"王曰："否！吾何快于是？将以求吾所大欲也。"曰："王之所大欲，可得闻与！"王笑而不言。曰："为肥甘不足于口与？轻暖不足于体与？抑为采色不足视于目与？声音不足听于耳与？便嬖不足使令于前与？王之诸臣，皆足以供之，而王岂为是哉？"曰："否！吾不为是也。"曰："然则王之所大欲可知已。欲辟土地，朝秦楚，莅中国而抚四夷也。以若所为，求若所欲，犹缘木而求鱼也。"王曰："若是其甚与？"曰："殆有甚焉！缘木求鱼，虽不得鱼，无后灾。以若所为，求若所欲，尽心力而为之，后必有灾。"曰："可得闻与？"曰："邹人与楚人战，则王以为孰胜？"曰："楚人胜。"曰："然则小固不可以敌大，寡固不可以敌众，弱固不可以敌强。海内之地，方千里者九，齐集有其一；以一服八，何以异于邹敌楚哉？盖㉗亦反其本矣！今王发政施仁，使天下仕者皆欲立于王之朝，耕者皆欲耕于王之野，商贾皆欲藏于王之市，行旅皆欲出于王之途，天下之欲疾其君者，皆欲赴愬于王；其若是，孰能御之？"王曰："吾惛，不能进于是矣，愿夫子辅吾志，明以教我。我虽不敏，请尝试之！"曰："无恒产而有恒心者，惟士为能。若民，则无恒产，因无恒心；苟无恒心，放僻邪侈无不为已。及陷于罪，然后从而刑之，是罔民也。焉有仁人在位，罔民而可为也？是故明君制民之产，必使仰足以事父母，俯足以畜妻子，乐岁终身饱，凶年免于死亡；然后驱而之善，故民之从之也轻㉘。今也，制民之产，仰不足以事父母，俯不足以畜妻子；乐岁终身苦，凶年不免于死亡；此惟救死而恐不赡㉙，奚暇治礼义哉？王欲行之，则盍反其本矣！五亩之宅，树之以桑，五十者可以衣帛矣。鸡豚狗彘之畜，无失其时，七十者可以食肉矣。百亩之田，勿夺其时，八口之家可以无饥矣。谨庠序之教，申之以孝悌之义，颁白者不负戴于道路矣。老者衣帛食肉，黎民不饥不寒，然而不王者，未之有也。"（《梁惠王》上）

⑱衅本间隙之名，故杀牲以血涂器物之隙，即名为衅。古人凡器物皆衅之以谓神。⑲恐貌。⑳啬也。㉑谓已有齐民而为之君也。㉒痛也。㉓心有动也。㉔三十斤为一钧。㉕枝与肢通，为长者屈折肢体，如敛手、屈膝、折腰之类。或曰："折枝"或"扶杖"二字之讹。㉖御，进也。谓既可为法于寡妻，推至于兄弟，进而推及于家邦也。㉗盍与盖通用，何不也。㉘易也。㉙给也，足也。

此孟子教齐宣王以为政重在经济民生，而归其本于推广其一己仁民爱物之心也。

齐宣王见孟子于雪宫㉚。王曰:"贤者亦有此乐乎㉛?"孟子对曰:"有。人不得,则非其上矣。不得而非其上者,非也;为民上而不与民同乐者,亦非也。乐民之乐者,民亦乐其乐;忧民之忧者,民亦忧其忧。乐以天下,忧以天下,然而不王者,未之有也。"(《梁惠王》下)

㉚雪宫,离宫也。宣王于雪宫见孟子。㉛宣王自惭,问贤君亦有此乐否也。孟子见梁惠王,王立于沼上,顾鸿雁麋鹿,曰:"贤者亦乐此乎?"与此同意。

此孟子教齐宣王以为政重在经济民生,而要其极于上下之同乐也。

庄暴见孟子曰:"暴见于王,王语暴以好乐,暴未有以对也。"曰:"好乐何如?"孟子曰:"王之好乐甚,则齐国其庶几乎!"他日,见于王,曰:"王尝语庄子以好乐,有诸?"王变乎色,曰:"寡人非能好先王之乐也,直好世俗之乐耳!"曰:"王之好乐甚,则齐其庶几乎!今之乐犹古之乐也。"曰:"可得闻与?"曰:"独乐乐㉜,与人乐乐,孰乐?"曰:"不若与人。"曰:"与少乐乐,与众乐乐,孰乐?"曰:"不若与众。""臣请为王言乐!今王鼓乐于此,百姓闻王钟鼓之声,管籥之音,举疾首蹙頞㉝而相告曰:'吾王之好鼓乐,夫何使我至于此极也!父子不相见,兄弟妻子离散。'今王田猎于此,百姓闻王车马之音,见羽旄之美,举疾首蹙頞而相告曰:'吾王之好田猎,夫何使我至于此极也!父子不相见,兄弟妻子离散。'此无他,不与民同乐也。今王鼓乐于此,百姓闻王钟鼓之声,管籥之音,举欣欣然有喜色而相告曰:'吾王庶几无疾病与?何以能鼓乐也?'今王田猎于此,百姓闻王车马之音,见羽旄之美,举欣欣然有喜色而相告曰:'吾王庶几无疾病与?何以能田猎也?'此无他,与民同乐也。今王与百姓同乐,则王矣。"(《梁惠王》下)

㉜音洛,下同,惟"鼓乐"读如字。㉝鼻头也,与额异。

齐宣王问曰:"文王之囿,方七十里,有诸?"孟子对曰:"于传有之。"曰:"若是其大乎?"曰:"民犹以为小也。"曰:"寡人之囿,方四十里,民犹以为大,何也?"曰:"文王之囿,方七十里,刍荛者㉞往焉,雉兔者㉟往焉。与民同之,民以为小,不亦宜乎?臣始至于境,问国之大禁,然后敢入。臣闻郊关㊱之内,有囿方四十里,杀其麋鹿者,如杀人之罪。则是方四十里为阱于国中。民以为大,不亦宜乎?"(《梁惠王》下)

㉞樵夫。㉟猎人。㊱古者四境之郊皆有关。

齐宣王问曰:"人皆谓我毁明堂㊲。毁诸?已㊳乎?"孟子对曰:"夫明堂者,王者之堂也。王欲行王政,则勿毁之矣!"王曰:"王政可得闻与?"对曰:"昔者文王之治岐也,耕者九一㊴,仕者世禄㊵。关市讥㊶而不征,泽梁㊷无禁，罪人不孥㊸。老而无妻曰鳏，老而无夫曰寡，老而无子曰独，幼而无父曰孤。此四者，天下之穷民而无告者。文王发政施仁，必先斯四者。《诗》云：'哿矣富人，哀此茕独㊹。'"王曰："善哉言乎！"曰："王如善之，则何为不行？"王曰："寡人有疾，寡人好货。"对曰："昔者公刘好货，《诗》云：'乃积㊺乃仓，乃裹糇粮㊻。于橐于囊㊼，思戢用光㊽。弓矢斯张，干戈戚扬㊾，爰方启行。'故居者有积仓，行者有裹囊也，然后可以爰方启行。王如好货，与百姓同之，于王何有？"王曰："寡人有疾，寡人好色。"对曰："昔者太王好色，爱厥妃。《诗》云：'古公㊿亶父，来朝(51)走马，率西水浒，至于岐下(52)。爰及姜女(53)，聿来胥宇(54)。'当是时也，内无怨女，外无旷夫。王如好色，与百姓同之，于王何有？"（《梁惠王》下）

㊲明堂，坛也。王者巡守将会诸侯，则命为坛。三重四门，加方明于坛上而祀之。方明者木也，方四尺，设六色：东方青，南方赤，西方白，北方黑，上元下黄。㊳已，止也。或毁或止，疑不能决也。㊴取其所入，九之一也。㊵免农，不受田也。㊶仅讥问，不征税。㊷梁，水偃也。偃水为关空，以笱承之。㊸罪及本身，不没入其父兄妻子为奴也。凡此，均可以知战国时政之不然。㊹哿，欢乐也。言乐矣彼富人，悲哉此茕独也。㊺积谷也。㊻糇，干食也。㊼无底曰橐，有底曰囊。㊽戢，和也。民相与和睦，故能光显于时。㊾戚，斧；扬，钺。钺大斧小。㊿古公先称公，后改称太王。(51)朝，当为地名，今陕西之朝邑。(52)循水而西，至于岐山之下。(53)太王妃。(54)胥，相也；宇，宅也。

齐宣王问曰："交邻国有道乎？"孟子对曰："有！惟

仁者为能以大事小，是故汤事葛，文王事昆夷。惟智者为能以小事大，故太王事獯鬻，勾践事吴。以大事小者，乐天者也；以小事大者，畏天者也。乐天者保天下，畏天者保其国。《诗》云：'畏天之威，于时保之。'"王曰："大哉言矣！寡人有疾，寡人好勇。"对曰："王请无好小勇！夫抚剑疾视[55]，曰：'彼恶敢当我哉？'此匹夫之勇，敌一人者也。王请大之！《诗》云：'王赫斯怒，爰整其旅，以遏徂莒[56]，以笃周祜，以对于天下[57]。'此文王之勇也。文王一怒而安天下之民。《书》曰：'天降下民，作之君，作之师。惟曰其助上帝，宠之四方，有罪无罪，惟我在，天下曷敢有越厥志？'一人衡行[58]于天下，武王耻之，此武王之勇也。而武王亦一怒而安天下之民。今王亦一怒而安天下之民，民惟恐王之不好勇也。"（《梁惠王》下）

_[55]恶视也。[56]莒，国名。[57]对，扬也；扬，飞举也。对于天下，犹飞举于天下。[58]横行不顺。

此皆发明"与民同乐"之义。人君能与民同乐，则其君好乐、好货、好色、好勇皆不为病。人君不能与民同乐，则其民背国、叛君、犯法、陷罪亦不为过。（参阅"邹与鲁哄"及"滕文公问为国"章。）此孟子之意也。

孟子谓齐宣王曰："王之臣，有托其妻子于其友，而之楚游者。比其反也，则冻馁其妻子。则如之何？"王曰：

"弃之。"曰:"士师⁵⁹不能治士,则如之何?"王曰:"已之。"曰:"四境之内不治,则如之何?"王顾左右而言他。(《梁惠王》下)

⁵⁹士为狱官。士师,狱官之长。

此孟子论人君亦当负政治上之责任也。

齐宣王问曰:"汤放桀,武王伐纣,有诸?"孟子对曰:"于传有之。"曰:"臣弑其君,可乎?"曰:"贼仁者谓之贼,贼义者谓之残,残贼之人,谓之一夫。闻诛一夫纣矣,未闻弑君也。"(《梁惠王》下)

此孟子论人民有革命之权利也。

齐宣王问卿,孟子曰:"王何卿之问也?"王曰:"卿不同乎?"曰:"不同!有贵戚之卿,有异姓之卿。"王曰:"请问贵戚之卿。"曰:"君有大过,则谏;反覆之而不听,则易位⁶⁰。"王勃然变乎色。曰:"王勿异也!王问臣,臣不敢不以正对。"王色定,然后请问异姓之卿。曰:"君有过则谏,反覆之而不听,则去。"(《万章》下)

⁶⁰易君之位,更立贤者。

此孟子论人臣有变易君位之责任也。在孟子时,贵族阶

孟子要略　179

级之制度尚未泯绝,故孟子专以易君之责归之"贵戚之卿"。自秦以后,贵族制度既破,更不必有贵戚、异姓之别。则为人臣者,皆有变易君位之责任。惜乎后人未能阐明孟子此意也。

今综述孟子论政大意:盖本其性善之旨,谓人人皆可以为善;其陷于为不善者,皆非其人本身之罪,或由于教育之不明,或由于生计之不裕,而生计之关系为尤大。故为政者,当先注意发展国民之生计,次之以教育,则上下同乐,各得遂其所欲矣。否则国民以暴君苛政之故,不免于死亡,则陷于刑辟非其罪,背国叛君非其过。其君为匹夫,为其臣者可以去,可以易其位,可以诛其人。其论实较孔子"正名复礼"之主张为进步矣。惟孟子始终未明倡"平民革命"之说,则以限于时代,见不及此,不足为孟子病也。

[附] 孟子之政治思想

孟子对于当时政治之主张,既具如上述。今按《孟子》书,论政治者尚多,不胜备引。择要录之,以相参证。

公孙丑问曰:"夫子当路于齐,管仲、晏子之功,可复许乎?"孟子曰:"子诚齐人也,知管仲、晏子而已矣。或问乎曾西①曰:'吾子与子路孰贤?'曾西蹴然曰:'吾先子②之所畏也。'曰:'然则吾子与管仲孰贤?'曾西艴然不悦,曰:'尔何曾比予于管仲!管仲得君,如彼其专也;行乎国政,如彼其久也;功烈,如彼其卑也。尔何曾比予于是?'"曰:"管仲,曾西之所不为也,而子谓我愿之乎?"曰:"管仲以其君霸,晏子以其君显。管仲、晏子,犹不足为与?"曰:"以齐王,犹反手也。"曰:"若是,则弟子之惑滋甚。且以文王之德,百年而后崩,犹未洽于天下;武王、周公继之,然后大行。今言王若易然,则文王不足法与?"曰:"文王何可当也!由汤至于武丁③,贤圣之君六七作,天下归殷久矣。久则难变也。武丁朝诸侯,有天下,犹运之掌也。纣之去武丁,未久也,其故家遗俗、流风善政,犹有存者。又有微子、微仲、王子比干、箕子、胶鬲,皆贤人也,相与辅相之;故久而后失之也。尺地莫非其有也,一民莫非其臣也,然而文王犹方百里起,是以难也。齐人有言曰:'虽有智慧,不如乘势;虽有镃基④,

不如待时。'今时则易然也。夏后、殷周之盛,地未有过千里者也,而齐有其地矣。鸡鸣狗吠相闻,而达乎四境,而齐有其民矣。地不改辟矣,民不改聚矣,行仁政而王,莫之能御也。且王者之不作,未有疏于此时者也。民之憔悴于虐政,未有甚于此时者也。饥者易为食,渴者易为饮。孔子曰:'德之流行,速于置邮⑤而传命。'当今之时,万乘之国行仁政,民之悦之,犹解倒悬也。故事半古之人,功必倍之,惟此时为然。"(《公孙丑》上)

①曾参之子,或云是孙。未详。②指曾参。③殷高宗。④镃錤田器,耒耜之属。⑤驿也,以车马传递也。

孟子曰:"天时不如地利,地利不如人和。三里之城,七里⑥之郭,环而攻之而不胜。夫环而攻之,必有得天时⑦者矣;然而不胜者,是天时不如地利也。城非不高也,池非不深也,兵革非不坚利也,米粟非不多也;委而去之,是地利不如人和也。故曰:域民不以封疆之界,固国不以山溪之险,威天下不以兵革之利;得道者多助,失道者寡助。寡助之至,亲戚畔之。多助之至,天下顺之。以天下之所顺,攻亲戚之所畔,故君子有不战,战必胜矣。"(《公孙丑》下)

⑥疏:当作"五里之郭"。⑦此古人行军迷信,谓每日每时,各有其宜背宜向之方,今环而攻之,则四面必有一处合天时之善者也。

孟子曰:"桀纣之失天下也,失其民也;失其民者,失其心也。得天下有道，得其民，斯得天下矣。得其民有道，得其心，斯得民矣。得其心有道，所欲与之聚之，所恶勿施尔也。民之归仁也，犹水之就下，兽之走圹⑧也。故为渊驱鱼者，獭也；为丛驱爵者，鹯也；为汤武驱民者，桀与纣也。今天下之君，有好仁者，则诸侯皆为之驱矣。虽欲无王，不可得已。今之欲王者，犹七年之病求三年之艾⑨也。苟为⑩不畜，终身不得。苟不志于仁，终身忧辱，以陷于死亡。《诗》云：'其何能淑⑪，载胥⑫及溺。'此之谓也。"（《离娄》上）

⑧圹读为旷，旷野也。⑨艾草可以灸病，干者益善。⑩为，犹使也。亦假设之辞。⑪淑，善也。⑫载，语辞；胥，相也。《诗》意谓如今之政，其何能善，但君臣相与陷溺而已。

孟子曰："以力假仁者霸，霸必有大国。以德行仁者王，王不待大。汤以七十里，文王以百里。以力服人者，非心服也，力不赡⑬也。以德服人者，中心悦而诚服也，如七十子之服孔子也。《诗》云：'自西自东，自南自北，无思不服。'此之谓也。"（《公孙丑》上）

⑬足也。

孟子曰："民为贵，社稷次之，君为轻。是故得乎丘民⑭而为天子，得乎天子为诸侯，得乎诸侯为大夫。诸侯危社稷，则变置。牺牲既成，粢盛既洁，祭祀以时，然而旱干水溢，则变置社稷。"（《尽心》下）

⑭古人居于丘,故曰丘民,即平民也。

孟子曰:"三代之得天下也以仁,其失天下也以不仁。国之所以废兴存亡者,亦然。天子不仁,不保四海;诸侯不仁,不保社稷;卿大夫不仁,不保宗庙;士庶人不仁,不保四体。今恶死亡而乐不仁,是犹恶醉而强酒。"(《离娄》上)

孟子曰:"仁则荣,不仁则辱。今恶辱而居不仁,是犹恶湿而居下也。如恶之,莫如贵德而尊士。贤者在位,能者在职,国家闲暇,及是时,明其政刑,虽大国必畏之矣。《诗》云:'迨天之未阴雨,彻⑮彼桑土⑯,绸缪⑰牖户。今此下民,或敢侮予?'孔子曰:'为此诗者,其知道乎!能治其国家,谁敢侮之?'今国家闲暇,及是时,般乐怠敖,是自求祸也。祸福无不自己求之者。《诗》云:'永言配命,自求多福。'《太甲》⑱曰:'天作孽,犹可违;自作孽,不可活。'此之谓也。"(《公孙丑》上)

⑮取也。⑯土音杜,桑土桑根也。⑰绸缪即缠绵之转声,以桑根之皮,绞结束缚之成巢也。此《诗·邠风·鸱鸮》之篇,托为鸱鸮言之如是也。⑱《尚书》篇名。

孟子曰:"不仁者可与言哉!安其危而利其菑,乐其所以亡者。不仁而可与言,则何亡国败家之有?有孺子歌曰:'沧浪⑲之水清兮,可以濯我缨;沧浪之水浊兮,可以濯我足。'孔子曰:'小子听之! 清斯濯缨,浊斯濯足矣。自取之也。'夫人必自侮,然后人侮之;家必自毁,而后人毁之;国必自伐,而后人伐之。《太甲》曰:'天作孽,犹可违;自作孽,不可活。'此之谓也。"(《离娄》上)

⑲沧浪,水名,在汉之上游。

孟子曰:"不仁哉! 梁惠王也。仁者以其所爱及其所不爱,不仁者以其所不爱及其所爱。"公孙丑问曰:"何谓也?""梁惠王以土地之故,糜烂其民而战之,大败,将复之,恐不能胜,故驱其所爱子[20]弟以殉之。是之谓以其所不爱及其所爱也。"(《尽心》下)

⑳梁惠王东败于齐,长子死之。

孟子曰:"人皆有不忍人之心。先王有不忍人之心,斯有不忍人之政矣。以不忍人之心,行不忍人之政,治天下可运之掌上。所以谓人皆有不忍人之心者,今人乍见孺子将入于井,皆有怵惕恻隐之心。非所以内交于孺子之父母也,非所以要誉于乡党朋友也,非恶其声而然也。由是观之,无恻隐之心,非人也;无羞恶之心,非人也;无辞让之心,非人也;无是非之心,非人也。恻隐之心,仁之端也;羞恶之心,义之端也;辞让之心,礼之端也;是非之心,智之端也。人之有是四端也,犹其有四体也。有是四端而自谓不能者,自贼者也;谓其君不能者,贼其君者也。凡有四端于我者,知皆扩而充之矣,若火之始然,泉之始达。苟能充之,足以保四海;苟不充之,不足以事父母。"(《公孙丑》上)

孟子曰:"易其田畴,薄其税敛,民可使富也。食之以时,用之以礼,财不可胜用也。民非水火不生活,昏暮叩人之门户求水火,无弗与者,至足矣。圣人治天下,使有菽粟如水火。菽粟如水火,而民焉有不仁者乎?"(《尽心》上)

今再综述孟子论政思想,要不出两大纲:一曰"惟民主义"。舍民事则无政事,而尤以民生为重,一也。二曰"惟心主义"。为政者当推扩吾心之仁,以得民心之同然,而归极于天下皆仁,二也。一言以蔽之,则"推仁心,行仁政"是也。其他凡言政治,胥可以是义通之,读者可自为寻究,兹不赘。

第三章　孟子对同时学者之评论

孟子对于政治之主张既明，今当进而研寻孟子对于同时一辈学者之评论。明此，则可以知孟子时代之学风，与孟子学说之地位也。

公都子曰："外人皆称夫子好辩，敢问何也？"孟子曰："予岂好辩哉？予不得已也！天下之生久矣，一治一乱。当尧之时，水逆行，泛滥于中国。蛇龙居之，民无所定，下者为巢，上者为营窟①。《书》曰：'洚水警予。'洚水者，洪水也。使禹治之。禹掘地而注之海，驱蛇龙而放之菹②，水由地中行，江、淮、河、汉是也。险阻既远，鸟兽之害人者消，然后人得平土而居之。尧舜既没，圣人之道衰，暴君代作。坏宫室以为污池，民无所安息；弃田以为园囿，使民不得衣食。邪说暴行又作。园囿污池，沛泽③多而禽兽至。及纣之身，天下又大乱。周公相武王，诛纣伐奄④，三年讨其君，驱飞廉⑤于海隅而戮之。灭国者五十。驱虎、豹、犀、象而远之，天下大悦。《书》曰：'丕显哉！文王谟。丕承哉！武王烈⑥。佑启我后人，咸以正无缺。'世衰道微，邪说暴行有作。臣弑其君者有之，子弑其父者有之。孔子惧，作《春秋》。《春秋》，天子之事⑦也。是故孔子曰：'知我者，其惟《春秋》乎！罪我者，其惟《春秋》乎！'圣王不作，诸侯放恣，处士横议，杨朱、墨翟之言盈天下。天下之言，不归杨，则归墨。杨氏为我，是无君也；墨氏兼爱，是无父也；无父无君，是禽兽也。公明仪曰：'庖有肥肉，厩有肥马，民有饥色，野有饿莩，此率兽而食人也。'杨墨之道不息，孔子之道不著，是邪说诬民，充塞仁义也。仁义充塞，则率兽食人，人将相食。吾为此惧。闲⑧先圣之道，距杨墨，放淫辞，邪说者不得作。作于其心，害于其事；作于其事，害于其政。圣人复起，不易吾言矣。昔者禹抑洪水而天下平，周公兼夷狄，驱猛兽而百姓宁。孔子成《春秋》，而乱臣贼子惧。《诗》云：'戎狄是膺⑨，荆舒是惩，则莫我敢承。'无父无君，是周公所膺也。我亦欲正人心，息邪说，距诐行，放淫辞，以承三圣者。岂好辩哉！予不得已也！能言距杨墨者，圣人之徒也。"（《滕文公》下）

①《说文》："营，匝居也。"凡市阓军垒周匝相连，皆曰营。营窟，即相连为窟穴之意。②菹，泽下湿地，有水草处也。③沛泽者，分言之，

沛以草蔽苇名,泽以水润泽名,皆指水草交错之地也。④奄,东方国名。⑤飞廉,纣臣。⑥显,明也。承,继也。显哉、承哉,赞美之词。丕,发声也。谟,谋也。烈,光也。⑦《春秋》道名分,定褒贬,故曰"天子之事"。⑧闲,习也。⑨膺,读为应。应敌,即击敌也。

据此则知孟子对于当时学风最盛行之杨、墨二派,实抱严峻之批评主义;而孟子又颇以此事自负,以与禹治洪水、周公膺夷狄、孔子作《春秋》相提并论,自居为平生最大最要之事业。故凡治孟子之学说者,于其批评同时各学派之议论,不可不最先注意也。今据《孟子》书为之条举如次:

一 论许行并耕之说不可行

有为神农之言者许行,自楚之滕,踵门而告文公曰:"远方之人,闻君行仁政,愿受一廛而为氓!"文公与之处。其徒数十人,皆衣褐①,捆②屦、织席以为食。陈良之徒陈相,与其弟辛,负耒耜,而自宋之滕,曰:"闻君行圣人之政,是亦圣人也,愿为圣人氓!"陈相见许行而大悦,尽弃其学而学焉。陈相见孟子,道许行之言,曰:"滕君则诚贤君也。虽然,未闻道也。贤者与民并耕而食,饔飧③而治。今也滕有仓廪府库,则是厉④民而以自养也,恶得贤?"孟子曰:"许子必种粟而后食乎?"曰:"然。""许子必织布然后衣乎?"曰:"否,许子衣褐。""许子冠乎?"曰:"冠。"曰:"奚冠?"曰:"冠素。"曰:"自织之与?"曰:"否,

孟子要略　189

以粟易之。"曰:"许子奚为不自织?"曰:"害于耕。"曰:"许子以釜甑爨,以铁耕乎?"曰:"然。""自为之与?"曰:"否,以粟易之。""以粟易械器者,不为厉陶冶;陶冶亦以其械器易粟者,岂为厉农夫哉?且许子何不为陶冶?舍⑤皆取诸其宫中而用之。何为纷纷然与百工交易?何许子之不惮烦?"曰:"百工之事,固不可耕且为也。""然则治天下独可耕且为与?有大人之事,有小人之事。且一人之身,而百工之所为备。如必自为而后用之,是率天下而路⑥也。故曰或劳心,或劳力。劳心者治人,劳力者治于人;治于人者食人,治人者食于人;天下之通义也。当尧之时,天下犹未平,洪水横流,泛滥于天下。草木畅茂,禽兽繁殖,五谷不登,禽兽逼人,兽蹄鸟迹之道,交于中国。尧独忧之,举舜而敷⑦治为。舜使益掌火,益烈山泽而焚之,禽兽逃匿。禹疏九河⑧,瀹⑨济漯,而注诸海;决汝汉,排淮⑩泗,而注之江;然后中国可得而食也。当是时也,禹八年于外,三过其门而不入,虽欲耕,得乎?后稷教民稼穑,树艺五谷;五谷熟,而民人育。人之有道⑪也,饱食暖衣,逸居而无教,则近于禽兽。圣人有⑫忧之,使契为司徒,教以人伦:父子有亲,君臣有义,夫妇有别,长幼有序,朋友有信。放勋曰劳之,来之,匡之,直之,辅之,翼之⑬,使自得之。又从而振⑭德之。圣人之忧民如此,而暇耕乎?尧以不得舜为己忧,舜以不得禹、皋陶为己忧。夫以百亩之不易⑮为己忧者,农夫也。分人以财谓之惠,教人以善谓之忠，为天下得人者谓之仁；是故以天下与人易，为天下得人难。孔子曰：'大哉！尧之为君！惟天为大，惟尧则之。荡荡乎，民无能名焉！君哉舜也，巍巍乎，有天下而不与焉！'尧舜之治天下，岂无所用其心哉？亦不用于耕耳。吾闻用夏变夷者，未闻变于夷者也。陈良，楚产也，悦周公、仲尼之道，北学于中国。北方之学者，未能或之先也。彼所谓豪杰之士也。子之兄弟，事之数十年，师死而遂倍之。昔者孔子没，三年之外，门人治任将归，入揖于子贡，相向而哭，皆失声，然后归。子贡反，筑室于场，独居三年，然后归。他日，子夏、子张、子游以有若似圣人，欲以所事孔子事之，强曾子；曾子曰：'不可！江汉以濯之，秋阳以暴之，皓皓乎不可尚已！'今也南蛮鴃⑯舌之人，非先王之道，子倍子之师而学之，亦异于曾子矣。吾闻出于幽谷迁于乔木者，未闻下乔木而入于幽谷者也。《鲁颂》曰：'戎狄是膺，荆舒是惩。'周公方且膺之，子是之学，亦为不善变矣！""从许子之道，则市贾不贰，国中无伪，虽使五尺之童适市，莫之或欺。布帛长短同，则贾相若；麻缕丝絮轻重同，则贾相若；五谷多寡同，则贾相若；屦大小同，则贾相若。"曰："夫物之不齐，物之情也。或相倍蓰，或相什百，或相千万。子比而同之，是乱天下也。巨屦小屦⑰同贾，人岂为之哉？从许子之道，相率而为伪者也，恶能治国家！"

（《滕文公》上）

①褐，毛布，以毳织之，或曰枲衣，一曰粗布衣。②捆，织也。③饔飧，熟食也。朝曰饔，夕曰飧。当身自具其食，而兼治民事也。④厉，病也。⑤舍，止也，言止取之宫中，不须外求也。⑥路与露古通。露，瘠也困也。⑦敷，分也。不能一人独治，故使舜分治之。⑧九河，河分为九，实古代黄河下流之大三角洲也。⑨瀹，治也。⑩淮为四渎之一，以其独能入海也。云淮注江，疑是《孟子》文误。或古时水道如此，不能详定。⑪有、为一声之转，人之有道，犹云人之为道耳。⑫有，又也。⑬放勋，尧号。曰乃日字之讹。尧既命益、禹、稷、契，又日日劳来匡直辅翼，使民自得，明无暇也。⑭振其羸穷，加德惠也。⑮易，治也。⑯敚，博劳也。⑰陈相谓屦大小同，则价相若。然屦尚有美恶，巨屦小屦同价，人必不为巨屦，亦必不为美屦矣。

今按：许行之学，他处无可考见，可知者惟此。盖亦当时一重要之学派。墨子之学，重农节用，大俭约而僈差等，非礼乐而务形劳；许行盖其后起也。墨学盛于南方，许行楚人，亦南方之墨者矣。孟子驳许行并耕之说，谓圣人治天下，则无暇兼事生业；此在墨子当时亦言之。《墨子·鲁问篇》云："鲁之南鄙人有吴虑者，冬陶夏耕，自比于舜。子墨子闻而见之。吴虑谓子墨子曰：'义耳义耳！焉用言之哉？'子墨子曰：'子之所谓义者，亦有力以劳人，有财以分人乎？'吴虑曰：'有。'子墨子曰：'翟尝计之矣。翟虑耕而食天下之人矣，盛然后当一农之耕。分诸天下，不能人得一升粟。借而以为得一升粟，其不能饱天下之饥者，既可睹矣。翟虑织而衣天下之人矣，盛然后当一妇人之织。分诸天下，不能人得尺布。借而以为得尺布，其不能暖天下之寒者，既可睹矣。翟虑披坚执锐救诸侯之患，盛然后当一夫之战。一夫之战，其不御三军，既可睹矣。翟以为不若诵先王之道而求其说，通圣人之言而察其辞，上说王公大人，次匹夫徒步之士。王公大人用吾言，国必治；匹夫徒步之士用吾言，行必修。故翟以为虽不耕而食饥，不织而衣寒，功贤于耕而食之、织而衣之者也。故翟以为虽不耕织乎，而功贤于耕织也。'"据此，则墨子亦认学者之生活，不必亲操劳作也。今谓许行学说为墨子之流派者，每一学派之传授，率有其递演递进，而末流异于起源之势。若如墨子言，不事耕织而功贤于耕织，推而广之，即生孟子"后车数十乘，不足为泰"之结论，而墨子尚俭约、非礼乐之主张破矣。故推极墨子兼爱尚俭之理论，势必至于如许子所持，而后圆满。故此正为墨子学说之演进也。

又按：许行理论，盖分三点：（一）人人自食其力，无分贵贱，都须劳动。（二）人类劳动，以分工互助为目的，故主以工品直接交易，而打破资产牟利之制。（三）人类既尽能以劳动相互助，则可以无政府之设施。孟子则谓既从事于政治，即无暇业生产。其言根据历史事实，无可非难。故苟主并耕之说者，非打破人类之政治组织不可，尤非证明人类可以无政治不可。今许行谓"并耕而治"，非无治也，则宜为孟子所驳矣。《汉书·艺文志》称"农家者流，以为无所事圣主"，则孟子劳心者治人、劳力者治于人之说，农家当根本否认。不知许行当时已有此论，而《孟子》书中略不之载欤？抑自许行以后，乃始更进一步而为无治之主张欤？今亦不可考定矣。同时有庄周，力唱人类可以无治之说，实可为许行张目。然无治之论，至今犹为高调，未可见之实施。则孟子之说，为切近于人事矣。

二　论白圭二十税一为貉道

白圭曰："吾欲二十而取一①，何如？"孟子曰："子之道，貉②道也。万室之国，一人陶，则可乎？"曰："不可，器不足用也。"曰："夫貉，五谷不生，惟黍生之。无城郭、宫室、宗庙、祭祀之礼，无诸侯币帛饔飧，无百官有司，故二十取一而足也。今居中国，去人伦，无君子，如之何其可也？陶以寡，且不可以为国，况无君子乎？欲轻之于尧舜之道者③，大貉、小貉也。欲重之于尧舜之道者，大桀、小桀也。"（《告子》下）

①欲省赋利民，使二十而税一。②貉，北方民族之一种。言其野蛮，不备礼文也。③孟子以什一而税，为尧舜以来相传之道也。

白圭名丹，曾见信于梁惠王，以善治水称。其主二十税一，较之许行并耕之说，和缓多矣。然亦以在上者之仓廪府库为厉民自养，故主轻税利民；是亦墨家兼爱尚俭之旨也。孟子平日亦言轻税薄敛，然白圭言二十税一，则斥为"貉道"者，孟子论政重民事，国家赋之于民，还以用之于民。其政治组织之完备与否，即足以代表其民族文化之高下。赋敛过重，固为虐政；过轻，则亦不足以行使政治，而自同于野蛮无文化之民族也。孟子以政治比陶匠，盖认政治事业为人类社会分工合作之一端，而尤为其重要者；其持论与答许行略同。

三　论陈仲子苦行为不能充其类

匡章曰："陈仲子岂不诚廉士哉？居於陵，三日不食，耳无闻，目无见也。井上有李，螬食实者过半矣，匍匐往，将食之，三咽，然后耳有闻，目有见。"孟子曰："于齐国之士，吾必以仲子为巨擘①焉。虽然，仲子恶能廉？充仲子之操，则蚓而后可者也。夫蚓，上食槁壤，下饮黄泉。仲子所居之室，伯夷之所筑与？抑亦盗跖之所筑与？所食之粟，伯夷之所树与？抑亦盗跖之所树与？是未可知也。"曰："是何伤哉？彼身织屦，妻辟纑②，以易之也。"曰："仲子，齐之世家也。兄戴，盖③禄万钟。以兄之禄为不义之禄，而不食也。以兄之室为不义之室，而不居也。避兄离母，处于於陵。他日归，则有馈其兄生鹅④者，己频顣⑤曰：'恶用是鶂鶂⑥者为哉！'他日，其母杀是鹅也，与之食之。其兄自外至，曰：'是鶂鶂之肉也。'出而哇⑦之。以母则不食，以妻则食之；以兄之室则弗居，以於陵则居之；是尚为能充其类也乎？若仲子者，蚓而后充其操者也。"（《滕文公》下）

①大指也。②绩绩其麻曰辟，先以爪剖而分之为辟，续其短者而连之使长为绩，其续处以两手摩娑之使不散为缉，一事而三言之也。纑

者,练其麻也。③戴为世卿,食采于盖。④当是采邑农民之贡献品也。⑤颦眉蹙頞,不乐之貌。⑥鶂鶂,鹅声也。⑦哇,吐也。

墨家既认政府之有仓廪府库为厉民自养,如上述许行之论;则凡贵族生活,不亲操劳作而安享其下之供奉者,在墨家视之,均为不义,自不限于国君一人可知。陈仲子,盖亦信奉此三义之一人矣。仲子本世家,其兄戴,食禄万钟,而仲子以为不义。非不义其兄也,不义夫当时贵族阶级之制度,不义夫凡为不劳而食者也。其实行自食其力之生活,盖与许行相似,而其处境弥苦,其制行弥高,其信道弥笃矣。故孟子虽非之,而亦不得不推为齐士之巨擘也。孟子所以非仲子者,在不能充其类。盖仲子既与妻同居,即证其不能脱离人类社会共同之生活。既不能脱离人类社会共同之生活,而独辟兄离母以为廉,此孟子所以讥其不能充类也。盖仲子自以不恃人而食为义,而孟子则认为人断不能脱离人群而自存,是即不能不恃人而食,故以仲子之辟兄离母为不义。仲子求全于彼而先失于此,故孟子谓其不能充也。

> 孟子曰:"仲子,不义与之齐国而弗受,人皆信之,是舍箪食豆羹之义也。人莫大焉亡亲戚、君臣、上下;以其小者,信其大者,奚可哉?"(《尽心》上)

孟子之意,谓仲子仅能辞爵禄,苦身自给,惟合小义。

而不知人群相处，伦理之组织，如亲戚、君臣、上下，凡所以维系家国社会之道，仲子均不之顾，是乃大不义也。时人慕其小义，遂忘其大不义，而亦连类信之以谓义，则不可也。盖仲子否认当时贵族阶级生活之特权，而实行其普遍之劳动自给主义，因亦不认有政治之组织，故孟子斥之谓"亡亲戚、君臣、上下"也。《韩非子·外储说》左上亦载陈仲子事云："齐有居士田仲者，宋人屈榖见之，曰：'榖闻先生之义，不恃人而食，今榖有巨瓠，坚如石，厚而无窍，将以献之先生。'仲曰：'夫瓠，所贵者，谓其可以盛也。今厚而无窍，则不可剖以盛物；坚如石，则不可剖以斟；吾无以瓠为也。'曰：'然！榖将弃之。今先生虽不恃人而食，亦无益人之国，亦坚瓠之类也。'"其批评仲子，殆与孟子取同一之态度者。盖许行、陈仲者流，有感于当时贵族阶级之奢侈淫佚、残民以逞，故激而倡为并耕之论，不恃人而食之义；而孟子、屈榖之徒，则谓君子而在上位，惟求能平治利济，则虽受人之奉养而不为过也。《齐策》："赵威后问齐使者曰：'於陵仲子尚存乎？是其为人也，上不臣于王，下不治其家，中不索交诸侯；此率民而出于无用者，何为至今不杀乎？'"此云家者，乃贵族之大家，非士庶人五口之家也。仲子本贵族，逃而为庶民之生活，与其妻织屦辟纑以为生，故曰"不治其家"也。当时如四公子之属，方以其富贵声势倾天下之士；而范雎、蔡泽、张仪、犀首之徒，亦各挟其材辩，取卿相之位，以金玉锦绣自奉。举世仰慕，莫知其非义者。而仲子独以为不义，退然逃避，自苦以农夫奴隶之役。其意量节操，为何如耶？无怪其以一隐士，而名动诸侯，至见忌邻国之母后，乃欲杀之以为快矣。则其特立矫世之风，转移视听之力，亦不可谓真无用于世。孟子尚论古人，亟称伯夷，以为圣人之清者；而自比于孔子，谓孔子乃圣之时。若许行、陈仲，不几于圣之清者耶？而孟子力斥之，讥之为蚓操，斥之为大不义，而比之于洪水猛兽。孟子亦自道其苦心，曰："予岂好辩哉？予不得已也。"盖在孟子当时，许行、陈仲之徒，其学说歆动人心之力甚强，而学术之偏，失之毫厘，差以千里。惟孟子知言工夫之深切，故能剖析以归于至当。凡此皆读者所当平心静气以致察焉者也。

四 论夷之爱无差等之说为二本

墨者夷之，因徐辟①而求见孟子，孟子曰："吾固愿见。今吾尚病，病愈，我且往见，夷子不②来！"他日又求见孟子，孟子曰："吾今则可以见矣。不直③，则道不见，我且直之。吾闻夷子墨者。墨之治丧也，以薄为其道也。夷子思以易天下，岂以为非是而不贵也？然而夷子葬其亲厚，则是以所贱事亲也。"徐子以告夷子。夷子曰："儒者之道，古之人'若保赤子'，此言何谓也？之④则以为爱无差等，施由亲始。"徐子以告孟子。孟子曰："夫夷子信以为人之亲其兄之子，为若亲其邻之赤子乎？彼有取尔也。赤子匍匐将入井，非赤子之罪也⑤。且天之生物也,使之一本,而夷子二本故也。盖上世尝有不葬其亲者,其亲死,则举而委之于壑⑥。他日过之,狐狸食之,蝇蚋姑嘬⑦之。其颡有泚⑧,睨而不视。夫泚也,非为人泚,中心达于面目。盖归反虆梩⑨而掩之。掩之诚是也。则孝子仁人之掩其亲,亦必有道矣。"徐子以告夷子。夷子怃然,为间⑩,曰:"命之矣。"(《滕文公》上)

①孟子弟子。②不,毋也,勿也。言我将往见夷子,夷子勿来也。③直言相告。④之,夷子名。⑤愚民无知,与赤子同。其或入于刑辟,犹赤子之入井,非其罪也。保赤子者,必能扶持防护之,使不至于入井。保民者,当明其政教以教道之,使不陷于罪戾。是之谓"若保赤子"也。⑥壑,路旁坑壑也。⑦姑与蛄同,即蛆也。嘬,聚食也。⑧泚,汗出泚泚也,言其内惭。或云:泚当作疻,病也。其颡有疻,犹云疾首也,言其哀痛。⑨虆即欙之假借,所以舁土者。梩同耜,所以插地捥土者。⑩间,须臾也。为间,即有间。

夷之亦墨者,其事不详于他书。墨主薄葬,而夷之葬其亲厚,已为信道不笃,亦见墨主兼爱之无当于人心也。孟子谓"一本"者,即所谓恻隐之心,人皆有之,扩而充之,则仁不可胜用也。谓夷之"二本"者,爱一本诸于心,即一本诸我。夷之墨徒,谓他人之父若己父,故欲同其爱,则我之与人为二本矣。墨家常言"视人之父若其父",斯为兼爱。然设遇凶岁,二老饥欲死,一为吾父,一为他人父,得饭一盂,不能兼救二老之死,将以奉吾父耶?抑亦奉之他人之父耶?若兼而分之,则既不足以救人之父,亦且不足以救己之父;而彼二老者,仍将兼饿而死。则墨子之兼爱,其势将转成兼不爱。墨子之所谓视人之父若己之父,其实则视己之父若人之父耳。孟子曰:"墨氏兼爱,是无父也。"盖即此意。夷之虽厚葬其亲已背墨道,而犹谓爱无差等,则不知反求诸心者也。故孟子告之以"一本"之意。

五 论宋牼以利害说时君之不当

宋牼将之楚,孟子遇于石丘,曰:"先生将何之?"曰:"吾闻秦楚构兵,我将见楚王,说而罢之。楚王不悦,我将见秦王,说而罢之。二王,我将有所遇焉。"曰:"轲也,请无问其详,愿闻其指。说之将何如?"曰:"我将言其不利也。"曰:"先生之志则大矣,先生之号则不可。先生以利说秦楚之王,秦楚之王悦于利以罢三军之师,是三军之士乐罢而悦于利也。为人臣者,怀利以事其君;为人子者,怀利以事其父;为人弟者,怀利以事其兄;是君臣、父子、兄弟,终去仁义,怀利以相接。然而不亡者,未之有也。先生以仁义说秦楚之王,秦楚之王悦于仁义而罢三军之师,是三军之士乐罢而悦于仁义也。为人臣者,怀仁义以事其君;为人子者,怀仁义以事其父;为人弟者,怀仁义以事其兄;是君臣、父子、兄弟,去利,怀仁义以相接也。然而不王者,未之有也。何必曰利?"(《告子》下)

宋牼,亦墨家也。《庄子·天下篇》云:"墨子,真天下之好也。宋钘、尹文，闻其风而悦之，作为华山之冠以自表。见侮不辱，救民之斗；禁攻寝兵，救世之战。以此周行天下，上说下教，虽天下不取，强聒而不舍。"此宋牼即宋钘也。孟子亦云："争地以战，杀人盈野；争城以战，杀人盈城。此所谓率土地而食人肉，罪不容于死。"则孟子固亦反对战争。其所不满于宋牼者，乃在牼之以利害计较为前提耳。墨家学派，凡事以利害计较为前提，孟子则以吾心之真仁至感为前提；此其最不同之处也。

以上所举，皆孟子辟墨之说也。至于"杨朱为我"，其书不传于后世。当时为杨朱徒者，亦无确然成名之家，故九流无杨。或疑杨朱之后传为庄老，然今《孟子》书亦无辟庄老者。吾意当孟子时，虽曾有杨朱其人，倡为我之说，而未尝著书立说，成一家之言；亦未尝有门徒后学，创立宗派；与儒墨之有大师、有门徒、有宗派、有著述者本不同。孟子本不尊墨，乃以墨翟与杨朱为伍，非真当时别有一大师为杨朱，其学风足以鼓动一世如孔子、墨子而鼎足为三也。孟子所谓"今天下不归杨则归墨"者，特就其时人言论行事之性质而推言之。其务外为人者，则孟子斥之曰此"墨翟兼爱"之类；其自私自利者，则孟子斥之曰此"杨朱为我"之类也。孟子又言之曰："鸡鸣而起，孳孳为善者，舜之徒也。鸡鸣而起，孳孳为利者，跖之徒也。欲知舜与跖之分，无他，利与善之间也。"（《尽心》上）夫谓舜之徒、跖之徒云者，亦非真为舜徒、真为跖徒，犹其云不归杨则归墨，同为设譬之辞也。且舜为一帝，跖为一盗，

孟子要略　201

未可并列；犹墨翟为一代大师，而杨朱或仅为一士；在孟子惟取其相反以见义，本非谓跖与舜有同一之势位，杨与墨有同一之风化也。孟子又曰：

> 杨朱取为我，拔一毛而利天下，不为也。墨子兼爱，摩顶放踵①，利天下为之。子莫执中，执中为近之。执中无权，犹执一也。所恶执一者，为其贼道也。举一而废百也。（《尽心》上）
>
> ①摩迫其顶，发为之秃；效贱奴之役，与士之冠而括发者异也。放踵，不履之意，亦贱服。

于杨朱外又别举一子莫。赵岐云："子莫，鲁之贤人也。"于子莫行事学说亦不详。知子莫亦非当时大师。以子莫推杨朱，可知其不必为大师矣。余考先秦书称述杨朱者甚少，《吕氏春秋》云："阳生贵己。"当即杨朱。《淮南子》谓其"全性葆真，不以物累形"。殆均本诸孟氏"为我"之说以为言。此外《庄子》书言杨朱，率寓言。或并言杨墨，疑亦本孟子。《列子》伪书不可信。要之杨朱非当时大师，否则不应无门徒、无著述、无遗文佚史可传述也。孟子辟墨，故其后遂有儒墨之争，为先秦学术界一大事。至于杨与墨争，儒与杨争，其事皆难可考见。则以杨本不成学派。谓杨墨者，特孟子一时之私言。今即据《孟子》书，亦无确然可推其孰为治杨朱之学者。姑以意引其较为近似者，或即孟子所谓归于杨朱

"为我""无君"之类者耶?

六　与淳于髡辨礼

淳于髡曰:"男女授受不亲,礼与?"孟子曰:"礼也。"曰:"嫂溺,则援之以手乎?"曰:"嫂溺不援,是豺狼也;男女授受不亲,礼也;嫂溺援之以手者,权也。"曰:"今天下溺矣。夫子之不援,何也?"曰:"天下溺,援之以道;嫂溺,援之以手;子欲手援天下乎?"(《离娄》上)

《史记》:"淳于髡,齐人也。博闻强记,学无所主,其陈说慕晏婴之为人也。然而承意观色为务。客有见髡于梁惠王,惠王屏左右,独坐而再见之,终无言也。惠王怪之,以让客曰:'子之称淳于先生,管晏不及。及见寡人,未有得也。岂寡人不足为言邪?何故哉?'客以谓髡,髡曰:'固也。吾前见王,王志在驱逐;后复见王,王志在音声;吾是以默然。'客具以报王,王大骇曰:'嗟乎!淳于先生诚圣人也。前淳于先生之来,人有献善马者,寡人未及视,会先生至;后先生之来,人有献谣者,未及试,亦会先生来。寡人虽屏人,然私心在彼,有之。'后淳于髡见,一语连三日三夜,无倦。惠王欲以卿相位待之,髡因谢去。于是送以安车驾驷,束帛加璧,黄金百镒,终身不仕。"然则淳于髡盖如田骈之俦,皆以不仕为名高者也。顾虽不仕为名高,而其心不能忘富贵,故不免于承意观色。其见惠王，初值献马者，后又值献谣者。谣人之与善马，或出髡之隐谋，预嘱其到时而献，若阳货之瞰孔子亡而馈孔子以蒸豚也。此小人之伎俩，而惠王惊叹以为圣人，乃至一语三日三夜无倦，而欲以卿相位之；此异乎孟子"何必曰利"，与惠王"愿安承教"之意矣。否则殆出后人妄谭。淳于髡虽善察颜色，不能精明一至此也。嫂溺之辩，盖孟子与髡相值于梁朝。孟子倡言救天下，与髡滑稽不同。髡乃讥之，谓君既求救天下，则曷弗出仕？髡之意，非真知重孟子之学，诚意劝孟子仕也；乃实深不喜于孟子救天下之高论，而为此讥难也。髡既以滑稽成名，浮沉世主以猎富贵，而其意若曰：天下非吾侪责，礼法非吾辈事；则殆孟子所斥杨朱"为我""无君"之一流也。学者观夫二人人格之高下，即可以判其言论之是非矣。后淳于髡又与孟子辩于齐。

七 与淳于髡辨仁

淳于髡曰："先名实者为人也，后名实者自为也。夫子在三卿之中，名实未加于上下而去之，仁者固如此乎？"孟子曰："居下位，不以贤事不肖者，伯夷也。五就汤、五就桀者，伊尹也。不恶污君，不辞小官者，柳下惠也。三子者不同道，其趋一也。一者何也？曰仁也。君子亦仁而已矣，何必同？"曰："鲁缪公之时，公仪子为政，子柳、子思为臣，鲁之削也滋甚。若是乎贤者之无益于国也?"曰:"虞不用百里奚而亡,秦缪公用之而霸;不用贤则亡,削何可得与?"曰:"昔者王豹处于淇①,而河西善讴;绵驹处于高唐②,而齐右善歌;华周、杞梁③之妻,善哭其夫,而变国俗。有诸内,必形诸外。为其事而无其功者,髡未尝睹之也。是故无贤者也,有则髡必识之。"曰:"孔子为鲁司寇,不用,从而祭,燔肉不至,不税冕而行。不知者,以为为肉也;其知者,以为为无礼也。乃孔子则欲以微罪行,不欲为苟去。君子之所为,众人固不识也。"(《告子》下)

①王豹,卫人。淇,卫地,滨淇水。②高唐,齐西邑,故曰右。③华周,华还也;杞梁,杞植也。其死事见《左传》。杞梁之妻哭之,城为之崩,见《说苑》及《列女传》。此文兼及华周妻者,犹云"禹、稷当乱世,三过其门而不入"也。

此为淳于髡与孟子第二番辩论,乃在孟子仕齐而去之际。淳于髡讥之,先谓既有志救天下,则曷勿速仕?今则谓未见救天下之实效,则乌可以即去?要之非望孟子之久于其位,乃深讥其不当高论救世也。髡谓"先名实者为人,后名实者自为",髡盖自居于"自为",而谓孟子之高唱救世,实未见有"为人"之实也。故曰:"儒者无益于人之国。"髡以滑稽自喜,以不仕鸣高,本无为人淑世,求益人国之志。而孟子日以救世益国为道者。髡则讥之曰:君既言之如此,即不应行之若彼也。《齐策》载:"齐人见田骈者,曰:'闻先生高义,设为不宦,而愿为役。'田骈曰:'子何闻之?'对曰:'臣闻之邻人之女。'田骈曰:'何谓也?'对曰:'臣邻人之女,设为不嫁,行年三十,而有七子。不嫁则不嫁,然嫁过毕矣。今先生设为不宦,资养千钟,徒百人。不宦则然矣,而富过毕也。'田子辞。"今淳于髡深不悦于孟子之进退,而自以不仕为高,亦邻女之不嫁者尔。至孟子进之难而退之速,高言救世,而又洁身自守,外本乎礼,内本其仁,宜乎髡之不识矣。以髡讥评救世之士而自溺富贵,故以为乃杨朱"为我""无君"之一流人也。

八　答任人问礼

任人有问屋庐子曰:"礼与食孰重?"曰:"礼重。""色与礼孰重?"曰:"礼重。"曰:"以礼食,则饥而死;不以礼食,则得食;必以礼乎?亲迎,则不得妻;不亲迎,则得妻;必亲迎乎?"屋庐子不能对。明日之邹,以告孟子。孟子曰:"于答是也何有!不揣其本,而齐其末,方寸之木,可使高于岑楼①。金重于羽者,岂谓一钩金与一舆羽之谓哉?取食之重者,与礼之轻者而比之,奚翅②食重?取色之重者,与礼之轻者而比之,奚翅色重?往应之曰:'绐兄之臂,而夺之食,则得食;不绐,则不得食;则将绐之乎?逾东家墙,而搂③其处子,则得妻;不搂,则不得妻;则将搂之乎?'"(《告子》下)

①山之锐岭者。②奚翅今云何止。③搂,牵合也。

任人未详其姓氏。以食色为重，而致疑于礼，则殆恣情性，放嗜欲，趣于自乐，亦孟子所谓"杨氏为我"之徒也。盖其时墨子一派专以自苦为极，救世为务，而反之者则主纵欲自乐。所谓"贤者过之，不肖者不及"，而皆反对儒家之所谓礼。而其所以反礼者亦不同。墨者之非礼，如许行、陈仲之徒，大抵以礼为奢侈之本源，贵族之护符；故言自苦兼爱，则不得不非礼。至如淳于髡及任人等，则认礼为生活之械杻，为情欲之障碍；故主为我自乐，亦不得不非礼。而孟子则两辨之。盖儒家之所谓礼，凡人群之组织，生活之范畴，行为之规矩，情性之准则，皆礼也；则宜孟子之重视夫礼矣。观夫杨墨两造对于礼之意见，则知儒家之为得其中道也。

九　与告子辨性

告子曰："性犹杞柳也，义犹桮棬也。以人性为仁[①]义，犹以杞柳为桮棬。"孟子曰："子能顺杞柳之性而以为桮棬乎？将戕贼杞柳而后以为桮棬也？如将戕贼杞柳而以为桮棬，则亦将戕贼人以为仁义与？率天下之人而祸仁义者，必子之言夫！"(《告子》上)

[①] 按：此处"仁"字疑衍。赵岐注云："告子以为人性为才干，义为成器，犹以杞柳之木为桮棬也。"注中并不出仁字。正文仁字，或由后人增入。盖告子言仁内义外，只不认义为性耳。下文孟子语则仁义兼之，以孟子认仁义为均发乎性也。

告子又见于《墨子》书，盖曾见墨子，于孟子为前辈也。此以杞柳喻性，桮棬喻义，盖疑性善为矫揉，以礼为非性情；推其极，亦将恣情性，放嗜欲，一趣于自乐，为杨氏重己之类也。焦循云："以己之心通乎人之心，则仁也；知有不宜，变而之乎宜，则义也。仁义由于能变通，人能变通故性善。杞柳为桮棬，在形体，不在性，性不可变也。人为仁义，在性，不在形体，性能变也。以人力转戾杞柳为桮棬，杞柳不知也；以教化顺人心为仁义，仍其人自知之，自悟之，非他人力所能转戾也。"今按：以杞柳为桮棬，则杞柳之生机绝矣；以人性为仁义，人性之生机非徒不绝，且益畅遂焉；此其所以异也。今告子以义为桮棬，则将破义以全性，故孟子谓其贼义也。

告子曰："性犹湍水[②]也，决诸东方则东流，决诸西方则西流。人性之无分于善不善也，犹水之无分于东西也。"孟子曰："水信无分于东西，无分于上下乎？人性之善也，犹水之就下也。人无有不善，水无有不下。今夫水，搏而跃之，可使过颡；激而行之，可使在山。是岂水之性哉？其势则然也。人之可使为不善，其性亦犹是也。"（《告子》上）
②湍水，水流回旋也。

告子以杞柳桮棬喻人性与义，是以人之善由戕贼而成，是不顺也。孟子则谓顺其性为善。告子又以水无分于东西，喻人性无分于善不善，是以人性善不善皆由决而成，皆顺也。

孟子则谓不顺其性，乃为不善。两章可以互相发明。要之告子始终不信义之本于性耳。

告子曰："生之谓性。"孟子曰："生之谓性也，犹白之谓白与？"曰："然！"曰："白羽之白也，犹白雪之白；白雪之白，犹白玉之白与？"曰："然！""然则犬之性犹牛之性，牛之性犹人之性与？"（《告子》上）

告子曰："生之谓性。"离义于性而言也。犬牛有生，而不知义。生之谓性，则义非性也。孟子曰："人之性善。"离犬牛之性于人之性而言之也。犬牛之性不能善，故不知义；人性以能有仁义而称善也。故告子谓"生之谓性"本不误，惟不能谓犬牛之性犹人之性，则不能必谓义之非性。俞樾云："性与生古字通用。生之谓性，犹之性之谓性。其意若曰：性止是性而已，其善不善，皆非性中所有，不必论也。"此解亦通。要之告子志在外义于性也。

告子曰："食色性也。仁内也，非外也；义外也，非内也。"孟子曰："何以谓仁内义外也？"曰："彼长而我长之，非有长于我也。犹彼白而我白之，从其白于外也。故谓之外也。"曰："异于白③马之白也，无以异于白人之白也；不识长马之长也，无以异于长人之长与？且谓长者义乎？长之者义乎？"曰："吾弟则爱之，秦人之弟则不爱也，是以我为悦者也，故谓之内。长楚人之长，亦长吾之长，是以长为悦者也，故谓之外也。"曰："耆秦人之炙，无以异于耆吾炙。夫物，则亦有然者也，然则耆炙亦有外欤？"（《告子》上）

③此句上"白"字当一字重读，盖先折之曰"异于白"，下乃云"白马之白"也。"无以异于白人之白也"云云，则申说其异之故也。

此告子分别言之，谓仁固属内而义则外也。首章告子云："性犹杞柳，义犹桮棬。"单提义字，知告子深不信义之由内发也。故曰爱之由我，长之由外。孟子之辨，则谓爱之长之，皆是由我。秦人之弟，非吾弟，以其亲不同，故不同爱。楚人之长，非吾长，以其长同，故同敬。秦人之炙，非吾炙，以其美同，故同嗜。知吾所以嗜之者，由心辨其美；则知吾所以长之者，由心识其长。若谓义之同长为外，则食之同美亦可谓之外乎？告子既知甘食为性，故孟子以嗜炙明之也。今按：告子论仁内义外，《墨经》中亦有辨诘。曰："仁，爱也；义，利也。爱利，此也；所爱利，彼也。爱利不相为内外，所爱利亦不相为内外。其谓仁内也，义外也，举爱与所利也，是狂举也。若左目出，右目入。"是墨家亦反对仁内义外之说也。又《墨子·公孟篇》云："二三子复于子墨子曰：'告子曰：墨子言义而行甚恶。请弃之！'子墨子曰：'不可。称我言而毁我行，愈于无。'"然则告子固与墨子持反对之态度者也。又孟子之称告子曰："告子先我不动心。"又曰："告子曰：'不得于言，勿求于心；不得于心，勿求于气。'"是告子之为人，盖一任其内心之自然，而不认有外部之理义法度者也。故余谓告子亦孟子所谓"杨氏为我"之徒也。

一〇　答孟季子问义内

孟季子①问公都子曰："何以谓义内也？"曰："行吾敬，故谓之内也。""乡人长于伯兄一岁，则谁敬？"曰："敬兄。""酌则谁先？"曰："先酌乡人。""所敬在此，所长在彼，果在外，非由内也。"公都子不能答，以告孟子。孟子曰："敬叔父乎？敬弟乎？彼将曰敬叔父。曰弟为尸②则谁敬？彼将曰敬弟。子曰恶在其敬叔父也？彼将曰在位故也，子亦曰在位故也。庸③敬在兄，斯须之敬在乡人。"季子闻之曰："敬叔父则敬，敬弟则敬，果在外，非由内也。"公都子曰："冬日则饮汤，夏日则饮水，然则饮食亦在外也？"（《告子》上）

①古本或无孟字，或以为即季任。今无考。或谓是孟子弟者非也。
②古礼祭必用尸。孙为王父尸，则父且敬子，何况兄弟？长嗣主祭，尸用众子，则其弟也。③庸，常也。

季子无考。其人亦以为义外，而孟子辨之。焦循云："汤水之异，犹叔父与弟之异。冬则饮其温，夏则饮其寒，是饮食从人所欲，非人随饮食为转移也。故饮汤、饮水，外也；

酌其时宜而饮者,中心也。敬叔父、敬弟,外也;酌其所在而敬者,中心也。孟子言位,公都子言时。义之变通,时与位而已矣。孟子学孔子之时,而阐发乎通变神化之道,全以随在转移为用,所谓集义也。而告子造义外之说,不随人为转移,故以勿求于气、勿求于心为不动心,与孟子之道适相反。义外之说破,则通变神化之用明。"

以上所举,殆即孟子辟杨之说。大抵墨之徒尚功利而骛外,故孟子矫之以内心之本源;杨之徒恣情欲而私己,故孟子正之以外部之规范。为杨墨之说者,亦各有其一偏之理由,与其一偏之精神,足以震荡世俗而汲引人心,故孟子遂比之于洪水猛兽也。惟自今日平心论之,则为墨徒者,如宋牼、许行、陈仲之类,不徒其树义甚高,其制行亦甚卓;虽或流于偏激,要为豪杰之士;似非淳于髡、告子之徒所可及。故即观于《孟子》之书,亦知墨家兼爱,实为儒学劲敌。至如杨氏为己一派,虽颇合世俗之意,实不足以入学术之林。考诸先秦子籍,亦惟是儒墨之争,而无有所谓杨者。故余以谓杨墨并列,乃孟子之私言,非当时之情实也。同时南方有庄周,盛倡其汪洋自恣之言,颇有似于杨氏为我之意;然其陈义已深,其立行亦甚高,真能脱屣世俗而逍遥自得,以自证其所学;有异于溺食色,没富贵,而妄言性情者。故其意气亦足以转移一世视听,而遂有所谓道家之称。吾不知杨朱其人果何似?要之《孟子》书中,则杨墨不能相颉颃,明甚。然孟子辟杨墨,虽比之洪水猛兽,特以喻其学说风气之可畏耳,非有所深恶痛

绝于其人也。故:

> 孟子曰:"逃墨必归于杨,逃杨必归于儒,归斯受之而已矣。今之与杨墨辩者,如追放豚,既入其苙④,又从而招之。"(《尽心》下)
> ④苙,圈栏也。

此孟子不深绝杨墨之说也。赵佑云:"逃墨之人始既归杨,及逃杨,势不可复归墨而归儒;假令逃杨之人始而归墨,及逃墨,亦义不可复归杨而归儒可知也。亦有逃杨不必归墨而即归儒,逃墨不必归杨而即归儒者。非以两'必'字例定一例如是逃、如是归,且以断两家之优劣也。杨之言,似近儒之为己爱身;而实止知有己,不知有人,视天下皆漠不关情,至成刻薄寡恩之恶。墨之言,似近儒之仁民爱物;而徒一概尚同,不知辨异。视此身皆一无顾惜,至成从井救人之愚。其为不情则一。孟子之拒杨墨,盖未必有追咎太甚之事。孟子自明我今所以与杨墨辩者,有如追放豚然,惟恐其不归。其来归者既乐受之使入其苙,未归者又从而招之,言望人之觉迷反正无已时也。"据此,知孟子于当时之学风,虽加以严厉之抨系,而于此一辈之学者,则仍处以深厚之热情也。后人见孟子洪水猛兽之论,不明其"归斯受之"之意,于是而门户之争益烈,亦学术之一厄也。

[附] 孟子对于当时从事政治活动者之批评

孟子对于当时学风之批评，尽于其所谓"辟杨墨"者，既具如上举。兹再集其对于当时从事政治活动者之评论，附著如次：

> 景春曰："公孙衍、张仪，岂不诚大丈夫哉！一怒而诸侯惧，安居而天下熄。"孟子曰："是焉得为大丈夫乎！子未学礼乎？丈夫之冠也，父命之。女子之嫁也，母命之。往送之门，戒之曰：'往之女家，必敬必戒，无违夫子！'以顺为正者，妾妇之道也。居天下之广居，立天下之正位，行天下之大道；得志，与民由之，不得志，独行其道；富贵不能淫，贫贱不能移，威武不能屈；此之谓大丈夫。"（《滕文公》下）

公孙衍、张仪，为六国策士之首，其时方迭见信于魏。故景春有是问。而孟子答之如是，可以见孟子对当时一般得志用事者之态度矣。此从其内部人格而施以批评也。以下则就其外部之效果而批评焉。

> 鲁欲使慎子为将军，孟子曰："不教民而用之，谓之殃民；殃民者，不容于尧舜之世。一战胜齐，遂有南阳[①]，然且不可。"慎子勃然不悦，曰："此则滑厘[②]所不识也。"曰：

"吾明告子。天子之地方千里，不千里不足以待诸侯③；诸侯之地方百里，不百里不足以守宗庙之典籍④。周公之封于鲁，为方百里也。地非不足，而俭⑤于百里。太公之封于齐也，亦为方百里也。地非不足也，而俭于百里。今鲁方百里者五，子以为有王者作，则鲁在所损乎？在所益乎？徒取诸彼以与此，然且仁者不为，况于杀人以求之乎？君子之事君也，务引其君以当道，志于仁而已。"（《告子》下）

> ①南阳在泰山之南，汶水之北，本属鲁地，久为齐夺者。②滑厘，慎子名。或云即慎到，亦战国有名学者也。③谓朝觐聘问，备其燕享赐予之礼。④典籍，即礼籍，受之天子，传自先祖，藏诸宗庙也。⑤不足谓非无地以封，俭谓约止于此数也。

此孟子对于当时一般武臣为国征伐者之态度也。

孟子曰："今之事君者皆曰：'我能为君辟土地，充府库。'今之所谓良臣，古之所谓民贼也。君不乡道，不志于仁，而求富之，是富桀也。'我能为君约与国，战必克。'今之所谓良臣，古之所谓民贼也。君不乡道，不志于仁，而求为之强战，是辅桀也。由今之道，无变今之俗，虽与之天下，不能一朝居也。"（《告子》下）

此孟子对于当时一般言富强、讲外交者之总批评也。

孟子曰:"求⑥也,为季氏宰,无能改于其德,而赋粟倍他日。孔子曰:'求,非我徒也。小子鸣鼓而攻之可也!'由此观之,君不行仁政而富之,皆弃于孔子者也,况于为之强战?争地以战,杀人盈野;争城以战,杀人盈城。此所谓率土地而食人肉,罪不容于死。故善战者服上刑,连诸侯者次之,辟草莱、任土地者次之。"(《离娄》上)

⑥孔子弟子冉求也。

持论与上同。

白圭曰:"丹⑦之治水也,愈于禹。"孟子曰:"子过矣!禹之治水,水之道也。是故禹以四海为壑。今吾子以邻国为壑。水逆行,谓之洚水;洚水者,洪水也。仁人之所恶也。吾子过矣。"(《告子》下)

⑦丹,白圭名。

此见孟子持论,皆以全体人民之利害为本,而不拘拘于一国之得失;故于当时功利之臣,皆抱反对之态度也。

第四章　孟子与门弟子对于士生活之讨论

孟子对于同时学者及政客之评论，其大要具如上述。顾当时虽孟子弟子，亦都不明其师之意；故其师弟子之间，亦多有问难。类而次之，亦足与前章相发明。

彭更问曰："后车数十乘，从者数百人，以传食于诸侯，不以泰①乎？"孟子曰："非其道，则一箪食不可受于人。如其道，则舜受尧之天下，不以为泰。子以为泰乎？"曰："否，士无事而食，不可也。"曰："子不通功易事，以羡②补不足，则农有余粟，女有余布；子如通之，则梓匠轮舆③，皆得食于子。于此有人焉，入则孝，出则悌，守先王之道，以待后之学者，而不得食于子。子何尊梓匠轮舆，而轻为仁义者哉？"曰："梓匠轮舆，其志将以求食也。君子之为道也，其志亦将以求食与？"曰："子何以其志为哉？

孟子要略　　217

其有功于子,可食而食之矣。且子食志乎？食功乎？"曰:"食志。"曰:"有人于此，毁瓦画墁④，其志将以求食也,则子食之乎？"曰:"否。"曰:"然则子非食志也,食功也。"(《滕文公》下)

①泰,同汰,奢也。以,同已。已泰,过奢也。②羡,余也。③梓匠,木工。轮舆,车工。④毁瓦,将全瓦破碎之也。画墁者,墁以涂墙,今又画之,破粉工也。

彭更,孟子弟子,以其师传食诸侯为"泰",谓士不可"无事而食",是亦感受当时墨者之议论,慕许行、陈仲之义者也。孟子之辨,亦与其批评许、陈者一意。

公孙丑曰:"《诗》曰:'不素餐⑤兮。'君子之不耕而食,何也？"孟子曰:"君子居是国也,其君用之,则安富尊荣；其子弟从之,则孝弟忠信。不素餐兮,孰大于是？"(《尽心》上)

⑤《伐檀》之诗,刺贪也。素,空虚也。无功受禄,是虚得此餐也。

公孙丑"不耕而食"之语,亦同于彭更之谓"无事而食"也。

王子垫问曰:"士何事？"孟子曰:"尚志。"曰:"何谓尚志？"曰:"仁义而已矣。杀一无罪,非仁也；非其有而取之,非义也。居恶在？仁是也；路恶在？义是也。居仁由义,大人之事备矣。"(《尽心》上)

孟子仕齐久，此王子垫，盖齐王之子也。亦致疑于士之无事而食，故为此问。顾亭林曰："古之谓士者，大抵皆有职之士；春秋以后，游士日多，而先王之法遂坏。彭更之言，王子垫之问，犹为近古之意。"（《日知录》）今按：孟子虽言尚志，又言食功。后之为士者，外托尚志之义，内无通功之实；是皆游士，非职士也。此惟许行、陈仲之论足以矫其弊，学者可互观焉。

陈代曰："不见诸侯，宜若小然。今一见之，大则以王，小则以霸。且志⑥曰：'枉尺而直寻。'宜若可为也。"孟子曰："昔齐景公田，招虞人⑦以旌，不至，将杀之。'志士不忘在沟壑，勇士不忘丧其元⑧。'孔子奚取焉？取非其招不往也。如不待其招而往，何哉？且夫枉尺而直寻者，以利言也。如以利，则枉寻直尺而利，亦可为与？昔者，赵简子使王良与嬖奚⑨乘，终日而不获一禽。嬖奚反命，曰：'天下之贱工也。'或以告王良。良曰：'请复之！'强而后可。一朝而获十禽。嬖奚反命曰：'天下之良工也。'简子曰：'我使掌与女乘⑩。'谓王良，良不可，曰：'吾为之范我驰驱，终日不获一；为之诡遇，一朝而获十。《诗》云："不失其驰，舍矢如⑪破。"我不贯与小人乘，请辞。'御者且羞与射者比，比而得禽兽，虽若丘陵，勿为也。如枉道而从彼，何也？且子过矣！枉己者未有能直人者也。"

（《滕文公》下）

⑥古代之记载也。⑦虞人,守苑囿之吏也。⑧君子固穷,常念死无棺椁,没沟壑而不恨。元,首也。勇士以义则丧首而不顾也。二语见称于孔子。⑨简子之幸臣。⑩主为汝御也。⑪如,犹而也。舍矢而破,言其中之疾也。

陈代,孟子弟子,以"不见诸侯"为小,即淳于髡"嫂溺不援"之说也。孟子则谓枉己不能直人,即所谓不能以手援天下也。陈代此问,与下万章、公孙丑诸问,皆在孟子未出游之前。

万章曰:"敢问不见诸侯,何义也?"孟子曰:"在国⑫曰市井之臣,在野曰草莽之臣,皆谓庶人。庶人不传质⑬为臣,不敢见于诸侯,礼也。"万章曰:"庶人召之役,则往役;君欲见之,召之则不往见之。何也?"曰:"往役,义也;往见,不义也。且君之欲见之也,何为也哉?"曰:"为其多闻也,为其贤也。"曰:"为其多闻也,则天子不召师,而况诸侯乎?为其贤也,则吾未闻欲见贤而召之也。缪公亟⑭见于子思,曰:'古千乘之国以友士,如何?'子思不悦,曰:'古之人有言曰:事之云乎?岂曰:友之云乎?'子思之不悦也,岂不曰以位则子君也,我臣也,何敢与君友也;以德则子事我者也,奚可以与我友!千乘之君,求与之友而不可得也,而况可召与?齐景公田,招虞人以旌,不至,将杀之。'志士不忘在沟壑,勇士不忘丧其元。'孔子奚取焉?取非其招不往也。"曰:"敢问招虞人何以？"曰："以皮冠。庶人以旃⑮，士以旂⑯，大夫以旌⑰。以大夫之招招虞人，虞人死不敢往；以士之招招庶人，庶人岂敢往哉？况乎以不贤人之招招贤人乎？欲见贤人而不以其道，犹欲其入而闭之门也。夫义，路也；礼，门也。惟君子能由是路，出入是门也。《诗》云：'周道如底⑱，其直如矢。君子所履，小人所视。'"万章曰："孔子，君命召，不俟驾而行，然则孔子非与？"曰："孔子当仕有官职，而以其官召之也。"（《万章》下）

⑫都邑曰国。⑬古者见君，执雉羔雁鹜之属以为贽。⑭亟，数也。⑮旃，通帛也。⑯旂，旌有铃者。⑰旌，注旄竿首者。⑱底，同砥，砺石也。

此章论"不见诸侯"之义最详悉。

公孙丑问曰："不见诸侯何义？"孟子曰："古者不为臣，不见。段干木⑲踰垣而辟之，泄柳⑳闭门而不纳，是皆已甚。迫，斯可以见矣。阳货欲见孔子，而恶无礼。大夫有赐于士，不得受于其家，则往拜其门。阳货瞰㉑孔子之亡也而馈孔子蒸豚；孔子亦瞰其亡也而往拜之。当是时，阳货先，岂得不见？曾子曰：'胁肩谄笑，病于夏畦㉒。'子路曰：'未同而言，观其色，赧赧然，非由之所知也㉓。'由是观之，则君子之所养，可知已矣。"（《滕文公》下）

⑲魏文侯时之贤者。⑳鲁缪公时之贤者。㉑窥也。㉒胁肩，耸体也。谄笑，强笑也。为此之病苦，甚于夏月治畦之人也。㉓志未合而强与之言，内惭面赤也。由，子路名。非所知，甚恶之之辞也。

孟子要略　　221

此亦论"不见诸侯"之义。君子之所养,见与公孙衍、张仪之徒有异也。

万章曰:"士之不托㉔诸侯,何也?"孟子曰:"不敢也。诸侯失国,而后托于诸侯,礼也;士之托于诸侯,非礼也。"万章曰:"君馈之粟,则受之乎?"曰:"受之。""受之何义也?"曰:"君之于氓也,固周㉕之。"曰:"周之则受,赐之则不受,何也?"曰:"不敢也。"曰:"敢问其不敢何也?"曰:"抱关击柝㉖者,皆有常职以食于上。无常职而赐于上者,以为不恭也。"曰:"君馈之,则受之,不识可常继乎?"曰:"缪公之于子思也,亟问,亟馈鼎肉,子思不悦。于卒也,摽㉗使者出诸大门之外,北面稽首,再拜而不受。曰:'今而后,知君之犬马畜伋。'盖自是台㉘无馈也。悦贤不能举,又不能养也,可谓悦贤乎?"曰:"敢问国君欲养君子,如何斯可谓养矣?"曰:"以君命将㉙之,再拜稽首而受。其后廪人继粟,庖人继肉,不以君命将之。子思以为鼎肉,使己仆仆㉚尔亟拜也,非养君子之道。尧之于舜也,使其子九男事之,二女女㉛焉;百官牛羊仓廪备,以事舜于畎亩之中,后举而加诸上位。故曰王公之尊贤者也。"(《万章》下)

㉔托寄也,谓不仕而食其禄。㉕周,救恤也。㉖关,以木横持门户也。柝,行夜所击木也。抱关击柝,监门巡夜之贱职。㉗摽,麾也。㉘台,贱官,主使令者。自是缪公不敢令台来馈也。㉙将,送也。㉚仆仆,烦猥貌。㉛子事为师,女妻之也。

此论"不托于诸侯",较"不见诸侯"进一层,谓受其供养也。

陈子[32]曰:"古之君子,何如则仕?"孟子曰:"所就三,所去三:迎之致敬以有礼,言将行其言也,则就之;礼貌未衰,言弗行也,则去之。其次,虽未行其言也,迎之致敬以有礼,则就之;礼貌衰,则去之。其下,朝不食,夕不食,饥饿不能出门户。君闻之,曰:'吾大者不能行其道,又不能从其言也。使饥饿于我土地,吾耻之。'周之,亦可受也,免死[33]而已矣。"(《告子》下)

[32]陈臻也。[33]篇中凡言三就两去,此云"免死而已"者,则亦久而去矣,故曰"所去三"也。

孟子曰:"仕非为贫也,而有时乎为贫;娶妻非为养也,而有时乎为养。为贫者,辞尊居卑,辞富居贫。辞尊居卑,辞富居贫,恶乎宜乎,抱关击柝。孔子尝为委吏矣,曰:'会计当而已矣。'尝为乘田矣,曰:'牛羊茁壮长而已矣。'位卑而言高,罪也;立乎人之本朝,而道不行,耻也。"(《万章》下)

此皆孟子之论仕礼。盖贵族阶级之制度,至战国之世,已破坏不完,而平民遂多有为政治活动者;于是乃有士人阶级之兴起。盖在春秋之世,社会惟有世袭官禄之贵族,与躬

孟子要略　223

操劳作之平民耳，未尝有"士"之一级也。自有所谓"士"者出，进可以觊官禄，退乃不甘操劳役。故如苏张纵横之徒，一切惟以猎取富贵为目的，而国之利病，民之祸福，有非所问。孟子恶之，而倡仕礼，盖深不欲士之轻于出仕，而流为妾妇之顺也。然当时之为士者，则又非仕无以为生，非如后世之士，可以拥田地、号素封，或坐皋比而称为儒。盖其时土田犹管于贵族，而平民阶级之教育未兴；故为士者，其势乃不得不仰养于政治。其激而为陈仲、许行，织屦编席，又孟子之所不愿。于是乃有"周之可受，免死而已"之论也。凡此皆必明于孟子时代社会组织之变动，与夫一般生活之情况，而后可以晓然于其立言之意。若以今日观念论之，则国民之出而为政治活动者，乃以为国耳，固非所论于当局者之礼貌。其退政而休也，亦自有其应营之职业，更何得云免死而受周哉？故考论孟子书中辞受出处之辨者，贵能明其时代之背景也。

周霄㉞问曰："古之君子，仕乎？"孟子曰："仕。传曰：'孔子三月无君，则皇皇如㉟也。出疆，必载质㊱。'公明仪曰：'古之人，三月无君则吊。'""三月无君则吊，不以急乎？"曰："士之失位也，犹诸侯之失国家也。《礼》曰：'诸侯耕助，以供粢盛；夫人蚕缫，以为衣服㊲。'牺牲不成，粢盛不洁，衣服不备，不敢以祭。惟士无田，则亦不祭；牲杀器皿衣服不备，不敢以祭，则不敢以宴，亦不足吊乎？""出疆必载质，何也？"曰："士之仕也，犹农夫之耕也，农夫岂为出疆舍其末耜哉！"曰："晋国亦仕国也，未尝闻仕如此其急。仕如此其急也，君子之难仕，何也？"曰："丈夫生，而愿为之有室；女子生，而愿为之有家。父母之心，人皆有之。不待父母之命，媒妁之言，钻穴隙相窥，踰墙相从，则父母国人皆贱之。古之人未尝不欲仕也，又恶不由其道。不由其道而往者，与钻穴隙之㊳类也。"（《滕文公》下）

> ㉞周霄，魏人。㉟皇皇如，有求而不得之貌。㊱质，同贽。㊲《礼》云："诸侯为籍百亩，躬秉耒以耕，而庶人助终亩，收而藏之，以供宗庙之粢盛。使世妇蚕于公桑蚕室，奉茧献于夫人，夫人受之，缫三盆手，遂布于世妇使缫为黼黻，而服以祀先王先公。"注云："三盆手，三淹也。凡缫，每淹，大总而手振之，以出绪也。"㊳古之、者二字通，此犹云"与钻穴隙者类也"，避上句者字，故作之。

孟子虽游梁而不仕，故淳于髡有"嫂溺不援"之讥，而周霄亦有"君子难仕"之问也。周霄非孟子弟子，此条本应入前章；以其言与本章各条可相证发，故附次于此焉。

孟子将朝王，王使人来，曰："寡人如㊴就见者也。有寒疾，不可以风。朝将视朝，不识可使寡人得见乎？"对曰："不幸而有疾，不能造朝。"明日，出吊于东郭氏㊵。公孙丑曰："昔者辞以病，今日吊，或者不可乎？"曰："昔者疾，今日愈，如之何不吊？"王使人问疾，医来，孟仲子㊶对曰："昔者有王命，有采薪㊷之忧，不能造朝。今病小愈，趋造于朝,我不识能至否乎?"使数人要于路,曰:"请必无归,而造于朝!"不得已[43]而之景丑氏[44]宿焉。景子曰:"内则父子,外则君臣,人之大伦也。父子主恩,君臣主敬。丑见王之敬子也,未见所以敬王也。"曰:"恶!是何言也?齐人无以仁义与王言者,岂以仁义为不美也?其心曰:'是何足与言仁义也'云尔。则不敬莫大乎是。我非尧舜之道不敢以陈于王前,故齐人莫如我敬王也。"景子曰:"否,非此之谓也。《礼》曰:'父召无诺;君命召,不俟驾。'固将朝也,闻王命,而遂不果,宜与夫《礼》若不相似然?"曰:"岂谓是与?曾子曰:'晋楚之富,不可及也。彼以其富,我以吾仁;彼以其爵,我以吾义。吾何慊[45]乎哉?'夫岂不义,而曾子言之?是或一道也。天下有达尊三:爵一,齿一,德一。朝廷莫如爵,乡党莫如齿,辅世长民莫如德。恶得有其一以慢其二哉?故将大有为之君,必有所不召之臣。欲有谋焉则就之。其尊德乐道不如是,不足与有为也。故汤之于伊尹,学焉而后臣之,故不劳而王。桓公之于管仲,学焉而后臣之,故不劳而霸。今天下地丑[46]德齐,莫能相尚;无他,好臣其所教,而不好臣其所受教。汤之于伊尹,桓公之于管仲,则不敢召。管仲且犹不可召,而况不为管仲者乎?"(《公孙丑》下)

㊴如,犹将也。㊵东郭氏,齐大夫家也。㊶孟仲子,孟子从昆弟。㊷言病不能采薪,谦辞也。㊸不得已而朝王也。㊹景丑氏,亦齐大夫。㊺慊,少也。㊻丑,同也。

此孟子在齐之事也。可以见孟子虽仕，而其自守之高为何如矣。

孟子去齐，宿于昼。有欲为王留行者，坐而言；不应，隐几[47]而卧。客不悦，曰："弟子齐宿[48]而后敢言，夫子卧而不听，请勿复敢见矣！"曰："坐！我明语子！昔者鲁缪公无人乎子思之侧，则不能安子思。泄柳、申详[49]无人乎缪公之侧，则不能安其身。子为长者虑，而不及子思[50]，子绝长者乎？长者绝子乎？"（《公孙丑》下）

> [47]客坐而言，孟子不应客而卧也。隐几，凭几也。[48]齐读如斋，斋戒越宿也。[49]申详，子张之子。[50]是客盖自以其意欲留孟子，而非齐王之所遣，是与缪公之留子思不类也。长者，孟子自谓。时孟子已年老也。

此孟子去齐之事也。可见孟子之进退，一本其平日所持之议论。其高自位置，与仪、衍之"以顺为正"者迥异矣。

孟子告齐宣王曰："君之视臣如手足，则臣视君如腹心；君之视臣如犬马，则臣视君如国人；君之视臣如土芥，则臣视君如寇雠。"王曰："礼，为旧君有服。何如斯可为服矣？"曰："谏行，言听，膏泽下于民；有故而去，则君使人导之出疆，又先于其所往；去三年，不反，然后收其田里；此之谓三有礼焉。如此则为之服矣。今也为臣，谏则不行，言则不听，膏泽不下于民；有故而去，则君搏

执之,又极⑤¹之于其所往;去之日,遂收其田里;此之谓寇雠,何服之有?"(《离娄》下)

⑤¹ 穷困也。

此孟子对于君臣关系之观念也。可与第二章论君民关系者参看。以与孟子论仕礼相关,故附见于此。

第五章　孟子之性善论

孟子对于当时政治社会之主张，具如上所论。今当进而推求其学说之本源，则不可不明孟子言性善之旨。性善者，孟子学说精神之所在。不明性善，即为不知孟子。故凡研究孟子者，于其性善之说，不可不深注意也。

滕文公为世子，将之楚，过宋而见孟子。孟子道性善，言必称尧舜。世子自楚反，复见孟子。孟子曰："世子疑吾言乎？夫道，一而已矣。成覵谓齐景公曰：'彼丈夫也，我丈夫也，吾何畏彼哉？'颜渊曰：'舜何人也？予何人也？有为者亦若是。'公明仪曰：'文王我师也，周公岂欺我哉？'今滕，绝长补短，将五十里也，犹可以为善国。《书》曰：'若药不瞑眩，厥疾不瘳。'"（《滕文公》上）

朱子云："孟子见人，即道性善，称尧舜，此是第一义。若于此看得透，信得及，直下便是圣贤，便无一毫人欲之私做得病痛。若信不及，又引成覸、颜渊、公明仪三段说话，教人如此发愤，勇猛向前，此外更无别法。"（《答梁文叔书》）今按：朱子此说，发明孟子性善之旨，最为简尽。盖孟子道性善，其实不外二义：启迪吾人向上之自信，一也。鞭促吾人向上之努力，二也。故凡无向上之自信与向上之努力者，皆不足以与知孟子性善论之真意。若从别一端论之，则孟子性善论，为人类最高之平等义，亦人类最高之自由义也。人人同有此向善之性，此为平等义。人人能到达此善之标的，此为自由义。凡不主人类性善之论者，此皆不主人类有真平等与真自由者。爰特揭此二义于先，以为考论孟子性善论之大纲焉。

公都子曰："告子曰：'性无善无不善也。'或曰：'性可以为善，可以为不善。是故文武兴，则民好善；幽厉兴，则民好暴。'或曰：'有性善，有性不善。是故以尧为君而有象；以瞽瞍为父而有舜；以纣为兄之子，且以为君，而有微子启、王子比干。'今曰性善，然则彼皆非与？"孟子曰："乃若其情，则可以为善矣，乃所谓善也。若夫为不善，非才之罪也。恻隐之心，人皆有之；羞恶之心，人皆有之；恭敬之心，人皆有之；是非之心，人皆有之。恻隐之心，仁也；羞恶之心，义也；恭敬之心，礼也；是非之心，智也。仁义礼智，非由外铄我也，我固有之也，弗思耳矣。故曰：求则得之，舍则失之。或相倍蓰而无算者，不能尽其才者也。《诗》曰：'天生蒸民，有物有则，民之秉彝，好是懿德①。'孔子曰：'为此诗者，其知道乎！'故有物必有则，民之秉彝也，故好是懿德。"（《告子》上）

①蒸，众也。物与则，皆法也。彝，常也。懿，美也。天生众民，皆赋之以天然之法则，如耳目有聪明之德，父子有慈孝之心；是民所秉执之常性也。故人之情无不好此懿德者。

此章公都子列举当时论性诸说，而孟子总答之，实可为孟子道性善之总论。陈澧云："孟子所谓性善者，谓人人之性皆有善，非谓人人之性皆纯乎善也。其言曰：'恻隐之心，人皆有之；羞恶之心，人皆有之；恭敬之心，人皆有之；是非之心，人皆有之。非独贤者有是心也，人皆有之。今人乍见孺子将入于井，皆有怵惕恻隐之心。人皆有不忍人之心。人皆有所不忍，人皆有所不为。'孟子言人性皆有善，明白如此。又曰：'虽存乎人者，岂无仁义之心哉？无恻隐之心，非人也；无羞恶之心，非人也；无辞让之心，非人也；无是非之心，非人也。'其言人性无无善者，又明白如此。公都子曰：'或曰：有性不善，以尧为君而有象。'孟子答之曰：'乃若其情，则可以为善矣，乃所谓善也。'此因有性不善之说而解其惑，谓彼有性虽不善而仍有善。何以见之？以其情可以为善，可知其性仍有善，是乃我所谓性善也。如象之性诚恶矣，乃若见舜而忸怩，则其情可以为善，可见象之性仍有善。是乃孟子所谓性善也。若论尧之性，岂得但云'可以为善'而已乎？盖圣人之性纯乎善，常人之性皆有善，恶人之性仍有善，而不纯乎恶；所谓性善者如此，所谓'人无有不善'者如此。后儒疑孟子者，未明孟子之说耳。"（《东塾读书记》）今按：陈氏之说，甚为明晰。孟子之意，仅主人间之善皆由人性来，非谓人之天性一切尽是善。吾所谓启迪吾人向上之自信，与鞭策吾人向上之努力者，必自深信人性皆有善与人皆可以为善始。否则自暴自弃，不相敬而相贼，而人类乌有向上之望哉？

伪孙《疏》云："情、性、才三者，合而言之，则一物耳；分而言之，则有三名。盖人之性本善，而欲为善者，非性也，以其情然也。情之能为善者，非情然也，以其才也。是则性之动则为情，而才者乃性之用也。"今按：孟子本情、才以验性，即就其已发而推论其可能，使人人有以自证，人人有以自信，而牗启其向上之志；此孟子道性善之意也。今再分条列举孟子主张性善之论证如次：

孟子曰："富岁子弟多赖②。凶岁子弟多暴，非天之降才尔殊也，其所以陷溺其心者然也。今夫𪎭麦③，播种而耰之，其地同，树之时又同。浡然而生，至于日至④之时，皆熟矣。虽有不同，则地有肥硗，雨露之养，人事之不齐也。故凡同类者，举相似也，何独至于人而疑之？圣人与我同类者。故龙子曰：'不知足而为屦，我知其不为蕢也。屦之相似,天下之足同也。'口之于味,有同耆也,易牙先得我口之所耆者也。如使口之于味也,其性与人殊,若犬马之与我不同类也,则天下何耆皆从易牙之于味也?至于味,天下期于易牙,是天下之口相似也。惟耳亦然,至于声,天下期于师旷,是天下之耳相似也。惟目亦然,至于子都,天下莫不知其姣也。不知子都之姣者,无目者也。故曰:口之于味也,有同耆焉;耳之于声也,有同听焉;目之于色也,有同美焉。至于心,独无所同然乎?心之所同然者何也?谓理也,义也。圣人先得我心之所同然耳。故理义之悦我心,犹刍豢之悦我口。"(《告子》上)

②同懒。③大麦。④谓仲夏日至。《管子》:"九月种麦,日至而获。"又曰:"以春日至始,数九十二日谓之夏至而麦熟。"割麦无过夏至,故言"皆熟"。

圣人,人类中之优秀特出者。孟子即指人类中优秀之例,以明示人人有追求后秀之可能也。此即彼推我以证明性善之说也。

孟子曰:"人皆有不忍人之心。先王有不忍人之心,斯有不忍人之政矣。以不忍人之心,行不忍人之政,治天下可运之掌上。所以谓人皆有不忍人之心者,今人乍见孺子将入于井,皆有怵惕恻隐之心,非所以内交于孺子之父母也;非所以要誉于乡党朋友也;非恶其声而然也。

由是观之，无恻隐之心，非人也；无羞恶之心，非人也；无辞让之心，非人也；无是非之心，非人也。恻隐之心，仁之端也；羞恶之心，义之端也；辞让之心，礼之端也；是非之心，智之端也。人之有是四端也，犹其有四体也。有是四端而自谓不能者，自贼者也；谓其君不能者，贼其君者也。凡有四端于我，知皆扩而充之矣，若火之始然，泉之始达。苟能充之，足以保四海；苟不充之，不足以事父母。"（《公孙丑》上）

恻隐、羞恶、辞让、是非之心，人类心理高尚之表现也。孟子即指人类高尚之心的表现，以明示人人有超人高尚之可能也。此即暂推久以证明性善之说也。故孟子论性善，在于举一人以推之于人人，指一时以推之于时时；实为吾人立一最高之标的，而鼓励吾人尽力以趋赴之者也。

曹交问曰："人皆可以为尧舜，有诸？"孟子曰："然。""交闻文王十尺，汤九尺。今交九尺四寸以长，食粟而已，如何则可？"曰："奚有⑤于是？亦为之而已矣。有人于此，力不能胜一匹雏⑥，则为无力人矣；今日举百钧，则为有力人矣。然则举乌获之任，是亦为乌获而已矣。夫人岂以不胜⑦为患哉！弗为耳。徐行后长者谓之弟，疾行先长者谓之不弟。夫徐行者，岂人所不能哉！所不为也。尧舜之道，孝弟而已矣。子服尧之服，诵尧之言，行尧之行，是尧而已矣;子服桀之服,诵桀之言,行桀之行,是桀而已矣。"曰:"交得见于邹君,可以假馆,愿留而受业于门。"曰:"夫道,若大路然,岂难知哉!人病不求耳。子归而求之,有余师。"(《告子》下)

⑤奚有,不难也。⑥匹,读为疋。疋,小也,音节。雏,鸡子也。疋雏即是小鸡。⑦力非可强而有,至于为善,人人所能,无不胜之患。

曹交问:"人皆可以为尧舜,有诸?"而孟子答以"亦为之而已矣"。吃紧在一"为"字,即吾所谓向上之努力,非此则不足以尽其才也。

孟子曰:"人皆有所不忍⑧,达之于其所忍,仁也;人皆有所不为⑨,达之于其所为,义也。人能充无欲害人之心,而仁不可胜用也;人能充无穿窬之心,而义不可胜用也。人能充无受尔汝⑩之实,无所往而不为义也。士未可以言而言,是以言餂之也;可以言而不言,是以不言餂之也。是皆穿窬之类⑪也。"(《尽心》下)

⑧恻隐之心,即下"无害人之心"也。⑨羞恶之心,即下"无穿窬之心"也。⑩此申说上文"充无穿窬之心"之意也。尔汝,人所轻贱之称。人虽或有所贪昧隐忍而甘受之者,然其中必有惭忿而不肯受之之实。能即此而推之,使其充满无所亏缺,则无适而非义矣。⑪餂,音忝,探取也。以言餂、以不言餂,皆非语默之正,而有机变之诈。然人不谓耻,且自谓为得计者,由不知此即穿窬之类,宜充而达之者也。故特举以见例,以明充极之类。

孟子言"为",又言"充"。充者,即为之之方也。孟子明举尧舜以为人类最高之标准,使吾人有所企向,而尽力以为之;而为之之方,则反而求之于己。又明举恻隐、羞恶之心,人人之所具有者,即本此推广,以为所以达其标准之道。故"为"者,为此人人之所可能;"充"者,充此人人之所固有也。凡欲明孟子性善之真义者,亦在乎"有为"与"能充"而已,此外则无他道也。孟子之所谓性善者,既系乎其人之有为与能充;则反而言之,苟其人不能有为与不能充其善端者,终必流为不善之归,此又至明之理也。今再举孟子之说以证之如次:

> 孟子曰:"自暴⑫者,不可与有言也;自弃者,不可与有为也。言非⑬礼义,谓之自暴也;吾身不能居仁由义,谓之自弃也。仁,人之安宅也,义,人之正路也。旷安宅而勿居,舍正路而不由,哀哉!"(《离娄》上)
>
> ⑫暴,害也。⑬非,毁也。

朱子曰:"自害其身者,不知礼义之为美而非毁之。虽与之言,必不见信也。自弃其身者,犹知仁义之为美,但溺于怠惰,自谓必不能行。与之有为,必不能勉也。"(《集注》)程子曰:"自暴者拒之以不信,自弃者绝之以不为,虽圣人与居,不能化而入也。此所谓下愚之不移也。"(同上。)此谓人无为善向上之望者,在其人之不信与不为也。

孟子曰:"牛山⑭之木尝美矣,以其郊于大国也,斧斤伐之,可以为美乎?是其日夜之所息⑮,雨露之所润,非无萌蘖之生焉;牛羊又从而牧之,是以若彼濯濯⑯也。人见其濯濯也,以为未尝有材焉,此岂山之性也哉!虽存乎人者,岂无仁义之心哉?其所以放其良心者,亦犹斧斤之于木也,旦旦而伐之,可以为美乎!其日夜之所息,平旦之气,其好恶与人相近也者几希⑰?则其旦昼之所为,有梏⑱亡之矣!梏之反覆,则其夜气不足以存;夜气不足以存,则其违禽兽不远矣。人见其禽兽也,而以为未尝有才焉者,是岂人之情也哉!故苟得其养,无物不长;苟失其养,无物不消。孔子曰:'操则存,舍则亡。出入无时,莫知其乡。'惟心之谓与!"(《告子》上)

⑭临淄南山。⑮长也。⑯濯,洗涤之名。濯濯,山无草木貌。⑰几希谓少也。⑱有读为又。梏当从手,即古文搅字,谓搅扰也。

孟子曰:"无或⑲乎王之不智也。虽有天下易生之物也,一日曝之,十日寒之,未有能生者也。吾见亦罕矣,吾退而寒之者至矣,吾如有萌焉何哉!今夫弈之为数,小数也;不专心致志,则不得也。弈秋,通国之善弈者也。使弈秋诲二人弈,其一人专心致志,惟弈秋之为听;一人虽听之,一心以为有鸿鹄将至,思援弓缴⑳而射之。虽与之俱学,弗若之矣。为是其智弗若与?曰:非然也。"(《告子》上)

⑲或,惑也。王指齐王。⑳缴,以绳系矢而射也。

孟子曰:"仁之胜不仁也,犹水胜火。今之为仁者,犹以一杯水救一车薪之火也;不熄,则谓之水不胜火。此又与㉑于不仁之甚者也,亦终必亡㉒而已矣。"(《告子》上)

㉑与,助也。惟其信不仁而屈仁,则足以助不仁。㉒亡读为无。盖既自以为仁不胜不仁,则为仁之心沮,而为不仁之意萌;久而并此极小之仁而亦丧之,则终于无仁而已。使其当不能胜之时,自知仁之本微,发愤而充之扩之,则不胜进而为胜,何至于亡乎?

孟子曰:"舜发于畎亩之中,傅说举于版筑之间,胶鬲举于鱼盐之中,管夷吾举于士㉓,孙叔敖举于海,百里奚举于市㉔。故天将降大任于是人也,必先苦其心志,劳其筋骨,饿其体肤,空乏其身,行拂乱其所为;所以动心忍性㉕,曾益其所不能。人恒过,然后能改。困于心,衡㉖于虑,而后作㉗;征㉘于色,发于声,而后喻。入则无法家拂㉙士,出则无敌国外患者,国恒亡。然后知生于忧患,而死于安乐也。"(《告子》下)

㉓士,管仲非贵族,乃士。春秋当时已有士。㉔市,贩卖之场。㉕坚忍其性,使不违仁。㉖衡,横也,不顺也。㉗作,奋起也。㉘征,验也。㉙拂与弼同,辅也。

此皆孟子勉人之"为之"也。

孟子曰:"鱼我所欲也,熊掌亦我所欲也;二者不可得兼，舍鱼而取熊掌者也。生亦我所欲也，义亦我所欲也；二者不可得兼，舍生而取义者也。生亦我所欲，所欲有甚于生者，故不为苟得也。死亦我所恶，所恶有甚于死者，故患有所不辟也。如使人之所欲，莫甚于生，则凡可以得生者，何不用也？使人之所恶，莫甚于死者，则凡可以辟患者，何不为也？由是则生而有不用也，由是则可以辟患而有不为也。是故所欲有甚于生者，所恶有甚于死者。非独贤者有是心也；人皆有之，贤者能勿丧耳。一箪食，一豆羹，得之则生，弗得则死。嘑㉚尔而与之，行道之人勿受；蹴尔而与之，乞人不屑也。万钟，则不辨礼义而受之。万钟于我何加焉！为宫室之美，妻妾之奉，所识穷乏者得㉛我与？乡为身死而不受，今为宫室之美为之；乡为身死而不受，今为妻妾之奉为之；乡为身死而不受，今为所识穷乏者得我而为之；是亦不可以已乎！此之谓失其本心！"（《告子》上）

㉚嘑，怒声咄叱也。㉛得，与德通。

人性皆可以为善，而卒至于不善者，"自暴自弃"，一也；"失其本心"，二也。自暴自弃，则不足以有为者也；失其本心，则不能善为扩充者也。本心者，其本可以为善之心也。

孟子曰："仁，人心也；义，人路也。舍其路而勿由，放其心而不知求，哀哉！人有鸡犬放，则知求之，有放心

而不知求。学问之道无他，求其放心而已矣。"（《告子》上）

焦循曰："前言'放其良心'，'失其本心'，'操则存，舍则亡'，'贤者能勿丧'，盖所以放之、失之、舍之、丧之者，由于不能操之，所以不能求之也。何以操之？惟在学问而已。学问，即《中庸》所谓'博学之，审问之'，《论语》所谓'博学而笃志，切问而近思'，孔子所云'好古敏求'，孟子所云'诵《诗》读《书》'。圣人教人学以聚之、问以辨之者，无有他意，不过以此求其放心而已。"顾炎武《日知录》云："'学问之道无他，求其放心而已矣。'然则但求放心，可不必于学问乎？与孔子之言'吾尝终日不食，终夜不寝，以思，无益，不如学也'者，何其不同邪？他日又曰：'君子以仁存心，以礼存心。'是所存者，非空虚之心也。夫仁与礼，未有不学问而能明者也。孟子之意，盖曰能求放心，然后可以学问。'使弈秋诲二人弈，其一人专心致志，惟弈秋之为听；一人虽听之，一心以为有鸿鹄将至，思援弓缴而射之。虽与之俱学，弗若之矣。'此放心而不知求者也。然但知求放心而未尝穷中罾之方，悉雁行之势，亦必不能从事于弈。"今按：顾、焦二氏之说，皆足以发明孟子之意。盖孟子所谓性善者，在本乎吾心之所固有，极乎人道之所可能。非反而求诸心，则其为善不信；非学问以求之人，则其为善不大。人必学问，而后知尧舜之为善；人必反求诸己，而后知尧舜之所以为善者，于吾乃固有之也。故学问之与求放心，乃合内外而一之之道也。程子曰："心至重,鸡犬至轻,鸡犬放则知求之,心放则不知求。岂爱其至轻而忘其至重哉?勿思而已矣。"今按:"勿思"与"勿为"者,吾人不能为善之二大病源也。勿思则不知轻重大小;不知轻重大小,则不能扩充其善端,循至失其本心而为恶人之归矣。故孟子所谓"求其放心"者,亦指其可以为善之心而言也。

孟子曰:"今有无名[32]之指,屈而不信[33],非疾痛害事也。如有能信之者,则不远秦楚之路,为指之不若人也。指不若人,则知恶之;心不若人,则不知恶。此之谓不知类[34]也。"(《告子》上)

[32]手之第四指。[33]信同伸。[34]言其不知轻重之等。

孟子曰:"拱把[35]之桐梓,人苟欲生之,皆知所以养之者;至于身而不知所以养之者,岂爱身不若桐梓哉?弗思甚也!"(《告子》上)

[35]拱,两手所围。把,一手所握。

孟子曰:"人之于身也兼所爱;兼所爱,则兼所养也。无尺寸之肤不爱焉,则无尺寸之肤不养也。所以考其善不善者,岂有他哉?于己取之而已矣。体有贵贱,有大小,无以小害大,无以贱害贵。养其小者为小人,养其大者为大人。今有场师[36],舍其梧槚,养其樲棘[37],则为贱场师焉。养其一指而失其肩背而不知也,则为狼疾[38]人也。

饮食之人，则人贱之矣，为其养小而失大也。饮食之人无有失也，则口腹岂适㊴为尺寸之肤哉？"（《告子》上）

㊱治场圃者。㊲梧，桐也。槚，梓也。樲，酸枣也。棘，荆棘也。㊳狼疾，读为狼藉，纷错愦乱也。㊴适、啻，声相近，故古字或以适为啻。岂适，犹云不止也。

公都子问曰："钧是人也，或为大人，或为小人，何也？"孟子曰："从其大体为大人，从其小体为小人。"曰："钧是人也，或从其大体，或从其小体，何也？"曰："耳目之官不思而蔽于物，物交物，则引之而已矣。心之官则思，思则得之，不思，则不得也。此天之所与我者。先立乎其大者，则其小者弗能夺也。此为大人而已矣。"（《告子》上）

程瑶田《通艺录》云："孟子谓'心之官则思，先立乎其大者'，谓心能主乎耳目，非离乎耳目之官而专致力于思；然则所谓'先立乎其大者'，舍视听言动无下手处也。"戴震《孟子字义疏证》云："耳之能听也，目之能视也，鼻之能臭也，口之知味也，物至而迎而受之者也。心之精爽，驯而至于神明也，所以主乎耳目百体者也。声之得于耳也，色之得于目也，臭之得于鼻也，味之得于口也，耳目百体之欲不得，则失其养，所谓养其小者也。理义之得于心也，耳目百体之欲之所受裁也，不得则失其养，所谓养其大者也。"今按：以上皆孟子勉人善用其心，而就一身之大小贵贱而言之也。

孟子曰："有天爵者，有人爵者。仁义忠信，乐善不倦，此天爵也；公卿大夫，此人爵也。古之人，修其天爵，而人爵从之。今之人，修其天爵，以要[40]人爵；既得人爵，而弃其天爵；则惑之甚者也。终亦必亡而已矣。"（《告子》上）

[40]要，求也。

孟子曰："欲贵者，人之同心也。人人有贵于己者，弗思耳。人之所贵者，非良贵也。赵孟之所贵，赵孟能贱之。《诗》云：'既醉以酒，既饱以德。'言饱乎仁义也，所以不愿人之膏粱[41]之味也。令闻广誉施于身，所以不愿人之文绣也。"（《告子》上）

[41]膏，肉之肥者；粱，食之精者。

此亦孟子勉人善用其心，而就身外之贵贱以言之也。

孟子曰："口之于味也，目之于色也，耳之于声也，鼻之于臭也，四肢之于安佚也，性也；有命焉，君子不谓性也。仁之于父子也，义之于君臣也，礼之于宾主也，智之于贤者也，圣人之于天道也，命也；有性焉，君子不谓命也。"（《尽心》下）

程子云："口耳目鼻四肢五者之欲，性也；然有分，不能皆如其愿，则是命也，不可谓我之所有而求必得之也。"朱子云：

"不能皆如其愿者,不止为贫贱;盖虽富贵之极,亦有品节限制,则是亦有命也。"戴震云:"谓者犹云借口。君子不借口于性以逞其欲,不借口于命之限之而不尽其材。"今按:以上皆孟子诫人以善用其心思气力,以尽之于此,而勿丧之于彼。此皆其教人"充之"之说也。

人能善择最高之标准,而孜孜焉勉以为之;又能反求诸己,而知此标准为吾心之所固有、所可能,而慎思焉,以即吾心而充之;则孟子性善之旨也。读者求明孟子性善之说,当努力于此二者,以求自证自悟焉。若以空论反覆,则终不足以明孟子性善之说也。

第六章 孟子之修养论

孟子主张性善之精神,既在提高吾人向往之标准,而促起吾人之努力;则其论吾人之修养者,当亦无越此旨。以其发扬蹈厉,足资警策,故复再为抄撮,以备学者之时诵而熟玩焉。

孟子曰:"孔子登东山而小鲁,登泰山而小天下。故观于海者难为水,游于圣人之门者难为言。观水有术,必观其澜①。日月有明,容②光必照焉。流水之为物也,不盈科③不行;君子之志于道也,不成章不达。"(《尽心》上)
①澜,水中大波也。②苟有小隙可以容纳,则光必入而照也。③盈,满也;科,坎也。

所览大则意大,观小则志大,孟子教人当游于大观而存大志。陆象山所谓"要当轩昂奋发,莫恁地沉埋在卑陋凡下处",此最修养之要端也。

公孙丑:"道则高矣美矣,宜若登天然,似不可及也。何不使彼为可几及,而日孳孳也?"孟子曰:"大匠不为拙工改废绳墨,羿不为拙射变其彀率④。君子引而不发⑤,跃如也。中道而立,能者从之。"(《尽心》上)

④彀率,弯弓之限也。⑤引,引弓也;发,发矢也。

此章言君子教人,不容自贬,以徇学者之不能。但授之以学之之法,而不告以得之之妙。如射者之引弓而不发矢,然其所不告者,已如踊跃而见于前矣。此则有待于有志者之自勉也。

孟子曰:"天下有道,以道殉身⑥;天下无道,以身殉道。未闻以道殉乎人者也。"(《尽心》上)

⑥身出则道在必行也。

此子夏所谓"笃信好学,守死善道"之说也。必如是,而后可以谓志道之士矣。不则,则孔子之所谓乡愿,孟子之所谓妾妇也。

孟子曰:"羿之教人射,必志于彀⑦,学者亦必志于彀。

大匠诲人，必以规矩，学者亦必以规矩。"（《告子》上）

⑦彀，弓满也。

此所谓"彀"与"规矩"者，即吾所谓最高之标准也。

孟子曰："有为者，辟若掘井。掘井九轫⑧而不及泉，犹为弃井也。"（《尽心》上）

⑧轫与仞同，八尺曰仞。

吕氏曰："仁不如尧，孝不如舜，学不如孔子，终未入于圣人之域，终未至于大道，未免为半途而废，自弃前功也。"按：此亦孟子戒人必以最高标准为勉力向往之终极也。

孟子曰："君子深造之以道，欲其自得之也。自得之，则居之安；居之安，则资之深；资之深，则取之左右逢其原。故君子欲其自得之也。"（《离娄》下）

深造者，朱子云："进而不已之意。"此在吾之努力也。道则在外之标准也。自得之，则自我之与标准，䜣合而为一矣。即所谓自证之而自悟之也。焦循云："虽生知之圣，必读书好古。既由博学，而深造之以道，则能通古圣之道，而洞达其本原，而古圣之道与性相融；此自得之，所谓如性自有之也。故居之安。既自得而居之安，则取古圣之道，即取乎吾之性，

孟子要略　247

非浅袭于口耳之间,非强拟于形似之迹,故资之深也。"夫若是,则在外之标准,即在我之性情,故取之左右逢其源;以其源在于我之性情,而无需乎远求也。然苟忘其深造之努力而空言性情,则必失之矣。此熟复于上章性善之论者,必能明此意也。

徐子曰:"仲尼亟称于水,曰:'水哉!水哉!'何取于水也?"孟子曰:"原泉混混,不舍昼夜,盈科而后进,放乎四海。有本者如是,是之取尔。苟为无本,七八月之间,雨集,沟浍皆盈;其涸也,可立而待也。故声闻过情⑨,君子耻之。"(《离娄》下)

⑨情,实也。

此章所谓"有本",即前章所谓"逢源"。吾人虽有高志远意,而不能反身切己,自性情中发露,则皆犹无本之水也。

孟子曰:"待文王而后兴者,凡民也。若夫豪杰之士,虽无文王犹兴。"(《尽心》上)

朱子云:"兴者,感动奋发之意。"凡民视风气为转移,故文武兴则民好仁,幽厉兴则民好暴。惟豪杰之士,高视远瞩,慨然发其有为之志。特立独行,不为俗移,故能转世风而易人心也。否则狂澜莫挽,滔滔无极,而乱世无复兴之望矣。

此所以有贵于豪杰之自兴也。

以上论志道自得。

孟子曰:"人不可以无耻,无耻之耻,无耻矣。"(《尽心》上)

赵岐曰:"人能耻己之无所耻,是能改行从善之人,终身无复有耻辱之累矣。"故凡有志于道,不可不先知有耻。顾亭林有言:"愚所谓圣人之道者,曰'博学于文',曰'行己有耻'。自一身以至于天下国家,皆学之事也。自子臣弟友以至出入往来辞受取与之间,皆有耻之事也。耻之于人大矣。不耻恶衣食,而耻匹夫匹妇之不被其泽。故曰:'万物皆备于我矣,反身而诚。'士而不先言耻,则为无本之人。非好古而多闻,则为空虚之学。以无本之人,而讲空虚之学,吾见其日从事于圣人,而去之弥远也。"(《与友人论学书》)

孟子曰:"耻之于人大矣。为机变之巧者,无所用耻焉。不耻不若人,何若人有?"(《尽心》上)

彼人也,我亦人也,彼能是,我何为不能是?是耻不若人者也。不耻不若人,则自暴自弃,终无若人之望矣。为机变之巧者,以诈伪为得计,而不知真实为人者也。不知真实为人,则亦无所用其耻心矣。此孟子深教人以明耻也。

齐人有一妻一妾而处室者,其良人⑩出,则必餍酒肉而后反。其妻问所与饮食者,则尽富贵也。其妻告其妾曰:"良人出,则必餍酒肉而后反;问其与饮食者,尽富贵也;而未尝有显者来。吾将瞷良人之所之也。"蚤起,施⑪从良人之所之。遍国中,无与立谈者。卒之东郭墦⑫间之祭者,乞其余;不足,又顾而之他;此其为餍足之道也。其妻归,告其妾曰:"良人者,所仰望而终身也,今若此!"与其妾讪⑬其良人,而相泣于中庭;而良人未之知也,施施⑭从外来,骄其妻妾。由君子观之,则人之所以求富贵利达者,其妻妾不羞也而不相泣者,几希矣。《离娄》下)

⑩良人,夫也。⑪施,与迤通。⑫墦,冢也。东郭墦间,郭外冢也。⑬讪,怨詈也。⑭施施,喜悦自得之貌。

赵岐曰:"世之求富贵者,皆以枉曲之道,昏夜乞哀以求之,而以骄人于白日,与斯人何以异?"盖人之丧其廉耻而不知羞者,其先皆由贪求富贵之一念来也。

孟子曰:"饥者甘食,渴者甘饮,是未得饮食之正也,饥渴害之也。岂惟口腹有饥渴之害?人心亦皆有害。人能无以饥渴之害为心害,则不及人不为忧矣。"(《尽心》上)

朱子云:"口腹为饥渴所害,故于饮食不暇择而失其正味;人心为贫贱所害,故于富贵不暇择而失其正理。人能不以贫贱之故而动其心，则过人远矣。"是亦"志道者勿耻恶衣恶食"之说也。

> 孟子曰："古之贤王，好善而忘势；古之贤士，何独不然？乐其道而忘人之势。故王公不致敬尽礼，则不得亟见之。见且犹不得亟，而况得而臣之乎？"（《尽心》上）

此即"饱乎仁义所以不愿膏粱"之义也。故凡不忘势利而丧其耻心者，皆不能志道乐道之徒也。

> 孟子曰："说大人⑮，则藐之，勿视其巍巍然。堂高数仞，榱题⑯数尺，我得志，弗为也。食前方丈，侍妾数百人，我得志，弗为也。般乐饮酒，驱骋田猎，后车千乘，我得志，弗为也。在彼者，皆我所不为也。在我者，皆古之制也。吾何畏彼哉！"（《尽心》下）
> ⑮大人，谓当时之尊贵者。⑯榱，桷也。题，头也。

此言人能以道自守，无希慕富贵之心，乃得舒展无畏，自尽其意也。诸葛武侯云"澹泊明志"，即此意矣。

> 孟子谓宋句践曰："子好游乎？吾语子游！人知之，亦嚣嚣⑰；人不知，亦嚣嚣。"曰："何如斯可以嚣嚣矣？"曰："尊德乐义，则可以嚣嚣矣。故士穷不失义，达不离道。

穷不失义,故士得己⑱焉;达不离道,故民不失望焉。古之人,得志,泽加于民;不得志,修身见于世。穷则独善其身,达则兼善天下。"(《尽心》上)

⑰嚣嚣,无欲自得之貌。⑱言不失己也。

此言尊德乐义,则有以自守,而不慕乎外荣;然后能不以贫贱而移,不以富贵而淫,而后可以善其身而行其道也。

孟子曰:"养心莫善于寡欲。其为人也寡欲,虽有不存焉者寡矣;其为人也多欲,虽有存焉者寡矣。"(《尽心》下)

朱子云:"欲,如耳目口鼻四肢之欲,虽人之所不能无,然多而不节,未有不失其本心者。学者所当深戒也。"

孟子曰:"人有不为也,而后可以有为。"(《离娄》下)

有不为者,以知所耻也。不知所耻,则不足以有为矣。

孟子曰:"无为其所不为,无欲其所不欲,如此而已矣。"(《尽心》上)

无为其所不为,知耻也;无欲其所不欲,不贪也。人能知耻不贪,庶乎可以得其本心,而无叛于道矣。充其羞恶之心,而义不可胜用,故曰"如此而已"也。

以上论知耻寡欲。

> 王子垫问曰:"士何事?"孟子曰:"尚志。"曰:"何谓尚志?"曰:"仁义而已矣。杀一无罪,非仁也;非其有而取之,非义也。居恶在?仁是也。路恶在?义是也。居仁由义,大人之事备矣。"(《尽心》上)

此志道之极则也。孟子又曰:"伯夷、伊尹、孔子,行一不义,杀一不辜,而得天下,不为也。"是即尚志之最高模范也。夫使行一不义,杀一无辜,而可以得天下,犹且不为;则其无往而不居仁由义可知也。

> 孟子曰:"人之所不学而能者,其良能也;所不虑而知者,其良知也。孩提之童,无不知爱其亲也;及其长也,无不知敬其兄也。亲亲,仁也;敬长,义也。无他,达之天下也。"(《尽心》上)

> 孟子曰:"道在迩而求诸远,事在易而求诸难;人人亲其亲,长其长,而天下平。"(《离娄》上)

赵岐曰:"道在近而患人求之远也,事在易而苦人求之难也;谓不亲其亲,不长其长,故其事远而难也。"

孟子曰:"仁之实,事亲是也;义之实,从兄是也。智之实,知斯二者弗去是也。礼之实,节文斯二者是也。乐之实,乐斯二者。乐则生矣,生则恶可已也。恶可已,则不知足之蹈之,手之舞之。"(《离娄》上)

朱子云:"此章言事亲从兄良心真切,天下之道皆原于此也。"

孟子曰:"矢人,岂不仁于函⑲人哉?矢人惟恐不伤人,函人惟恐伤人。巫匠亦然。故术不可不慎也。孔子曰:'里仁为美,择不处仁,焉得智?'夫仁,天之尊爵也,人之安宅也。莫之御而不仁,是不智也。不仁不智,无礼无义,人役也。人役而耻为役,由⑳弓人而耻为弓,矢人而耻为矢也。如耻之,莫如为仁。仁者如射,射者正己而后发,发而不中,不怨胜己者,反求诸己而已矣。"(《公孙丑》上)

⑲函,甲也。⑳由,同犹。

此章戒人慎所择。

孟子曰:"君子所以异于人者,以其存心也。君子以仁存心,以礼存心。仁者爱人,有礼者敬人。爱人者,人恒爱之;敬人者,人恒敬之。有人于此,其待我以横逆,则君子必自反也:我必不仁也,必无礼也。此物奚宜至哉?其自反而仁矣,自反而有礼矣,其横逆由是也,君子必自反也:我必不忠。自反而忠矣,其横逆由是也,君子曰:'此亦妄人也已矣!如此,则与禽兽奚择哉?于禽兽又何难焉?'是故君子有终身之忧,无一朝之患也。乃若所忧,则有之。舜人也,我亦人也。舜为法于天下,可传于后世,我由未免为乡人也;是则可忧也。忧之如何?如舜而已矣。若夫君子所患则亡矣。非仁,无为也;非礼,无行也。如有一朝之患,则君子不患矣。(《离娄》下)

此章教人择善而固执也。

孟子曰:'爱人不亲反其仁,治人不治反其智,礼人不答反其敬。行有不得者,皆反求诸己。其身正,而天下归之。《诗》云:'永言配命,自求多福。'"(《离娄》上)

此章教人自反,非自反则不能固执乎其善矣。

《荀子·法行篇》:曾子曰:"同游而不见爱者,吾必不仁也;交而不见敬者,吾必不长也;临财而不见信者,吾必不信也。三者在身,曷怨人?怨人者穷,怨天者无识。失之己而反诸人,岂不亦迂哉?"亦即孟子此章之意也。

孟子曰:"居下位,而不获于上,民不可得而治也。

获于上有道，不信于友，弗获于上矣。信于友有道，事亲弗悦，弗信于友矣。悦亲有道，反身不诚，不悦于亲矣。诚身有道，不明乎善，不诚其身矣。是故诚者，天之道也；思诚者，人之道也。至诚而不动者，未之有也。不诚，未有能动者也。"（《离娄》上）

《礼记·中庸》云："诚者，天之道也；诚之者，人之道也。诚者，不勉而中，不思而得，从容中道，圣人也。诚之者，择善而固执之者也。博学之，审问之，慎思之，明辨之，笃行之。有弗学，学之弗能弗措也；有弗问，问之弗知弗措也；有弗思，思之弗得弗措也；有弗辨，辨之弗明弗措也；有弗行，行之弗笃弗措也。人一能之，己百之；人十能之，己千之。果能此道矣，虽愚必明，虽柔必强。"今按：此论"诚之"之道，最为详尽。而孟子专言思者，赵佑云："统所知所行而归重言之，明示人反求诸身为诚身之要。惟思故能择善，惟思故能固执。君子无往而不致其思，无思而不要于诚。孟子尝警人之勿思，而教以思则得之，先立乎其大也。"诚者，实有之也。人实有此性，性实有此善，故曰"诚者天之道"。人能择善固执，使之实有诸己，故曰"人之道"。焦循云："惟天实授我以善，而我乃能明；亦惟我实有此善，而物乃可动。诚则明，明生于天道之诚；明则诚，诚又生于人道之思诚也。"此章发明性善之旨，学者所当深玩也。

孟子曰:"万物皆备于我矣。反身而诚,乐莫大焉。强恕而行,求仁莫近焉。"(《尽心》上)

此章与前章相发明。万物皆备于我,如仁义礼智之发于四端也。强恕而行,即明善求仁之道,即"诚之"之要道也。以上论明善诚身。

孟子曰:"尽其心者,知其性也。知其性,则知天矣。存其心,养其性,所以事天也。夭寿不贰,修身以俟之,所以立命也。"(《尽心》上)

心者,身之主也。非极吾心之善端,则不知性之善也;故曰:"尽其心者,知其性也。"性为天之所赋于我者,非知我之性,则不足以知天;故曰:"知其性,则知天矣。"心不存则放,性不养则戕,我之心性赋于天,故存心、养性所以事天也。夫极乎我心之量,而达乎性之至善,任则至重也,道则至远也,死而后已者也;故夭寿不贰,修身以俟之矣。此虽天之所以命我者,而尤贵乎我之能自立其命,此之谓"立命"也。此章可谓孟子论修养之大纲极则也。

孟子曰:"莫非命也,顺受其正。是故知命者,不立乎岩墙之下。尽其道而死者,正命也;桎梏死者,非正命也。"(《尽心》上)

此章承上章所以立命而详言之。孟子又曰："生我所欲也，义亦我所欲也；二者不可得兼，舍生而取义者也。"今有义不可以生，而背义以求全者，此之谓失其本性。谓不知性，即为不知命也。然使义可以生，而自致于死不能全生者，是未尽吾道而死；死于桎梏，死于岩墙之下，亦非知命也。故非尽其心尽其道者，皆非顺受，皆非正命也。焦循云："君子以行道安天下为心，天下之命，立于君子。百姓之饥寒困于命，君子立命，则尽其心使之不饥不寒；百姓之愚不肖困于命，君子立命，则尽心使之不愚不肖。口体耳目之命，已溺已饥者操之也；仁义礼智之命，劳来匡直者操之也。皆尽其心也，所谓立命也。俗以任运之自然为知命，将视天下之饥寒愚不肖而不必尽其心，且自死于桎梏，自死于岩墙之下，而莫知避也。"顾亭林云："天下兴亡，匹夫有责。"亦此意也。

孟子曰："求则得之，舍则失之，是求有益于得也，求在我者也。求之有道，得之有命，是求无益于得也，求在外者也。"（《尽心》上）

孟子云："有道，不可妄求也；有命，不可必得也。"今按：此亦申述前两章之义也。

孟子曰："君子有三乐，而王天下不与存焉。父母俱存，兄弟无故，一乐也。仰不愧于天，俯不怍于人，二乐也。

得天下英才而教育之,三乐也。君子有三乐,而王天下不与存焉。"(《尽心》上)

林氏曰:"此三乐者,一系于天,一系于人,其可以自致者,惟不愧不怍而已。学者可不勉哉!"

孟子曰:"广土众民,君子欲之,所乐不存焉。中天下而立,定四海之民,君子乐之,所性不存焉。君子所性,虽大行不加焉,虽穷居不损焉,分定故也。君子所性,仁义礼智根于心。其生色也睟然,见于面,盎于背,施于四体,四体不言而喻。"(《尽心》上)

朱子曰:"此章言君子固欲其道之大行,然其所得于天者,则不以是而有所加损也。"

以上论尽性知命。

上述孟子论修养,凡分四事:一曰志道自得,二曰知耻寡欲,三曰明善诚身,四曰尽性知命,皆与其性善之论相关。学者所当熟诵深思,身体而力行之,乃可以得其精意之所在也。

第七章 孟子尚论古先圣哲及自道为学要领

孟子论性善,既主建树一最高之标准,而即扩充吾心之所固有以为证合。则其自身为学之所向往者,固何在乎?此即就其书对于古先圣哲之所评骘高下趋舍从违,而可以得之。盖其书中凡所抗论古人,称述先民,娓娓乎言之,屡道而不厌者,皆足以征其平日精神志趣之所归,而可以见其为学用力之大端也。学者求识孟子学说之渊源,则于此亦不可不潜心焉。兹再类记其说如次:

> 孟子谓万章曰:"一乡之善士,斯友一乡之善士;一国之善士,斯友一国之善士;天下之善士,斯友天下之善士。以友天下之善士为未足,又尚①论古之人。颂②其诗,读其书,不知其人可乎?是以论其世也,是尚友也。"(《万章》下)

①尚，上也。②颂、诵通，讽诵也。

焦循云："古人各生一时，则其言各有所当。惟论其世，乃能不执泥其言，亦不鄙弃其言。斯为能上友古人。孟子学孔子之时，得尧舜通变神化之用，故示人以论古之法也。"今按：孟子所以友古人者，乃在于友善也。非尽友天下之善，斯不足以竭吾心之善，故犹以当世为未足，而进取于古之人。其所以友之者，则亦不外乎吾心固有之善端。此所谓心性之共鸣，自与执泥而学步者不同也。

孟子曰："尧舜，性者也。汤武，反之也。动容周旋中礼，盛德之至也。哭死而哀，非为生者也。经③德不回④，非以干禄也；言语必信，非以正行也。君子行法以俟命而已矣。"
（《尽心》下）

③经，行也。④回，曲也。

焦循云："人性本善。尧舜生知，率性而行，自己为善者也；汤武以善自反其身，己身已安于善，然后加善于人。尧舜率性，固无所为而为；汤武反身而后及人，亦非为以善加人而始为善。此非尚论尧舜汤武也，为托于尧舜汤武者示之也。"今按：尧舜，上古之圣人也。汤武，中古之圣人也。中古之圣人，已有上古之圣人者立之标准，反其身而诚焉，故曰"反之"也。至于上古之圣人，其先更无为之立至善之标准者，则其修为以达于至善之境，胥出于其性分之所流露扩充而不能自已，为其良知良能之表现而自臻于圆满之地，而非有在外之标准以为之模范，故曰"性之"也。孟子特举上古、中古之两时代，而以尧舜汤武为之代表，以发明性善之旨。非谓尧舜之圣，必过于汤武。又非谓尧舜之性，可以不假修为，而自然至善；汤武则先亡其至善之性，乃假修为以复之也。今再举例以明之。孟子曰："上世有不葬其亲者，其亲死，举而委之于壑。他日过之，狐狸食之，蝇蚋姑嘬之。其颡有泚，睨而不视，归反蘽梩而掩之。"此即所谓"性之"也。又曰："古者棺椁无度，中古棺七寸，椁称之。自天子达于庶人，非直为观美，然后尽于人心。"此即所谓"反之"也。又如孩提之童，生而知爱其亲，敬其兄，则"性之"也；长而知亲亲之为仁，敬长之为义，则"反之"矣。故性之于反，乃人类善性开展自有之顺序，乃在于内外交互之间。"自诚明"则性也，"自明诚"则反也。一往一复，而吾心之善，乃益滋长发皇不可已。是皆出于吾人之修为，不得以不假修为为率性也。以尧舜为性之，汤武为反之者，此即孟子知人论世之所在也。

孟子曰："尧舜，性之也。汤武，身之也。五霸，假之也。久假而不归，恶知其非有也。"（《尽心》上）

此章"身之"与前章"反之"同义，即所谓"反身而诚，乐莫大焉"者也。"假之"者，假借其名，而非能反身而诚者也。

尧舜代表上世，汤武代表中世，五霸则入近世矣。上世之大人，本其性情而发为仁义；中世之大人，见上世之仁义而反悟其本身之性情，于是仁义遂为天下美。晚世之小人，乃借天下之所美以欺世。彼不知天下之所美者，即我之所有也，而何事于外借乎？然仁义，性情也。彼虽借之于外，苟能久而不归，则履行之久，内外交发，亦未尝不足以得其性情之真，而实见于仁义之美；则借而不归者，亦未始不可以为其有也。此孟子勉人之恕辞也。

孟子曰："舜之居深山之中，与木石居，与鹿豕游，其所以异于深山之野人者几希？及其闻一善言，见一善行，若决江河，沛然莫之能御也。"（《尽心》上）

舜为上古之圣人，当其时，无教育、无礼义，无圣法，而舜能自脱于野人，自启发其善心，以为后世至善之标准者，此孟子所谓"性之"也。然在舜之时，虽非先有圣人成法，以为至善之标准，而并时非无善也；深山之野人，亦自有其善言焉、善行焉，然而"行之而不著，习焉而不察，终身由之而不知其道者，众也"。（《尽心》上）舜则一有感触，即能激发其善心，而无所不通，而遂至于至善焉，而因以为后世为善者之标准焉。则舜之"性之"者，其实亦未尝不可谓非"反之"也。故自尧舜汤武言之，则尧舜为性之，汤武为反之；自尧舜与深山之野人言之，则尧舜为反之，而深山之野人则性之也。上世不葬其亲，有虆梩而掩之者，此即野人之善行也；至于圣人闻之，而后有棺椁之制焉，而后爱亲之善心，遂沛然如泉源之达而为江河，莫之能御矣。此孟子寓诸舜而发明其性善之理也。

孟子曰："子路，人告之以有过则喜；禹闻善言则拜。大舜有大焉，善与人同，舍己从人，乐取于人以为善；自耕稼陶渔以至为帝，无非取于人者。取诸人以为善，是与人为善也。故君子莫大乎与人为善。"（《公孙丑》上）

朱子曰："善与人同，公天下之善而不为私也。己未善，则无所系吝而舍以从人；人有善，则不待勉强而取之于己；此善与人同之目也。与，助也。取彼之善而为之于我，则彼益劝于为善矣，是我助其为善。能使天下之人皆劝于为善，君子之善，孰大于此？"今按：此章所谓舜之取于人以为善者，即前引"闻一善言，见一善行，若决江河，沛然莫之能御"之说也。原舜之所以能如此者，在见人之善，反身而诚，因以明我之善而已。《中庸》云："舜其大知也欤！舜好问而好察迩言，隐恶而扬善，执其两端，用其中于民。"此云两端者，一端为夫妇之愚，可以与知能行者也；其又一端，则虽圣人有所不知不能者也。即所谓善也。如爱亲敬长，不虑而知，不学而能，此即善之一端也；孝弟之道，极乎其至，可以尽性命，通鬼神，此又其一端也。今舜之"好问好察迩言"，即孟子所谓"取于人以为善",取其夫妇知能之一端也;及其若决江河,沛然莫之能御,而因以为大知、为大孝,则达之于彼端矣。而舜之教人,仍自其夫妇之所与知能行者以为教焉;仍自其爱亲敬长之不虑不学者以为教焉。使天下之人,循此以入乎孝弟之境,而因以明夫吾心之善。此即舜之"用其中于民",亦即其"与人为善"也。孟子曰:"恻隐之心,人皆有之。"此言其此一端也;又曰:"人皆可以为尧舜。"此言其彼一端也。孟子特取尧舜以为至善标准之代词耳,非谓尧舜已跻乎善之极端,而不容更有超乎其上者。盖自心地而言,则上古野人虆梩而掩其亲,亦至善也;自事业而言,则后世圣人之棺椁七寸,犹未可以为至善;此两端之说也。明乎两端,则可以识其中;识其中,则可以取诸人以为善,而与人为善矣。孟子亦寓诸舜以明其理也。

> 孟子曰:"人之所以异于禽兽者,几希?庶民去之,君子存之。舜明于庶物,察于人伦,由仁义行,非行仁义也。"(《离娄》下)

饮食男女,人有此性,禽兽亦有之,未尝异也;而今谓人之性善,异于禽兽者,正以有恻隐、羞恶、是非、辞让之心耳。庶民不知恻隐之心为善,因去之而为不仁;君子知之,故存其恻隐之心而遂为仁矣。是君子之于庶人,非善与恶之别,乃明与昧之分也。舜为大知,故明于庶物,察于人伦,既知仁义之为美，又识吾心之固善；因而存之，率由以行；故曰"由仁义行"也。庶民不知，圣人教之以仁义，尚不能反身而诚，知仁义之备于我，而因从圣人以为行，则是"行仁义"耳，非"由仁义行"也。故仁义虽出乎吾性，而由仁义行者，先贵乎明之也。反之而明，则知存之矣。

孟子曰："鸡鸣而起，孳孳为善者，舜之徒也。鸡鸣而起，孳孳为利者，跖之徒也。欲知舜与跖之分，无他，利与善之间也。"（《尽心》上）

程子曰："善与利，公私而已矣。"今按：即以孟子之言释之，则口之于味，目之于色，耳之于声，鼻之于臭，四肢之于安逸，皆利也；仁之于父子，义之于君臣，礼之于宾主，智之于贤者，圣人之于天道，皆善也。利者，发乎吾之欲，其营谋极乎我之身，其道将夺之人以益之己者也；善者，发乎吾之情，其事越乎我之体，其道将竭之己以献之人者也。故程子以公、私为判也。

孟子曰："天下大悦而将归己，视天下悦而归己犹草芥也，惟舜为然。不得乎亲，不可以为人；不顺乎亲，不可以为子。舜尽事亲之道而瞽瞍厎豫⑤，瞽瞍厎豫而天下化；瞽瞍厎豫而天下之为父子者定，此之谓大孝。"（《离娄》上）

⑤厎，致也；豫，乐也。瞽瞍，舜父名。

朱子云:"瞽瞍至顽,尝欲杀舜,至是而底豫,盖舜至此而有以顺乎亲矣。是以天下之为子者,知天下无不可事之亲,莫不勉而为孝,至于其亲亦底豫焉,则天下之父亦莫不慈,所谓化也。子孝父慈,各止其所,而无不安其位之意,所谓定也。为法于天下,可传于后世,非止一身一家之孝而已,此所以为大孝也。"今按:孟子言性善,征诸恻隐之心,又曰:"恻隐之心,仁之端也。""仁之实,事亲是也。"夫岂有不为孝子,而能为善人者?故孟子称论古人美德,尤重于孝,而以舜为大孝之标准也。

万章问曰:"舜往于田,号泣于旻天,何为其号泣也?"孟子曰:"怨慕也。"万章曰:"父母爱之,喜而不忘;父母恶之,劳而不怨。然则舜怨乎?"曰:"长息⑥问于公明高⑦曰:'舜往于田,则吾既得闻命矣;号泣于旻天,于父母,则吾不知也。'公明高曰:'是非尔所知也。'夫公明高以孝子之心,为不若是恝⑧。我竭力耕田,共为子职而已矣。父母之不我爱,于我何哉?帝使其子九男二女,百官牛羊仓廪备,以事舜于畎亩之中。天下之士,多就之者,帝将胥⑨天下而迁之焉。为不顺于父母,如穷人无所归。天下之士悦之,人之所欲也,而不足以解忧。好色,人之所欲,妻帝之二女,而不足以解忧。富,人之所欲,富有天下,而不足以解忧。贵,人之所欲,贵为天子,而不足以解忧。人悦之、好色、富、贵,无足以解忧者。

惟顺于父母,可以解忧。人少则慕父母,知好色则慕少艾⑩,有妻子则慕妻子,仕则慕君,不得于君则热中。大孝,终身慕父母。五十而慕者,予于大舜见之矣。"(《万章》上)

⑥公明高弟子。⑦曾子弟子。⑧恝,无愁之貌。此下"我竭力耕田"云云,即申上无愁之貌也。⑨胥,尽也。⑩艾,美好也。

此章发明舜之一片孝心,甚为真挚,读者即以反求诸心可也。万章与孟子论舜之孝行者尚多,以其事或未必尽有,而其理则尽于前引,故不复及。

孟子曰:"禹恶旨酒,而好善言。汤执中,立贤无方⑪。文王视民如伤⑫,望道而⑬未之见。武王不泄迩⑭,不忘远。周公思兼三王,以施四事⑮。其有不合者⑯,仰而思之,夜以继日;幸而得之,坐以待旦。"(《离娄》下)

⑪方,常也。⑫不忍动扰也。⑬而读为如。⑭泄,狎也。迩,近臣。⑮三代之王,禹汤文武四圣之事。⑯时异势殊,故其事或有不合,非思无以通变而神化之。

此孟子承舜而历叙群圣之美德也。其所举虽不同,然其忧勤惕厉之意,孜孜为善之心,则一也。

孟子曰:"舜生于诸冯,迁于负夏,卒于鸣条,东夷之人也。文王生于岐周,卒于毕郢,西夷之人也。地之相去也,千有余里;世之相后也,千有余岁。得志行乎中

国,若合符节。先圣后圣,其揆一也。"(《离娄》下)

舜与文王,同为边夷之人,无文化可言;其为至善行大道,可谓同出于性之也。宋儒陆象山云:"东海有圣人出焉,此心同也,此理同也。千百世之上,至千百世之下,有圣人出焉,此心此理,亦莫不同也。"即此章之义。前章所谓"其有不合"者,指时势之推移而言;此章之所谓"若合符节"者,指心性之圆成而言。学者合以观之,可以得论古友善之旨也。

万章问曰:"人有言:'伊尹以割烹要汤。'有诸?"孟子曰:"否!不然!伊尹耕于有莘之野,而乐尧舜之道焉。非其义也,非其道也,禄之以天下,弗顾也;系马千驷,弗视也。非其义也,非其道也,一介⑰不以与人,一介不以取诸人。汤使人以币聘之,嚣嚣然曰:'我何以汤之聘币为哉?我岂若处畎亩之中,由是以乐尧舜之道哉?'汤三使往聘之,既而幡然改曰:'与我处畎亩之中,由是以乐尧舜之道,吾岂若使是君为尧舜之君哉?吾岂若使是民为尧舜之民哉?吾岂若于吾身亲见之哉?天之生此民也,使先知觉后知,使先觉觉后觉也。予,天民之先觉者也,予将以斯道觉斯民也。非予觉之而谁也?'思天下之民,匹夫匹妇,有不被尧舜之泽者,若己推而内之沟中。其自任以天下之重如此。故就汤而说之以伐夏救民。吾未闻枉己而正人者也,况辱己以正天下者乎?

圣人之行不同也，或远或近⑱，或去或不去，归洁其身而已矣。吾闻其以尧舜之道要汤，未闻以割烹也。《伊训》⑲曰：'天诛造攻自牧宫，朕载自亳⑳。'"（《万章》上）

⑰同芥。⑱远，隐遁也；近，仕宦也。⑲《商书》逸篇名。⑳牧宫，桀宫也。造、载，皆始也。朕，我也。亳，殷都。言桀自有可讨之罪，而由我始其事于亳也。

此章以下，皆孟子反覆称道伊尹、伯夷、柳下惠之事，诵述数四。盖其精神留意之所在，学者当详玩焉者也。

孟子曰："圣人，百世之师也，伯夷、柳下惠是也。故闻伯夷之风者，顽夫廉㉑，懦夫有立志；闻柳下惠之风者，薄夫敦，鄙夫宽。奋乎百世之上，百世之下，闻者莫不兴起也，非圣人而能若是乎！而况于亲炙㉒之者乎！"（《尽心》下）

㉑顽钝，贪也。廉，棱洁也。㉒亲近，如亲炙之也。

孟子曰："伯夷非其君不事，非其友不友。不立于恶人之朝，不与恶人言；立于恶人之朝，与恶人言，如以朝衣朝冠坐于涂炭。推恶恶之心，思与乡人立，其冠不正，望望然去之，若将浼㉓焉。是故诸侯虽有善其辞命而至者，不受也。不受也者，是亦不屑就㉔已。柳下惠不羞污君，不卑小官；进不隐贤㉕，必以其道；遗佚而不怨，厄穷而不悯。故曰：'尔为尔，我为我，虽袒裼裸裎㉖于我侧，尔焉能浼我哉?'故由由然㉗与之偕,而不自失焉。援而止之而止。援而止之而止者,是亦不屑去已。"孟子曰:"伯夷隘,柳下惠不恭。隘与不恭,君子不由也。"(《公孙丑》上)

㉓浼,污也。㉔屑,赵岐曰:"洁也。"《说文》:"动作切切也。"不屑就,言不以就之为洁而切切于是也。不屑,今云不值得。㉕必竭其能也。㉖袒裼,露臂也;裸裎,露体也。㉗由由,自得之貌。

伯夷、柳下惠,孟子称之为圣人,可以为百世之师者也。何以又谓"伯夷隘,柳下惠不恭,君子不由"乎? 曰:夷、惠,圣人也;圣人之地位高,力量大,故以夷之清,不屑屑为不隘;以惠之和,不屑屑为必恭。君子无圣人之地位与力量,因之不敢由于隘与不恭焉。此孟子所谓"有伊尹之志则可,无伊尹之志则篡"者也。

孟子曰:"伯夷目不视恶色,耳不听恶声。非其君不事,非其民不使;治则进,乱则退。横政之所出,横民之所止,不忍居也。思与乡人处,如以朝衣朝冠坐于涂炭也。当纣之时,居北海之滨以待天下之清也。故闻伯夷之风者,顽夫廉,懦夫有立志。伊尹曰:'何事非君? 何使非民?'治亦进,乱亦进。曰:'天之生斯民也,使先知觉后知,使先觉觉后觉。予,天民之先觉者也,予将以此道觉此民也。'思天下之民,匹夫匹妇,有不与被尧舜之泽者,若己推而内之沟中。其自任以天下之重也。柳下惠不羞污君,不辞小官;进不隐贤,必以其道;遗佚而不怨,厄穷而不悯。与乡人处，由由然不忍去也。'尔为尔，我为我，虽袒裼裸裎于我侧，尔焉能浼我哉？'故闻柳下惠之风者，鄙夫宽，薄夫敦。孔子之去齐，接淅而行。去鲁，曰：'迟迟吾行也。'去父母国之道也。可以速而速，可以久而久，可以处而处，可以仕而仕，孔子也。"孟子曰："伯夷，圣之清者也；伊尹，圣之任者也；柳下惠，圣之和者也；孔子，圣之时者也。孔子之谓集大成㉘。集大成也者，金声而玉振之㉙也。金声也者，始条理也；玉振之也者，终条理㉚也。始条理者，智之事也；终条理者，圣之事也。智，譬则巧也；圣，譬则力也。由射于百步之外也，其至，尔力也；其中，非尔力也。"（《万章》下）

㉘成者，乐之一终。《书》："箫韶九成。" ㉙金，钟属；声，宣也。玉，磬也；振，收也。㉚条理，犹言脉络，指众音而言也。乐有八音，金、石、丝、竹、匏、土、革、木，而金、石为重；故并奏八音，则于其未作而先击镈钟，以宣其声；及其既阕而后击特磬，以收其韵也。

朱子曰："此言孔子集三圣之事，而为一大圣之事；犹作乐者，集众音之小成，而为一大成也。盖孔子巧力俱全，圣智兼备，三子则力有余而巧不足；故三子之行，各极其一偏，而孔子兼全于众理。所以偏者，由其蔽于始，是以缺于终；所以全者，由其知之至，是以行之尽。三子，犹春夏秋冬之各一其时，孔子则大和元气之流行于四时也。"今按：孟子尚论古人，于先莫如舜，于后莫如孔子。其称舜也常以善，而称孔子则以时。盖能推竭我心之善，使其发而时中焉，此圣之极则也。

万章问曰:"孔子在陈,曰:'盍归乎来!吾党之士狂简㉛,进取不忘其初。'孔子在陈,何思鲁之狂士?"孟子曰:"孔子不得中道而与之,必也狂狷乎?狂者进取,狷者有所不为也。孔子岂不欲中道哉!不可必得,故思其次也。""敢问何如斯可谓狂矣?"曰:"如琴张、曾晳、牧皮者,孔子之所谓狂矣。""何以谓之狂也?"曰:"其志嘐嘐然。曰:'古之人,古之人。'夷考其行,而不掩焉者也。狂者又不可得,欲得不屑不洁之士而与之,是狷也,是又其次也。孔子曰:'过我门而不入我室,我不憾焉者,其惟乡原㉜乎!乡原,德之贼也。'"曰:"何如斯可谓之乡原矣?"曰:"何以是嘐嘐也?言不顾行,行不顾言,则曰:'古之人,古之人㉝。'行何为踽踽凉凉?生斯世也,为斯世也善,斯可矣㉞。阉然㉟媚于世也者,是乡原也。"万章曰:"一乡皆称原人焉,无所往而不为原人,孔子以为德之贼,何哉?"曰:"非之,无举也;刺之,无刺也。同乎流俗,合乎污世。居之似忠信,行之似廉洁;众皆悦之,自以为是,而不可与入尧舜之道。故曰德之贼也。孔子曰:'恶似而非者。恶莠,恐其乱苗也;恶佞,恐其乱义也;恶利口,恐其乱信也;恶郑声,恐其乱乐也;恶紫,恐其乱朱也;恶乡原,恐其乱德也。'君子反经而已矣。经正则庶民兴;庶民兴,斯无邪慝矣。"(《尽心》下)

㉛狂简,谓志大而略于事。㉜原与愿同,谓谨愿之人也。㉝自"何以是嘐嘐也"至此,孟子摹述乡愿讥狂者之言。㉞自"行何为踽踽凉凉"至此,孟子摹述乡愿讥狷者之言。㉟阉然,深自闭藏之貌。

此章论中行与乡愿之辨,即犹如前论清之与隘、和之与不恭之辨也。盖清者有似于隘,和者有似于不恭,任者有似于热中,时者有似于乡愿。隘与不恭,君子不由;而乡愿尤为圣人所深斥。似是而非之间,学者所当深辨也。前章称孔子"可以仕而仕,可以处而处",即得乎进取与不为之时中也。故伊尹之自任以天下之重,即狂也;伯夷之不屑就,柳下惠之不屑去,皆狷也;孔子之时,则中行也。观于此,知狂狷之即可以为圣人,而中行之即为集狂狷之大成,明矣。后人不明狂狷之真义,故终不能为中行,而卒底于乡愿之归也。此其意,余曾详之于《论语要略》,当参看。

禹稷当平世,三过其门而不入;孔子贤之。颜子当乱世,居于陋巷,一箪食,一瓢饮,人不堪其忧,颜子不改其乐;孔子贤之。孟子曰:"禹稷颜回同道。禹思天下有溺者,由㊱己溺之也;稷思天下有饥者,由己饥之也;是以如是其急也。禹稷颜回,易地则皆然。今有同室之人斗者,救之,非被发缨冠而救之,可也。乡邻有斗者,被发缨冠而往救之,则惑也,虽闭户可也。"(《离娄》下)

㊱由,同犹。下同。

此孟子引禹稷颜子，以发明时中之义也。禹稷进取，偏于狂；颜子不为，偏于狷；皆圣人也。随所遭而处得其当，则皆中道也。

曾子居武城[37]，有越寇。或曰："寇至，盍去诸？"曰："无寓人于我室，毁伤其薪木！"寇退，则曰："修我墙屋，我将反！"寇退，曾子反。左右曰："待先生如此其忠且敬也，寇至则先去以为民望，寇退则反，殆于不可？"沈犹行[38]曰："是非汝所知也。昔沈犹有负刍[39]之祸，从先生者七十人，未有与焉。"子思居于卫，有齐寇。或曰："寇至，盍去诸？"子思曰："如伋去，君谁与守？"孟子曰："曾子、子思同道。曾子，师也，父兄也；子思，臣也，微也。曾子、子思，易地则皆然。"（《离娄》下）

[37]武城，鲁地。[38]沈犹行，曾子弟子。[39]负刍，作乱者。

此与前论禹稷颜子章同义。盖地位不同，时代有异，必明乎此而后可以适于中道也。

浩生不害问曰："乐正子，何人也？"孟子曰："善人也，信人也。""何谓善？何谓信？"曰："可欲之谓善，有诸己之谓信。充实之谓美，充实而有光辉之谓大，大而化之之谓圣，圣而不可知之之谓神。乐正子，二之中，四之下也。"（《尽心》下）

孟子要略　　275

此孟子因论乐正子之为人，而及于人格之品级也。人必为人之所可欲，而勿为人之所可恶，所谓善也。凡所谓善，皆实有之，如好好色，如恶恶臭；反身而诚，所谓信也。士能好乎善而有诸己，则居安资深，而美大圣神可以驯致。上下一理，惟在充扩。为圣为神，非别有他谬巧也。

鲁欲使乐正子为政。孟子曰："吾闻之，喜而不寐。"公孙丑曰："乐正子强乎？"曰："否。""有知虑乎？"曰："否。""多闻识乎？"曰："否。""然则奚为喜而不寐？"曰："其为人也好善。""好善足乎？"曰："好善优于天下，而况鲁国乎？夫苟好善，则四海之内，皆将轻千里而来告之以善。夫苟不好善，则人将曰：'訑訑[40]，予既已知之矣。'訑訑之声音颜色，距人于千里之外。士止于千里之外，则谗谄面谀之人至矣。与谗谄面谀之人居，国欲治，可得乎？"（《告子》下）

[40]訑，音移。訑訑，自足之貌。

此章论乐正子之为人，而归其本于好善也。好善之极，即如大舜之与人为善，乐取于人以为善矣。此即孟子友善之旨也。

公孙丑问曰："夫子加齐之卿相，得行道焉，虽由此霸王不异矣。如此，则动心否乎？"孟子曰："否，我四十不动心。"曰:"若是,则夫子过孟贲远矣。"曰:"是不难,告子先我不动心。"曰:"不动心有道乎?"曰:"有。北宫黝之养勇也,不肤挠,不目逃[41],思以一豪挫于人,若挞之于市朝。不受于褐宽博,亦不受于万乘之君。视刺万乘之君,若刺褐夫。无严[42]诸侯,恶声至,必反之。孟施舍之所养勇也,曰:'视不胜犹胜也。量敌而后进,虑胜而后会,是畏三军者也。舍岂能为必胜哉?能无惧而已矣。'孟施舍似曾子,北宫黝似子夏。夫二子之勇,未知其孰贤?然而孟施舍守约也。昔者曾子谓子襄曰:'子好勇乎?吾尝闻大勇于夫子矣。自反而不缩[43],虽褐宽博,吾不惴[44]焉;自反而缩,虽千万人,吾往矣。'孟施舍之守气,又不如曾子之守约也。"曰:"敢问夫子之不动心,与告子之不动心,可得闻与?""告子曰:'不得于言,勿求于心;不得于心,勿求于气[45]。'不得于心,勿求于气,可;不得于言,勿求于心,不可[46]。夫志,气之帅也;气,体之充也。夫志至焉,气次焉。故曰:持其志,无暴其气[47]。""既曰'志至焉,气次焉';又曰'持其志,无暴其气'者,何也!"曰:"志壹[48]则动气,气壹则动志也。今夫蹶者趋者,是气也,而反动其心。""敢问夫子恶乎长?"曰:"我知言[49],我善养吾浩然之气。""敢问何谓浩然之气?"曰:"难言也。其为气也,至大至刚以直,养而无害,则塞于天地之间。其为气也,配义与道。无是,馁也。是集义所生者,非义袭而取之也[50]。行有不慊于心,则馁矣[51]。

我故曰：告子未尝知义，以其外之也。必有事焉而勿正[52]，心勿忘，勿助长也。无若宋人然。宋人有悯其苗之不长而揠之者，芒芒然归，谓其人曰：'今日病矣，予助苗长矣。'其子趋而往视之，苗则槁矣。天下之不助苗长者寡矣。以为无益而舍之者，不耘苗者也；助之长者，揠苗者也；非徒无益，而又害之。""何谓知言？"曰："诐辞知其所蔽，淫辞知其所陷，邪辞知其所离，遁辞知其所穷[53]。生于其心，害于其政；发于其政，害于其事。圣人复起，必从吾言矣。""宰我、子贡，善为说辞；冉牛、闵子、颜渊，善言德行。孔子兼之，曰：'我于辞命，则不能也。'然则夫子[54]既圣矣乎？"曰："恶！是何言也！昔者子贡问于孔子曰：'夫子圣矣乎？'孔子曰：'圣则吾不能，我学不厌而教不倦也。'子贡曰：'学不厌，智也；教不倦，仁也。仁且智，夫子既圣矣。'夫圣，孔子不居。是何言也！""昔者窃闻之，子夏、子游、子张，皆有圣人之一体；冉牛、闵子、颜渊，则具体而微。敢问所安[55]？"曰："姑舍是！"曰："伯夷、伊尹何如？"曰："不同道。非其君不事，非其民不使，治则进，乱则退，伯夷也。何事非君，何使非民，治亦进，乱亦进，伊尹也。可以仕则仕，可以止则止，可以久则久，可以速则速，孔子也。皆古圣人也。吾未能有行焉。乃所愿，则学孔子也。""伯夷、伊尹于孔子，若是班[56]乎？"曰："否。自有生民以来，未有孔子也。"曰："然则有同与？"曰："有。得百里之地而君之，皆能以朝诸侯，有天下；

行一不义，杀一不辜，而得天下，皆不为也。是则同。”曰：“敢问其所以异？”曰：“宰我、子贡、有若，智足以知圣人，污(57)不至阿其所好。宰我曰：‘以予观于夫子，贤于尧舜远矣。’子贡曰：‘见其礼而知其政，闻其乐而知其德，由百世之后，等百世之王，莫之能违也。自生民以来，未有夫子(58)也。’有若曰：‘岂惟民哉！麒麟之于走兽，凤凰之于飞鸟，泰山之于丘垤，河海之于行潦，类也；圣人之于民，亦类也。出于其类，拔乎其萃，自生民以来，未有盛于孔子也。’”（《公孙丑》上）

㊶韩非作“不色桡，不目逃”，谓不肯以面色目光示弱于人也。㊷严，畏惮也。㊸缩，直也。㊹不惴，不加以惴惧也。㊺告子谓于言有所不达，则当舍置其言，而不必反求其理于心。于心有所不安，则当力制其心，而不必更求其助于气。此所以固守其心而不动之道也。㊻孟子既诵其言而断之也。㊼人固当敬守其志，亦不可不致养其气。盖内外本末，交相培养，此则孟子之心，所以未尝必其不动而自然不动之大略也。㊽壹，专一也。㊾知言，凡天下之言，皆识其是非得失之所以然也。㊿养气之始，乃由事皆合义，自反常直，是以无所愧怍，而此气自然发生于中；非由只行一事偶合于义，便可掩袭于外而得之也。(51)慊，快也，足也。言所行有一不合于义，而自反不直，则不足于心，而其体有所不充矣。(52)正，预期也。(53)诐，偏陂；淫，放荡；邪，邪僻；遁，逃避。(54)此夫子指孟子。此一节又公孙丑之问也。(55)此一节亦丑之问。(56)班，齐等也。(57)污，污世也。言当污世，是非不公，独此三人，不至阿其所好也。(58)言大凡见人之礼，则可以知其政；闻人之乐，则可以知其德。是以我从百世之后，差等百世之王，无有遁其情，而见其皆莫若夫子之盛也。

此章孟子自道生平向慕，愿学孔子，而自述工夫得力在知言与养气也。

孟子曰："由尧舜至于汤，五百有余岁，若禹、皋陶则见而知之，若汤则闻而知之。由汤至于文王，五百有余岁，若伊尹、莱朱[59]则见而知之，若文王则闻而知之。由文王至于孔子，五百有余岁，若太公望、散宜生则见而知之，若孔子则闻而知之。由孔子而来至于今，百有余岁。去圣人之世，若此其未远也；近圣人之居，若此其甚也。然而无有乎尔，则亦无有乎尔！"（《尽心》下）

[59] 莱朱，汤贤臣，或曰即仲虺。

此章历叙群圣之统，编之七章之末，盖孟子所以自识其为学之渊源也。

大学中庸释义

例 言

一、《大学》《中庸》二篇，本收《小戴礼记》中，宋儒始表章之。程颢作《中庸解》。至朱子定《大学》为曾子作，著《学》《庸》章句，取与《论》《孟》集注相配，称为四书。元明两代，咸宗朱子。清代亦相沿不变。朱子《论》《孟》集注、《学》《庸》章句，定为科举取士之标准。于是学者家弦户诵。朱子所定四书，遂取汉人五经之地位而代之。故欲治《学》《庸》，必取宋明儒者之说而兼治之。学者首当分别《学》《庸》之本义，与夫宋明儒者所表章之新义，其间或同或异，而不害于本义与新义之各有其价值，未可轻重而偏废也。

二、朱子分《大学》为一经十传，谓经一章，盖孔子之言，而曾子述之。传十章，则曾子之意，而门人记之。清儒戴震幼时，从塾师读《大学章句》，即问："朱子何时人？"师答："南宋。"又问："南宋隔孔子几何时？"师曰："几二千年矣。"又问："然则朱子在二千年后,何知二千年前之事?"其师无以答。《大学》固为曾子与其门人之言与否,今实无可考定。惟其书实似成于晚周战国之末,或秦人一天下之后。近复有疑其为汉武时人作者。今皆无证可资详说。惟古人著书,往往有不得其主名之人者。如《老子》非老聃作,在近世已成定论。《论语》不知记于谁何诸人之手,《孟子》殆亦非孟轲亲手一一所撰定。则《大学》虽不出于曾子,亦无害《大学》本身之价值。

三、朱子《大学章句》,分《大学》为一经十传。又于原文多所分析改移,复以己意为之增补,即所谓《大学补传》是也。朱子引程子之说,谓:"《大学》乃孔氏之遗书,而初学入德之门。于今可见古人为学次第者,独赖此篇之存,而《论》《孟》次之。学者必由是而学焉,则庶乎其不差。"然《大学》第一步入门工夫,所谓"致知在格物"者,据朱子意,其原文之传已逸,乃取程子之意而补之。故朱子《格物补传》,实为尊信程朱学者之圭臬。今纵谓朱子《补传》无当于《大学》原本之真相,然自朱子以来七百年,此《格物补传》固已与旧本《大学》凝成一体,已为一尽人必读之经典矣,固不应忽昧而不知。故本书备录朱子《章句》,使学者知宋以来相传之《大学》新本,与夫宋以来学者所以尊信阐述《大学》之用意。

四、顾朱子《大学章句》虽行世已久,然学者间固不绝反对,主复《大学》之旧本者。自明初方孝孺以下,最著者为王守仁。

下及清代，主尊古本，殆成学者间之定论。然坊间世俗则惟有朱子《章句》。承学之士，亦有仅知所谓《大学》古本之名，而竟不知《大学》古本之实者。本书爰特仍载《大学》古本，与朱子《章句》本并列，以备学者之对比参究。

五、本子之异同，章节之纷歧，其主要者在于释义之因而相违。宋明儒学界朱、王之对垒，其主要论锋，乃集中于《大学》一书。循致此下对"格物"一语之训释，明清两代，毋虑有数十家之多。故本书既列《大学》古本，并取阳明《大学问》一篇，又附录阳明《大学古本旁释》，借以见阳明所以阐述《大学》要旨之梗概。学者可以由是以窥朱、王两家之异见。至于详说而深究之，则两家全书具在，固非本篇所获逮也。

六、朱子定《大学》为曾子作，其说固无据。至谓《中庸》作于子思，此语远有本末。然夷考其实，《中庸》为晚出书之证甚显，其决非出于子思，亦无疑问。然其书为历代所重，别出单行而专为之作注者，其事亦不始于宋。相传此书分三十三篇，早见于《汉书·艺文志》。至程子始改定为三十七节。及朱子为《章句》，仍定为三十三章，然亦颇多以己意新定。至旧传分篇之可考者，惟郑玄《小戴礼记》注一种而已。郑氏分篇，既多可议；朱子所定章节，亦非无可非难。故后儒又多为之重定章节者。今仍一本朱子《章句》，而分别注明郑氏旧分篇次，庶学者有所比观，而自见其是非得失之所以然。

七、《中庸》虽晚出书，然陈义甚高，其为历代学者推重，固非偶然。然朱子句句而解，字字而说，必求其无一不与《语》《孟》要旨相吻合，则亦不免时有失者。要之，宋明儒学所陈精义，往往追溯《中庸》。今无论其为本书原义与否，而自经宋明儒学之揭示，则确有别开生面，为承学之士所不可忽者。本书爰仍一本朱注，偶删其枝节，而全录其大体。学者既可借此以进窥《中庸》之原旨，亦可由此而旁及宋学之渊微。苟善为体究，未尝不可一举而两得之。至于朱注之果得《中庸》原书本旨与否，则转成余事，可勿深辨。篇中除朱注外，并杂引郑玄旧注，亦欲使学者相互比观，借此以识汉、宋学术之分途。殊非为古人翘异同、争短长也。至于古今诸家，众说纷纭，则有待于学者之继此而深涉之，此概不及。

八、朱子定四书，论其时序先后，则孔、曾、思、孟；当以《论语》为首，《大学》次之，《中庸》又次之，而《孟子》为殿。顾朱子之意，《大学》既为开示学者为学次第，故首当先诵。次《论语》，次《孟子》，最后始及《中庸》。以其陈义深远，天人性命之渊微，非初学所能骤解也。然坊本传刻，则以《学》《庸》篇幅单薄，合为一册，幼童初入学塾，即先诵读；然后以次再及于《论》《孟》。故不期以《学》《庸》两篇连类并及焉。自今论之，《论》《孟》为考究孔孟思想之必要参考书，固无异论。至《学》《庸》两篇，其作者与成书年代，既在不可考知之列。又其书简短，语义或难确指，不若《论》《孟》之可即就本书，比类引申而求。故治古学、究儒术者，最先必当重《论》《孟》，然后再旁及于《学》《庸》。本书亦会合《学》《庸》自为一编，其用意则与从来坊刻仅就篇幅厚薄、字数多寡而联合刊之者不同，特此附识。

一　宋朱熹《大学章句》

子程子曰:"《大学》,孔氏之遗书,而初学入德之门也。"于今可见古人为学次第者,独赖此篇之存,而《论》《孟》次之。学者必由是而学焉,则庶乎其不差矣。

大学之道,在明明德,在亲①民,在止于至善②。
①程子曰:"亲,当作新。"②大学者,大人之学也。明,明之也。明德者,人之所得乎天,而虚灵不昧,以具众理而应万事者也。但为气禀所拘,人欲所蔽,则有时而昏。然其本体之明,则有未尝息者。故学者当因其所发而遂明之,以复其初也。新者,革其旧之谓也。言既自明其明德,又当推以及人,使之亦有以去其旧染之污也。止者,必至于是而不迁之意。至善,则事理当然之极也。言明明德、新民,皆当止于至善之地而不迁。盖必其有以尽夫天理之极,而无一毫人欲之私也。此三者,大学之纲领也。

知止而后③有定,定而后能静,静而后能安,安而后能虑,虑而后能得④。

③后,与後同。后仿此。(编辑注:注③繁体版为:"后,與後同。後放此。")
④止者,所当止之地,即至善之所在也。知之,则志有定向。静,谓心不妄动。安,谓所处而安。虑,谓处事精详。得,谓得其所止。

物有本末,事有终始。知所先后,则近道矣⑤。
⑤明德为本,新民为末。知止为始,能得为终。本始所先,末终所后。此结上文两节之意。

古之欲明明德于天下者,先治其国。欲治其国者,先齐其家。欲齐其家者,先修其身。欲修其身者,先正其心。欲正其心者,先诚其意。欲诚其意者,先致其知。致知在格物⑥。
⑥明德于天下者,使天下之人皆有以明其明德也。心者,身之所主也。诚,实也。意者,心之所发也。实其心之所发,欲其一于善,而无自欺也。致,推极也。知,犹识也。推极吾之知识,欲其所知无不尽也。格,至也。物,犹事也。穷至事物之理,欲其极处无不到也。此八者,《大学》之条目也。

物格而后知至。知至而后意诚。意诚而后心正。心正而后身修。身修而后家齐。家齐而后国治。国治而后天下平⑦。
⑦物格者,物理之极处无不到也。知至者,吾心之所知无不尽也。知既尽,则意可得而实矣。意既实,则心可得而正矣。修身以上,明明德之事也。齐家以下,新民之事也。物格知至,则知所止矣。意诚以下,则皆得所止之序也。

自天子以至于庶人，壹是皆以修身为本⑧。

⑧壹是，一切也。正心以上，皆所以修身也；齐家以下，则举此而措之耳。

其本乱而末治者，否矣。其所厚者薄，而其所薄者厚，未之有也⑨。

⑨本，谓身也。所厚，谓家也。此两节，结上文两节之意。

右经一章，盖孔子之言，而曾子述之。其传十章，则曾子之意，而门人记之也。旧本颇有错简，今因程子所定，而更考经文，别为序次如左⑩。（编辑注：此"右""左"字，原指繁体竖排版之右边和左边所引经文。后同。）

⑩凡传文杂引经传，若无统纪。然文理接续，血脉贯通，深浅始终，至为精密。熟读详味，久当见之，今不尽释也。

《康诰》曰："克明德⑪。"《大甲》曰："顾諟天之明命⑫。"《帝典》曰："克明峻德⑬。"皆自明也⑭。

⑪《康诰》，《周书》。克，能也。⑫大，读作太。諟，古是字。《大甲》，《商书》。顾，谓常目在之也。諟，犹此也，或曰审也。天之明命，即天之所以与我，而我之所以为德者也。常目在之，则无时不明矣。⑬《帝典》，《尧典》，《虞书》。峻，大也。⑭结所引书，皆言自明己德之意。

右传之首章，释明明德⑮。

⑮此通下三章，至"止于信"，旧本误在"没世不忘"之下。

汤之《盘铭》曰:"苟日新,日日新,又日新⑯。"《康诰》曰:"作新民⑰。"《诗》曰:"周虽旧邦,其命惟新⑱。"是故君子无所不用其极⑲。

⑯盘,沐浴之盘也。铭,名其器以自警之辞也。苟,诚也。汤以人之洗涤其心以去恶,如沐浴其身以去垢,故铭其盘。言诚能一日有以涤其旧染之污而自新,则当因其已新者而日日新之、又日新之,不可略有间断也。⑰鼓之舞之之谓作。言振起其自新之民也。⑱《诗》,《大雅·文王》之篇。言周国虽旧,至于文王,能新其德以及于民,而始受天命也。⑲自新、新民,皆欲止于至善也。

右传之二章,释新民。

《诗》云:"邦畿千里,惟民所止⑳。"《诗》云:"缗蛮黄鸟,止于丘隅。"子曰:"於止,知其所止,可以人而不如鸟乎㉑?"《诗》云:"穆穆文王,於缉熙敬止。"为人君,止于仁。为人臣,止于敬。为人子,止于孝。为人父,止于慈。与国人交,止于信㉒。《诗》云:"瞻彼淇澳,菉竹猗猗。有斐君子,如切如磋,如琢如磨。瑟兮僴兮!赫兮喧兮!有斐君子,终不可谖兮!"如切如磋者,道学也。如琢如磨者,自修也。瑟兮僴兮者,恂栗也。赫兮喧兮者,威仪也。有斐君子,终不可谖兮者,道盛德至善,民之不能忘也㉓。《诗》云:"於戏!前王不忘。"君子贤其贤而亲其亲,小人乐其乐而利其利,此以没世不忘也㉔。

⑳《诗》,《商颂·玄鸟》之篇。邦畿,王者之都也。止,居也。言物

各有所当止之处也。㉑缗,《诗》作绵。《诗》,《小雅·绵蛮》之篇。绵蛮,鸟声。丘隅,岑蔚之处。"子曰"以下,孔子说《诗》之辞,言人当知所当止之处也。㉒"於缉"之於,音乌。《诗》,《文王》之篇。穆穆,深远之意。於,叹美辞。缉,继续也。熙,光明也。敬止,言其无不敬而安所止也。引此而言圣人之止,无非至善,五者乃其目之大者也。学者于此,究其精微之蕴,而又推类以尽其余,则于天下之事,皆有以知其所止而无疑矣。㉓澳,《诗》作奥。菉,《诗》作绿。猗,叶韵音阿。喧,《诗》作咺。谖,《诗》作谖。恂,郑氏读作峻。《诗》,《卫风·淇澳》之篇。淇,水名。澳,隈也。猗猗,美盛貌。兴也。斐,文貌。切以刀锯,琢以椎凿,皆裁物使成形质也。磋以鑢锡,磨以沙石,皆治物使其滑泽也。治骨角者,既切而复磋之。治玉石者,既琢而复磨之。皆言其治之有绪,而益致其精也。瑟,严密之貌。僩,武毅之貌。赫喧,宣著盛大之貌。谖,忘也。道,言也。学,谓讲习讨论之事。自修者,省察克治之功。恂栗,战惧也。威,可畏也。仪,可象也。引《诗》而释之,以明明明德者之止于至善。道学、自修,言其所以得之之由。恂栗、威仪,言其德容表里之盛。卒乃指其实而叹美之也。㉔於戏,音呜呼。《诗》,《周颂·烈文》之篇。於戏,叹辞。前王,谓文武也。君子,谓其后贤后王。小人,谓后民也。此言前王所以新民者,止于至善,能使天下后世无一物不得其所。所以既没世而民思慕之,愈久而不忘也。此两节咏叹淫泆,其味深长,当熟玩之。

右传之三章,释止于至善㉕。

㉕此章内自引《淇澳》诗以下,旧本误在"诚意"章下。

子曰:"听讼,吾犹人也。必也使无讼乎?"无情者不得尽其辞,大畏民志。此谓知本㉖。

㉖犹人,不异于人也。情,实也。引夫子之言,而言圣人能使无实之人不敢尽其虚诞之辞。盖我之明德既明,自然有以畏服民之心志,故

讼不待听而自无也。观于此言，可以知本末之先后矣。

右传之四章，释本末㉗。

㉗此章旧本误在"止于信"下。

此谓知本㉘。

㉘程子曰："衍文也。"

此谓知之至也㉙。

㉙此句之上，别有阙文，此特其结语耳。

右传之五章，盖释格物致知之义，而今亡矣㉚。间尝窃取程子之意以补之，曰："所谓致知在格物者，言欲致吾之知，在即物而穷其理也。盖人心之灵，莫不有知；而天下之物，莫不有理。惟于理有未穷，故其知有不尽也。是以大学始教，必使学者即凡天下之物，莫不因其已知之理而益穷之，以求至乎其极。至于用力之久而一旦豁然贯通焉，则众物之表里精粗无不到，而吾心之全体大用无不明矣。此谓物格，此谓知之至也。"

㉚此章旧本通下章，误在经文之下。

所谓诚其意者，毋自欺也。如恶恶臭，如好好色，此之谓自谦，故君子必慎其独也㉛。小人闲居为不善，无所不至，见君子而后厌然，掩其不善而著其善。人之视己，如见其肺肝然,则何益矣。此谓诚于中,形于外,故君子必慎其独也㉜。曾子曰:"十目所视,十手所指,其严乎㉝!"富润屋,德润身,心广体胖,故君子必诚其意㉞。

㉛谦,读为慊。诚其意者,自修之首也。毋者,禁止之辞。自欺云者,知为善以去恶,而心之所发有未实也。慊,快也,足也。独者,人之所不知,而己所独知之地也。言欲自修者,知为善以去其恶,则当实用其力,而禁止其自欺。使其恶恶则如恶恶臭,好善则如好好色,皆务决去而求必得之,以自快足于己,不可徒苟且以徇外而为人也。然其实与不实,盖有他人所不及知,而己独知之者,故必谨之于此,以审其几焉。㉜闲居,独处也。厌然,消沮闭藏之貌。此言小人阴为不善而阳欲掩之,则是非不知善之当为与恶之当去也,但不能实用其力以至此耳。然欲掩其恶而卒不可掩,欲诈为善而卒不可诈,则亦何益之有哉!此君子所以重以为戒,而必谨其独也。㉝引此以明上文之意,言虽幽独之中,而其善恶之不可掩如此。可畏之甚也。㉞胖,安舒也。言富则能润屋矣,德则能润身矣。故心无愧怍,则广大宽平而体常舒泰,德之润身者然也。盖善之实于中而形于外者如此,故又言此以结之。

右传之六章,释诚意㉟。

㉟经曰:"欲诚其意,先致其知。"又曰:"知至而后意诚。"盖心体之明有所未尽,则其所发必有不能实用其力,而苟焉以自欺者。然或已明而不谨乎此,则其所明又非己有,而无以为进德之基。故此章之指,必承上章而通考之,然后有以见其用力之始终,其序不可乱,而功不可阙如此云。

所谓修身在正其心者,身有所忿懥,则不得其正。有所恐惧,则不得其正。有所好乐,则不得其正。有所忧患,则不得其正㊱。心不在焉,视而不见,听而不闻,食而不知其味㊲。此谓修身在正其心。

> ㊱程子曰:"身有之身当作心。"忿懥,怒也。盖是四者,皆心之用,而人所不能无者。然一有之而不能察,则欲动情胜,而其用之所行,或不能不失其正矣。㊲心有不存,则无以检其身。是以君子必察乎此,而敬以直之,然后此心常存,而身无不修也。

右传之七章,释正心修身㊳。

> ㊳此亦承上章以起下章。盖意诚则真无恶而实有善矣,所以能存是心以检其身。然或但知诚意,而不能密察此心之存否,则又无以直内而修身也。自此以下,并以旧文为正。

所谓齐其家在修其身者,人之其所亲爱而辟焉,之其所贱恶而辟焉,之其所畏敬而辟焉,之其所哀矜而辟焉,之其所敖惰而辟焉。故好而知其恶,恶而知其美者,天下鲜矣㊴。故谚有之曰:"人莫知其子之恶,莫知其苗之硕㊵。"此谓身不修,不可以齐其家。

> ㊴辟,读为僻。人,谓众人。之,犹于也。辟,犹偏也。五者在人,本有当然之则,然常人之情,惟其所向而不加审焉,则必陷于一偏而身不修矣。㊵谚,俗语也。溺爱者不明,贪得者无厌,是则偏之为害,而家之所以不齐也。

右传之八章,释修身齐家。

所谓治国必先齐其家者,其家不可教,而能教人者,无之。故君子不出家而成教于国。孝者,所以事君也。弟者,所以事长也。慈者，所以使众也㊶。《康诰》曰："如保赤子。"心诚求之，虽不中，不远矣。未有学养子而后嫁者也㊷。一家仁，一国兴仁。一家让，一国兴让。一人贪戾，一国作乱。其机如此。此谓一言偾事，一人定国㊸。尧舜帅天下以仁，而民从之。桀纣帅天下以暴，而民从之。其所令反其所好，而民不从。是故君子有诸己，而后求诸人；无诸己，而后非诸人。所藏乎身不恕，而能喻诸人者，未之有也㊹。故治国在齐其家㊺。《诗》云："桃之夭夭，其叶蓁蓁。之子于归，宜其家人。"宜其家人，而后可以教国人㊻。《诗》云："宜兄宜弟。"宜兄宜弟，而后可以教国人㊼。《诗》云："其仪不忒，正是四国。"其为父子兄弟足法，而后民法之也㊽。此谓治国在齐其家㊾。

㊶身修，则家可教矣。孝、弟、慈，所以修身而教于家者也。然而国之所以事君、事长、使众之道，不外乎此。此所以家齐于上，而教成于下也。㊷此引《书》而释之。又明立教之本不假强为，在识其端而推广之耳。㊸一人，谓君也。机，发动所由也。偾，覆败也。此言教成于国之效。㊹此又承上文"一人定国"而言。有善于己，然后可以责人之善；无恶于己，然后可以正人之恶。皆推己以及人，所谓恕也。不如是，则所令反其所好，而民不从矣。喻，晓也。㊺通结上文。㊻《诗》，《周南·桃夭》之篇。夭夭，少好貌。蓁蓁，美盛貌。兴也。之子，犹言是子，此指女子之嫁者而言也。妇人谓嫁曰归。宜，犹善也。㊼《诗》，《小雅·蓼萧》之篇。㊽《诗》，《曹风·鸤鸠》之篇。忒，差也。㊾此三引《诗》，皆以咏叹上文之事，而又结之如此。其味深长，最宜潜玩。

右传之九章,释齐家治国。

　　所谓平天下在治其国者,上老老而民兴孝,上长长而民兴弟,上恤孤而民不倍,是以君子有絜矩之道也[50]。所恶于上,毋以使下。所恶于下,毋以事上。所恶于前,毋以先后。所恶于后,毋以从前。所恶于右,毋以交于左。所恶于左,毋以交于右。此之谓絜矩之道[51]。《诗》云:"乐只君子,民之父母。"民之所好好之,民之所恶恶之,此之谓民之父母[52]。《诗》云:"节彼南山,维石岩岩。赫赫师尹,民具尔瞻。"有国者不可以不慎,辟则为天下僇矣[53]。《诗》云:"殷之未丧师,克配上帝。仪监于殷,峻命不易。"道得众则得国,失众则失国[54]。是故君子先慎乎德。有德此有人,有人此有土,有土此有财,有财此有用[55]。德者本也,财者末也[56]。外本内末,争民施夺[57]。是故财聚则民散,财散则民聚[58]。是故言悖而出者,亦悖而入;货悖而入者,亦悖而出[59]。《康诰》曰:"惟命不于常。"道善则得之,不善则失之矣[60]。《楚书》曰:"楚国无以为宝,惟善以为宝[61]。"舅犯曰:"亡人无以为宝,仁亲以为宝[62]。"《秦誓》曰:"若有一个臣,断断兮无他技,其心休休焉,其如有容焉。人之有技,若己有之。人之彦圣,其心好之,不啻若自其口出。实能容之,以能保我子孙,黎民尚亦有利哉!人之有技,媢嫉以恶之。人之彦圣,而违之俾不通。实不能容,以不能保我子孙,黎民亦曰殆哉⑥³!"唯仁人放流之,迸诸四夷,不与同中国。此谓唯仁人为能爱人,能恶人⑥⁴。见贤而不能举,举而不能先,命也。见不善而不能退,退而不能远,过也⑥⁵。好人之所恶,恶人之所好,是谓拂人之性,菑必逮夫身⑥⁶。是故君子有大道,必忠信以得之,骄泰以失之⑥⁷。生财有大道,生之者众,食之者寡,为之者疾,用之者舒,则财恒足矣⑥⁸。仁者以财发身,不仁者以身发财⑥⁹。未有上好仁,而下不好义者也。未有好义,其事不终者也。未有府库财,非其财者也⑦⁰。孟献子曰:"畜马乘,不察于鸡豚。伐冰之家,不畜牛羊。百乘之家,不畜聚敛之臣。与其有聚敛之臣,宁有盗臣。"此谓国不以利为利,以义为利也⑦¹。长国家而务财用者,必自小人矣。彼为善之。小人之使为国家,菑害并至。虽有善者,亦无如之何矣。此谓国不以利为利,以义为利也⑦²。

⑤⁰倍,与背同。老老,所谓老吾老也。兴,谓有所感发而兴起也。孤者,幼而无父之称。絜,度也。矩,所以为方也。言此三者,上行下效,捷于影响,所谓家齐而国治也。亦可以见人心之所同,而不可使有一夫之不获矣。是以君子必当因其所同,推以度物,使彼我之间各得分愿。则上下四旁,均齐方正,而天下平矣。⑤¹此覆解上文"絜矩"二字之义。如不欲上之无礼于我,则必以此度下之心,而亦不敢以此无礼使之。不欲下之不忠于我,则必以此度上之心,而亦不敢以此不忠事之。至于前后左右,无不皆然。则身之所处,上下四旁,长短广狭,彼此如一,而无不方矣。彼同有是心而兴起焉者,又岂有一夫之不获哉!所操者约,而所及者广,此平天下之要道也。故章内之意,皆自此而推之。⑤²《诗》,《小雅·南山有台》之篇。只,语助辞。言能絜矩而以民心

为己心，则是爱民如子，而民爱之如父母矣。㊿节，读为截。辟，读为僻。僇，与戮同。《诗》，《小雅·节南山》之篇。节，截然高大貌。师尹，周太师尹氏也。具，俱也。辟，偏也。言在上者人所瞻仰，不可不谨。若不能絜矩，而好恶徇于一己之偏，则身弑国亡，为天下之大戮矣。㊹仪，《诗》作宜。峻，《诗》作骏。《诗》，《文王》篇。师，众也。配，对也。配上帝，言其为天下君，而对乎上帝也。监，视也。峻，大也。不易，言难保也。道，言也。引《诗》而言此，以结上文两节之意。有天下者，能存此心而不失，则所以絜矩而与民同欲者，自不能已矣。㊺先慎乎德，承上文"不可不谨"而言。德，即所谓明德。有人，谓得众。有土，谓得国。有国则不患无财用矣。㊻本上文而言。㊼人君以德为外，以财为内，则是争斗其民，而施之以劫夺之教也。盖财者，人之所同欲，不能絜矩而欲专之，则民亦起而争夺矣。㊽外本内末故财聚，争民施夺故民散。反是，则有德而有人矣。㊾悖，逆也。此以言之出入，明货之出入也。自"先慎乎德"以下至此，又因财货以明能絜矩与不能者之得失也。㊿道，言也。因上文引《文王》诗之意而申言之，其丁宁反覆之意，益深切矣。㊶《楚书》，《楚语》。言不宝金玉，而宝善人也。㊷舅犯，晋文公舅狐偃，字子犯。亡人，文公时为公子，出亡在外也。仁，爱也。事见《檀弓》。此两节又明不外本而内末之意。㊸个，《书》作介。《秦誓》，《周书》。断断，诚一之貌。彦，美士也。圣，通明也。尚，庶几也。媢，忌也。违，拂戾也。殆，危也。㊹迸，读为屏，古字通用。迸，犹逐也。言有此媢嫉之人，妨贤而病国，则仁人必深恶而痛绝之。以其至公无私，故能得好恶之正如此也。㊺命，郑氏云："当作慢。"程子云："当作怠。"未详孰是。若此者，知所爱恶矣，而未能尽爱恶之道，盖君子而未仁者也。㊻菑，古灾字。拂，逆也。好善而恶恶，人之性也。至于拂人之性，则不仁之甚者也。自《秦誓》至此，又皆以申言好恶公私之极，以明上文所引《南山有台》《节南山》之意。㊼君子，以位言之。道，谓居其位而修己治人之术。发己自尽为忠，循物无违为信。骄者矜高，泰者侈肆。此因上所引《文王》《康诰》之意而言。章内三言得失，而语益加切，盖至此而天理存亡之几决矣。㊽吕氏大临曰："国

大学中庸释义　299

无游民,则生者众矣。朝无幸位,则食者寡矣。不夺农时,则为之疾矣。量入为出,则用之舒矣。"愚按:此因"有土有财"而言,以明足国之道,在乎务本而节用,非必外本内末,而后财可聚也。自此以至终篇,皆一意也。⑲发,犹起也。仁者散财以得民,不仁者亡身以殖货。⑳上好仁以爱其下,则下好义以忠其上。所以事必有终,而府库之财无悖出之患也。㉑孟献子,鲁之贤大夫仲孙蔑也。畜马乘,士初试为大夫者也。伐冰之家,卿大夫以上,丧祭用冰者也。百乘之家,有采地者也。君子宁亡己之财,而不忍伤民之力,故宁有盗臣,而不畜聚敛之臣。"此谓"以下,释献子之言也。㉒"彼为善之",此句上下,疑有阙文误字。自,由也。言由小人导之也。此一节深明以利为利之害,而重言以结之,其丁宁之意切矣。

右传之十章,释治国平天下㉓。

㉓此章之义,务在与民同好恶,而不专其利,皆推广絜矩之意也。能如是,则亲贤乐利,各得其所,而天下平矣。

凡传十章。前四章,统论纲领指趣;后六章,细论条目工夫。其第五章,乃明善之要;第六章,乃诚身之本。在初学尤为当务之急,读者不可以其近而忽之也。

按:朱子曰:"伊川旧日教人先看《大学》,那时未解说,而今有注解,觉大段分晓了,只在子细去看。"

又曰:"我(朱子自谓)平生精力,尽在此书。(指《大学章句》。)先须通此,方可读他书。"

其门人黄榦曰:"朱子《大学》,修改甚多,三四十年,日夜用功,不肯轻下;皆有深意寓乎其间。"

其门人陈淳曰:"朱子一生精力在是,至属纩而后绝笔,为义极精。"

据此,见朱子对《大学》一书用力之勤。故今欲通《大学》,仍当自朱子《章句》入手。今备列朱子《章句》原文,不别增注释。见仁见智,由学者之自得焉。

[附] 朱熹《大学章句》序

《大学》之书，古之大学所以教人之法也。盖自天降生民，则既莫不与之以仁义礼智之性矣；然其气质之禀，或不能齐，是以不能皆有以知其性之所有而全之也。一有聪明睿智能尽其性者出于其间，则天必命之以为亿兆之君师，使之治而教之，以复其性。此伏羲、神农、黄帝、尧、舜，所以继天立极；而司徒之职、典乐之官所由设也。三代之隆，其法浸备；然后王宫国都，以及闾巷，莫不有学。人生八岁，则自王公以下，至于庶人之子弟，皆入小学，而教以洒扫应对进退之节，礼乐射御书数之文。及其十有五年，则自天子之元子众子，以至公卿大夫元士之适子，与凡民之俊秀，皆入大学，而教之以穷理正心、修己治人之道。此又学校之教，大小之节，所以分也。夫以学校之设，其广如此；教之之术，其次第节目之详又如此；而其所以为教，则又皆本之人君躬行心得之余，不待求之民生日用彝伦之外。是以当世之人无不学，其学焉者，无不有以知其性分之所固有，职分之所当为，而各俛焉以尽其力。此古昔盛时，所以治隆于上，俗美于下，而非后世之所能及也。及周之衰，贤圣之君不作，学校之政不修，教化陵夷，风俗颓败。时则有若孔子之圣，而不得君师之位以行其政教，于是独取先王之法，诵而传之，以诏后世。若《曲礼》《少仪》《内则》《弟子职》诸篇，固小学之支流余裔；而此篇者，则因小学之成功，以著大学之明法，外有以极其规模之大，而内有以尽其节目之详者也。三千之徒，盖莫不闻其说，而曾氏之传独得其宗，于是作为传义，以发其意。及孟子没，而其传泯焉。则其书虽存，而知者鲜矣。自是以来，俗儒记诵词章之习，其功倍于小学而无用；异端虚无寂灭之教，其高过于大学而无实。其他权谋术数，一切以就功名之说，与夫百家众技之流，所以惑世诬民、充塞仁义者，又纷然杂出乎其间。使其君子不幸而不得闻大道之要，其小人不幸而不得蒙至治之泽。晦盲否塞，反覆沉痼，以及五季之衰，而坏乱极矣。天运循环，无往不复。宋德隆盛，治教休明。于是河南程氏两夫子出，而有以接乎孟氏之传。实始尊信此篇而表章之，既又为之次其简编，发其归趣；然后古者大学教人之法，圣经贤传之指，粲然复明于世。虽以熹之不敏，亦幸私淑而与有闻焉。顾其为书，犹颇放失。是以忘其固陋，采而辑之，间亦窃附己意，补其阙略，以俟后之君子。极知僭逾，无所逃罪，然于国家化民成俗之意，学者修己治人之方，则未必无小补云。淳熙己酉二月甲子新安朱熹序。

按：朱子此序，谓《大学》一篇，乃春秋以前大学所以教人之成法，其言固非古史之真相。然其根据《大学》篇文，而揭示一种教育理想，以示别于其所谓"记诵词章之习，虚无寂灭之教"，以及一切权谋术数、百家众技之所以就功名而惑世诬民者；则朱子此序所陈，实已包举宋明两代理学新儒之最高标的而无余矣。明代王阳明先生，虽于朱子《大学格物补传》未能首肯,而主张古本《大学》;然其发挥孔孟以来儒家理想中之教学规模,畅见于其《答顾东桥书》之末幅,所谓"拔本塞源"之论者,其言恺切深明,为阳明晚年绝大文字;而求其大体宗旨,亦无以甚异于朱子此序之所言也。惟朱子四书,明清两代悬为科举功令,家弦户诵。幼童初识字,即首读《大学章句》。因此司空见惯,习焉不察,或转觉其陈腐;而于其义蕴之高,影响之深,有昧失于不自知者。兹特附录于此,以便学者再事推阐,实不仅为研治宋明理学思想者所必读也。

二 大学古本①

大学之道,在明明德②,在亲民③,在止于至善④。知止而后有定⑤,定而后能静,静而后能安,安而后能虑,虑而后能得。物有本末,事有终始。知所先后,则近道矣。古之欲明明德于天下者,先治其国。欲治其国者,先齐其家。欲齐其家者,先修其身。欲修其身者,先正其心。欲正其心者,先诚其意。欲诚其意者,先致其知。致知在格物⑥。物格而后知至。知至而后意诚。意诚而后心正。心正而后身修。身修而后家齐。家齐而后国治。国治而后天下平。自天子以至于庶人,壹是皆以修身为本。其本乱而末治者,否矣。其所厚者薄,而其所薄者厚,未之有也。此谓知本,此谓知之至也。

①按:《大学》原列《小戴礼记》第四十二。此称古本,以示别于朱子新定之《章句》本而名也。②郑玄曰:"明明德,谓显明其至德也。"

陈澧(《东塾读书记》)曰:"《朱子语类》:光明正大者,谓之明德。此胜于虚灵不昧之说矣。"③王守仁曰:"亲,爱也。明明德亲民,犹言修己安百姓。"此据阳明《大学古本旁释》。下引各条,不标主名者皆是。④至善者,心之本体。尽其心之本体,谓之止至善。⑤知至善惟在吾心,则求之有定向。⑥郑玄曰:"格,来也。物,犹事也。其知于善深,则来善物;其知于恶深,则来恶物。言事缘人所好来也。"

按:此则说成"格物在致知"矣。可证"格物"一解,汉儒已失其义。阳明以"致良知"说《大学》"致知",其误亦在此。

心者身之主,意者心之发,知者意之体,物者意之用。如意用于事亲,即事亲之孝而格之,必尽夫天理,则吾心事亲之良知,无私欲之间,而得以致其知矣。知至,则意无所欺而诚矣。意诚,则心无所辟而正矣。

又按:"格物"一义,自明儒以下,纷纷无定论。孟子曰:"万物皆备于我。"古书如此物字甚多,如曰:"言有物而行有则。"又曰:"孝子不过乎物。"不过于物,即格物也。格物,即止于至善也。为人君止于仁,为人臣止于敬,此即君与臣之至善。在未能致知以前,尚未能真知其为至善之义,则变其辞曰格物。必待知之既至,然后知万物之皆备于我,然后知亲民即我固有之明德,而止于至善之意始诚。故曰:知止而后能定、能静、能安、能虑、能得也。

所谓诚其意者,毋自欺也⑦。如恶恶臭,如好好色,此之谓自谦,故君子必慎其独也。小人闲居为不善,无所不至,见君子而后厌然,掩其不善而著其善。人之视己,如见其肺肝然,则何益矣⑧。此谓诚于中,形于外,故君子必慎其独也。曾子曰:"十目所视,十手所指,其严乎⑨!"富润屋,德润身⑩,心广体胖,故君子必诚其意。《诗》云⑪:"瞻彼淇澳,菉竹猗猗。有斐君子,如切如磋,如琢如磨。瑟兮僩兮!赫兮喧兮!有斐君子,终不可谖兮!"如切如磋者，道学也。如琢如磨者，自修也。瑟兮僩兮者，恂栗也。赫兮喧兮者，威仪也。有斐君子，终不可諠兮者，道盛德至善,民之不能忘也。《诗》云："於戏！前王不忘。"君子贤其贤而亲其亲，小人乐其乐而利其利，此以没世不忘也⑫。《康诰》曰："克明德。"《太甲》曰："顾諟天之明命。"《帝典》曰："克明峻德。"皆自明也⑬。汤之《盘铭》曰："苟日新，日日新，又日新。"《康诰》曰："作新民。"《诗》曰："周虽旧邦,其命惟新。"是故君子无所不用其极⑭。《诗》云："邦畿千里，惟民所止。"《诗》云："缗蛮黄鸟，止于丘隅。"子曰："於止，知其所止，可以人而不如鸟乎？"《诗》云："穆穆文王，於缉熙敬止。"为人君，止于仁⑮。为人臣，止于敬。为人子，止于孝。为人父，止于慈。与国人交，止于信。子曰："听讼，吾犹人也。必也使无讼乎？"无情者不得尽其辞，大畏民志。此谓知本⑯。

⑦修身惟在于诚意，故特揭诚意，以示人修身之要。诚意只是慎独，工夫只在格物上用，犹《中庸》之"戒惧"也。⑧一掩一著，不容自昧，反之心而自知，此即是诚意源头。⑨犹《中庸》之"莫见莫显"也。⑩德润身，即是诚中形外。⑪诚意工夫实下手处，只在格物，引《诗》言格物之事。⑫亲民之功至于如此，亦不过自明其明德而已。⑬自明不已，即所以亲民。⑭郑玄曰："极，犹尽也。君子日新其德，当尽心力，不有余也。"君子之明明德亲民，岂有他哉？亦不过止于至善而已。按：皇极、民极，均有至善之义。阳明释此"极"字与朱子同。⑮止于至善，岂有他哉？惟求之吾身而已。⑯又即亲民中听讼一事，要其极亦必本于明德，则信乎以修身为本矣。

所谓修身在正其心者[17]，身有所忿懥，则不得其正。有所恐惧,则不得其正。有所好乐,则不得其正。有所忧患,则不得其正。心不在焉，视而不见，听而不闻，食而不知其味。此谓修身在正其心。

[17]修身工夫只是诚意，就诚意中体当自己心体，常令廓然大公，便是正心。正心之功，既不可滞于有，亦不可堕于无，犹《中庸》"未发之中"。

所谓齐其家在修其身者[18]，人之其所亲爱而辟焉，之其所贱恶而辟焉，之其所畏敬而辟焉，之其所哀矜而辟焉，之其所敖惰而辟焉。故好而知其恶，恶而知其美者，天下鲜矣。故谚有之曰："人莫知其子之恶，莫知其苗之硕。"此谓身不修，不可以齐其家。

[18]人之心体，惟不能廓然大公，是以随其情之所向而辟。亲爱五者无辟，犹《中庸》"已发之和"。

所谓治国必先齐其家者[19]，其家不可教，而能教人者，无之。故君子不出家而成教于国。孝者，所以事君也。弟者，所以事长也。慈者，所以使众也[20]。《康诰》曰："如保赤子。"心诚求之，虽不中，不远矣。未有学养子而后嫁者也[21]。一家仁，一国兴仁。一家让，一国兴让。一人贪戾，一国作乱。其机如此。此谓一言偾事，一人定国。尧舜率天下以仁，而民从之。桀纣率天下以暴，而民从之。其所令反其所好，而民不从。是故君子有诸己，而后求诸人；无诸己，而后非诸人。所藏乎身不恕，而能喻诸人者，未之有也[22]。故治国在齐其家。《诗》云："桃之夭夭，其叶蓁蓁。之子于归，宜其家人。"宜其家人，而后可以教国人。《诗》云："宜兄宜弟。"宜兄宜弟，而后可以教国人。《诗》云："其仪不忒，正是四国。"其为父子兄弟足法，而后民法之也。此谓治国在齐其家。

[19]只是修身，只是诚意。[20]孝弟慈发于天性，所谓"不虑而知"者。推而达诸君长众，均是诚意作用。齐家治国，岂果外于诚意哉！[21]郑玄曰："养子者，推心为之，而中于赤子之嗜欲也。"[22]明德之推处即恕，恕之及处即亲民。挑出"恕"字，以示明亲合一。

所谓平天下在治其国者[23]，上老老而民兴孝，上长长而民兴弟，上恤孤而民不倍，是以君子有絜矩之道也。所恶于上，毋以使下[24]。所恶于下，毋以事上。所恶于前，毋以先后。所恶于后，毋以从前。所恶于右，毋以交于左。所恶于左，毋以交于右。此之谓絜矩之道[25]。《诗》云："乐只君子，民之父母。"民之所好好之，民之所恶恶之，此之谓民之父母。《诗》云："节彼南山，维石岩岩。赫赫师尹，民具尔瞻。"有国者不可以不慎，辟则为天下僇矣。《诗》云："殷之未丧师，克配上帝。仪监于殷，峻命不易[26]。"道得众则得国，失众则失国。是故君子先慎乎德。有德此有人，有人此有土，有土此有财，有财此有用。德者本也，财者末也。外本内末，争民施夺[27]。是故财聚则民散，财散则民聚。是故言悖而出者，亦悖而入；货悖而入者，亦悖而出[28]。《康诰》曰:"惟命不于常[29]。"道善则得之,不善则失之矣。《楚书》曰:"楚国无以为宝,惟善以为宝。"舅犯曰:"亡人无以为宝,仁亲以为宝。"《秦誓》[30]曰:"若有一个臣[31],断断兮无他技,其心休休焉,其如有容焉。人之有技,若己有之。人之彦圣,其心好之,不啻若自其口出。实能容之,以能保我子孙,黎民尚亦有利哉!人之有技,媢嫉以恶之。人之彦圣,而违之俾不通。实不能容,以不能保我子孙,黎民亦曰殆哉!"唯仁人放流之,迸诸四夷,不与同中国。此谓唯仁人为能爱人,能恶人。见贤而不能举,举而不能先,命也[32]。见不善而不能退,退而不能远,过也。好人之所恶,恶人之所好,是谓拂人之性,菑必逮夫身。是故君子有大道,必忠信以得之,骄泰以失之。生财有大道,生之者众,食之者寡,为之者疾,用之者舒,则财恒足矣。仁者以财发身,不仁者以身发财[33]。未有上好仁,而下不好义者也。未有好义,其事不终者也。未有府库财,非其财者也。孟献子曰:"畜马乘,不察于鸡豚。伐冰之家,不畜牛羊。百乘之家,不畜聚敛之臣。与其有聚敛之臣,宁有盗臣。"此谓国不以利为利,以义为利也。长国家而务财用者,必自小人矣[34]。彼为善之。小人之使为国家,菑害并至。虽有善者,亦无如之何矣。此谓国不以利为利,以义为利也。

[23]又说到修身上,工夫只是诚意。[24]"所恶于上"是知,"毋以使下"是致知。[25]郑玄曰:"絜矩之道,善持其所有以恕于人耳。治国之要

尽于此。"絜矩之道，即是明明德于天下。父教母养，达愿去疾，无非亲民之事。㉖郑玄曰："峻，大也。监视殷时之事，天之大命，得之诚不易也。"㉗郑玄曰："施夺，施其劫夺之情也。"㉘郑玄曰："《老子》曰：'多藏必厚亡。'"㉙郑玄曰："言不专祐一家也。"㉚郑玄曰："《秦誓》，《尚书》篇名也。秦穆公伐郑，为晋所败于殽，还誓其群臣，而作此篇也。"

按：后传今文《尚书》二十八篇，如《尧典》《禹贡》，皆明出战国晚世，则其编纂之不出于孔子可知。《尚书》终《秦誓》，或出秦一六国，东方学者以此贡谀媚势，如《中庸》之言华岳。则《大学》引《秦誓》，其成书亦当甚晚矣。

㉛按："若有一个臣"云云，显属宰相之体。此亦出战国晚世。若在春秋秦穆公时，封建未崩溃，何来此好贤嫉贤之一人，以居于国君之下，而列于群臣之首，以一心之能容不能容，关系国家之安危哉！则《秦誓》成篇，亦是战国晚世人之伪撰矣。㉜郑玄曰："命，读为慢，声之误也。举贤而不能使以先己，是轻慢于举人也。"㉝郑玄曰："发，起也。言仁人有财，则务为施与以起身，成其令名。不仁之人有身，贪于聚敛以起财，务成富。"㉞按：长国家而务财用，此等情形，其起亦迟。此等皆《大学》晚出之证。惟近人有疑《大学》当为汉武帝时人作，则又似太晚。今殊无以定其说。

[附一] 明王守仁《大学古本》序

《大学》之要,诚意而已矣。诚意之功,格物而已矣。诚意之极,止至善而已矣。止至善之则,致知而已矣。正心,复其体也。修身,著其用也。以言乎己,谓之明德。以言乎人,谓之亲民。以言乎天地之间,则备矣。是故至善也者,心之本体也。动而后有不善。而本体之知,未尝不知也。意者,其动也。物者,其事也。致其本体之知而动无不善,然非即其事而格之,则亦无以致其知。故致知者,诚意之本也。格物者,致知之实也。物格则知致意诚,而有以复其本体,是之谓止至善。圣人惧人之求之于外也,而反覆其辞。旧本析而圣人之意亡矣。是故不务于诚意而徒以格物者,谓之支。不事于格物而徒以诚意者,谓之虚。不本于致知而徒以格物诚意者,谓之妄。支与虚与妄,其于至善也远矣。合之以经而益缀,补之以传而益离。吾惧学之日远于至善也,去分章而复旧本,傍为之什,以引其义,庶几复见圣人之心,而求之者有其要。噫!乃若致知,则存乎心悟,致知焉尽矣!

按:朱子《大学章句》,其主要实在《格物补传》。阳明既疑之,乃主复古本。朱子之意,重在"格物穷理",而阳明则易之以"致知诚意"。晦庵、阳明之异同,即成为《大学》本子异同之争。今之学者,固当就《大学》本文而阐究《大学》之原义;然朱、王两家之说,为治宋明理学者所必究,亦即为治中国近代思想史者所必知。故既列朱子《大学章句》序,复列阳明《大学古本》序,以资对比焉。

[附二] 王守仁《大学问》

钱德洪曰:"吾师接初见之士,必备《学》《庸》首章,以指示圣学之全功,使知从入之路。师征思田,将发,先授《大学问》,德洪受而录之。"又曰:"《大学问》者,师门之教典也。学者初及门,必先以此意授,使人闻言之下,即得此心之知,无出于民彝物则之中;致知之功,不外乎修齐治平之内。学者果能实地用功,一番听受,一番亲切。师常曰:'吾此意思,有能直下承当,只此修为,直造圣域。参之经典,无不吻合。不必求之多闻多识之中也。'门人有请录成书者,曰:'此须诸君口口相传,若笔之于书,使人作一文字看过,无益矣。'嘉靖丁亥八月,师起征思田,将发,门人复请,师许之。录既就,以书贻洪曰:'《大学或问》数条,非不愿共学之士尽闻斯义,顾恐借寇兵而赍盗粮,是以未欲轻出。'盖当时尚有持异说以混正学者,师故云然。师既没,音容日远,吾党各以己见立说。学者稍见本体,即好为径超顿悟之说,无复有省身克己之功;谓一见本体,超圣可以跂足;视师门诚意格物、为善去恶之旨,皆相鄙以为第二义。简略事为,言行无顾,甚者荡灭礼教,犹自以为得圣门之最上乘。噫!亦已过矣。自便径约,而不知已沦入佛氏寂灭之教,莫之觉也。古人立言,不过为学者示下学之功,而上达之机,待人自悟而有得;言语知解,非所及也。《大学》之教,自孟氏而后,不得其传者几千年矣;赖良知之明,千载一日,复大明于今日。兹未及一传而纷错若此,又何望于后世耶?是篇,邹子谦之尝附刻于《大学》古本。学者开卷读之,吾师之教,平易切实,而圣智神化之机,固已跃然;不必更为别说,匪徒惑人,祇以自误,无益也。"

"《大学》者,昔儒以为大人之学矣。敢问大人之学,何以在于明明德乎?"阳明子曰:"大人者,以天地万物为一体者也。其视天下犹一家,中国犹一人焉。若夫间形骸而分尔我者,小人矣。大人之能以天地万物为一体也,非意之也;其心之仁,本若是其与天地万物而为一也。岂惟大人,虽小人之心,亦莫不然;彼顾自小之耳!是故见孺子之入井,而必有怵惕恻隐之心焉,是其仁之与孺子而为一体也。孺子犹同类者也。见鸟兽之哀鸣觳觫,而必有不忍之心焉,是其仁之与鸟兽而为一体也。鸟兽犹有知觉者也。见草木之摧折,而必有悯恤之心焉,是其仁之与草木而为一体也。草木犹有生意者也。见瓦石之毁坏,而必有顾惜之心焉,是其仁之与瓦石而为一体也。是其一体之仁也,虽小人之心亦必有之。是乃根于天命之性,而自然灵昭不昧者也。是故谓之明德。小人之心,现已分隔隘陋矣,而其一体之仁,犹能不昧若此者,是其未动于欲而未蔽于私之时也。及其动于欲,蔽于私,而利害相攻,忿怒相激;则将戕物圮类,无所不为,其甚至有骨肉相残者,而一体之仁亡矣。是故苟无私欲之蔽,则虽小人之心,而其一体之仁,犹大人也。一有私欲之蔽,则虽大人之心，而其分隔隘陋，犹小人矣。故夫为大人之学者，亦惟去其私欲之蔽，以自明其明德，复其天地万物一体之本然而已耳！非能于本体之外，而有所增益之也。"

曰："然则何以在亲民乎？"曰："明明德者，立其天地万物一体之体也。亲民者，达其天地万物一体之用也。故明明德必在于亲民，而亲民乃所以明其明德也。是故亲吾之父以及人之父，以及天下人之父，而后吾之仁实与吾之父、人之父与天下人之父而为一体矣。实与之为一体，而后孝之明德始明矣。亲吾之兄以及人之兄，以及天下人之兄，而后吾之仁实与吾之兄、人之兄与天下人之兄而为一体矣。实与之为一体，而后弟之明德始明矣。君臣也，夫妇也，朋友也，以至于山川、鬼神、鸟兽、草木也，莫不实有以亲之，以达吾一体之仁；然后吾之明德始无不明，而真能以天地万物为一体矣。夫是之谓明明德于天下，是之谓家齐国治而天下平，是之谓尽性。"

曰："然则又乌在其为止至善乎？"曰："至善者，明德、亲民之极则也。天命之性，粹然至善；其灵昭不昧者，此其至善之发见，是乃明德之本体，而即所谓良知者也。至善之发见，是而是焉，非而非焉，轻重厚薄，随感随应，变动不居，而亦莫不自有天然之中。是乃民彝物则之极，而不容少有拟议增损于其间也。少有拟议增损于其间，则是私意小智，而非至善之谓矣。自非慎独之至，惟精惟一者，其孰能与于此乎？后之人惟其不知至善之在吾心，而用其私智以揣摸测度于其外，以为事事物物各有定理也；是以昧其是非之则，支离决裂，人欲肆而天理亡。明德亲民之学，遂大乱于天下。盖昔之人固有欲明其明德者矣，然惟不知止于至善，而骛其私心于过高，是以失之虚罔空寂，而无有乎家国天下之施；则二氏之流是矣。固有欲亲其民者矣，然惟不知止于至善，而溺其私心于卑琐，是以失之权谋智术，而无有乎仁爱恻怛之诚；则五伯功利之徒是矣。是皆不知止于至善之过也。故止至善之于明德、亲民也，犹之规矩之于方圆也，尺度之于长短也，权衡之于轻重也。故方圆而不止于规矩，爽其则矣。长短而不止于尺度，乖其剂矣。轻重而不止于权衡，失其准矣。明明德、亲民而不止于至善，亡其本矣。故止于至善以亲民而明其明德，是之谓大人之学。"

曰："知止而后有定，定而后能静，静而后能安，安而后能虑，虑而后能得。其说何也？"曰："人惟不知至善之在吾心，而求之于其外，以为事事物物皆有定理也，而求至善于事事物物之中；是以支离决裂，错杂纷纭，而莫知有一定之向。今焉，既知至善之在吾心，而不假于外求，则志有定向，而无支离决裂错杂纷纭之患矣。无支离决裂错杂纷纭之患，则心不妄动而能静矣。心不妄动而能静，则其日用之间，从容闲暇而能安矣。能安，则凡一念之发，一事之感，其为至善乎？其非至善乎？吾心之良知，自有以详审精察之，而能虑矣。能虑，则择之无不精，处之无不当，而至善于是乎可得矣。"

曰："物有本末，先儒以明德为本，新民为末，两物而内外相对也。事有终始，先儒以知止为始，能得为终，一事而首尾相因也。如子之说，以新民为亲民，则本末之说，亦有所未然欤？"曰："终始之说，大略是矣。即以新民为亲民，而曰明德为本，亲民为末，其说亦未为不可。但不当分本末为两物耳。夫木之干谓之本，木之梢谓之末；惟其一物也，是以谓之本末。若曰两物，则既为两物矣，又何可以言本末乎？新民之意，既与亲民不同，则明德之功，自与新民为二。若知明明德以亲其民，而亲民以明其明德，则明德、亲民，焉可析而为两乎？先儒之说，是盖不知明德、亲民之本为一事，而认以为两事；是以虽知本末之当为一物，而亦不得不分为两物也。"

曰："古之欲明明德于天下者，以至于先修其身，以吾子明德、亲民之说通之，亦既可得而知矣。敢问欲修其身，以至于致知在格物，其工夫次第，又何如其用力欤？"曰："此正详言明德、亲民、止至善之功也。盖身心意知物者，是其工夫所用之条理。虽亦各有其所，而其实只是一物。格致诚正修者，是其条理所用之工夫。虽亦皆有其名，而其实只是一事。何谓身？心之形体，运用之谓也。何谓心？身之灵明，主宰之谓也。何谓修身？为善而去恶之谓也。吾身自能为善而去恶乎？必其灵明主宰者，欲为善而去恶，然后其形体运用者，始能为善而去恶也。故欲修其身者，必在于先正其心也。然心之本体，则性也。性无不善，则心之本体本无不正也，何从而用其正之之功乎？盖心之本体本无不正，自其意念发动而后有不正；故欲正其心者，必就其意念之所发而正之。

凡其发一念而善也，好之真如好好色；发一念而恶也，恶之真如恶恶臭；则意无不诚，而心可正矣。然意之所发，有善有恶。不有以明其善恶之分，亦将真妄错杂，虽欲诚之，不可得而诚矣。故欲诚其意者，必在于致知焉。致者，至也，如云'丧致乎哀'之致。《易》言'知至至之'，知至者，知也；至之者，致也。致知云者，非若后儒所谓充广其知识之谓也，致吾心之良知焉耳！良知者，孟子所谓'是非之心，人皆有之'者也。是非之心，不待虑而知，不待学而能，是故谓之良知。是乃天命之性，吾心之本体，自然灵昭明觉者也。凡意念之发，吾心之良知，无有不自知者。其善欤，惟吾心之良知自知之；其不善欤，亦惟吾心之良知自知之。是皆无所与于他人者也。故虽小人之为不善，既已无所不至，然其见君子，则必厌然掩其不善而著其善者，是亦可以见其良知之有不容于自昧者也。今欲别善恶以诚其意，惟在致其良知之所知焉尔！何则？意念之发，吾心之良知既知其为善矣，使其不能诚有以好之，而复背而去之，则是以善为恶，而自昧其知善之良知矣。意念之所发，吾心之良知既知其为不善矣，使其不能诚有以恶之，而复蹈而为之，则是以恶为善，而自昧其知恶之良知矣。若是，则虽曰知之，犹不知也。意其可得而诚乎？今于良知所知之善恶者，无不诚好而诚恶之，则不自欺其良知，而意可诚也已。然欲致其良知，亦岂影响髣髴而悬空无实之谓乎？是必实有其事矣。故致知必在于格物。物者，事也。凡意之所发，必有其事。意所在之事，谓之物。格者，正也，正其不正以归于正之谓也。正其不正者，去恶之谓也；归于正者，为善之谓也。夫是之谓格。《书》言'格于上下''格于文祖''格其非心'，格物之格，实兼其义也。良知所知之善，虽诚欲好之矣，苟不即其意之所在之物而实有以为之，则是物有未格，而好之之意犹为未诚也。良知所知之恶，虽诚欲恶之矣，苟不即其意之所在之物而实有以去之，则是物有未格，而恶之之意犹为未诚也。今焉，于其良知所知之善者，即其意之所在之物而实为之，无有乎不尽。于其良知所知之恶者，即其意之所在之物而实去之，无有乎不尽。然后物无不格，而吾良知之所知者，无有亏缺障蔽，而得以极其至矣。夫然后吾心快然无复余憾而自慊矣。夫然后意之所发者，始无自欺，而可以谓之诚矣。故曰：物格而后知至，知至而后意诚，意诚而后心正，心正而后身修。盖其功夫条理，虽有先后次序之可言；而其体之惟一，实无先后次序之可分。其条理工夫，虽无先后次序之可分，而其用之惟精，固有纤毫不可得而缺焉者。此格致诚正之说，所以阐尧舜之正传，而为孔氏之心印也。"

　　按：朱子《大学章句》，改定于易箦之前。阳明《大学问》，亦成于出征思田之年，是亦阳明之晚年定论也。阳明龙场驿"良知"一悟，本由朱子《大学格物补传》转来。《大学问》之作，盖欲以易朱子之《格物补传》，而悬为一时之新教典。学者取其说，与朱子《格物补传》并读，既可以究朱、王两家之异同，亦可以由是而窥《大学》之本义与真相。至于是非得失，则在乎学者之好学深思而自得之。

三 朱熹《中庸章句》[1]

子程子曰:"不偏之谓中,不易之谓庸。中者,天下之正道。庸者,天下之定理。"此篇乃孔门传授心法,子思恐其久而差也,故笔之于书,以授孟子。其书始言一理,中散为万事,末复合为一理。放之则弥六合,卷之则退藏于密,其味无穷,皆实学也。善读者玩索而有得焉,则终身用之,有不能尽者矣。

天命之谓性,率性之谓道,修道之谓教[2]。

①朱熹曰:"中者,不偏不倚、无过不及之名。庸,平常也。"②郑玄曰:"率,循也。循性行之是谓道。修,治也。治而广之,人仿效之是曰教。"朱熹曰:"人物各循其性之自然,则其日用事物之间,莫不各有当行之路,是则所谓道也。修,品节之也。性道虽同,而气禀或异,故不能无过不及之差。圣人因人物之所当行者而品节之,以为法于天下,则谓之教。若礼乐刑政之属是也。盖人知己之有性,而不知其出于天;知事之有道,而不知其由于性;知圣人之有教,而不知其

因吾之所固有者裁之也。故子思于此首发明之,而董子(仲舒,语见《天人对策》)所谓道之大原出于天,亦此意也。"

道也者,不可须臾离也。可离,非道也。是故君子戒慎乎其所不睹,恐惧乎其所不闻③。

③郑玄曰:"小人闲居为不善,无所不至也。君子则不然,虽视之无人,听之无声,犹戒慎恐惧自修正,是其不须臾离道。"朱熹曰:"道者,日用事物当行之理,皆性之德而具于心,无物不有,无时不然,所以不可须臾离也。若其可离,则岂率性之谓哉!是以君子之心,常存敬畏,虽不见闻,亦不敢忽,所以存天理之本然,而不使离于须臾之顷也。"

莫见乎隐,莫显乎微,故君子慎其独也④。

④朱熹曰:"隐,暗处也。微,细事也。独者,人所不知而己所独知之地。言幽暗之中,细微之事,迹虽未形,而几则已动;人虽不知,而己独知之。则是天下之事,无有著见明显而过于此者。是以君子既常戒惧,而于此尤加谨焉。所以遏人欲于将萌,而不使其潜滋暗长于隐微之中,以至离道之远也。"

喜怒哀乐之未发,谓之中。发而皆中节,谓之和。中也者,天下之大本也。和也者,天下之达道也⑤。

⑤郑玄曰:"中为大本者,以其含喜怒哀乐,礼之所由生,政教自此出也。"朱熹曰:"大本者,天命之性,天下之理皆由此出,道之体也。达道者,循性之谓,天下古今之所共由,道之用也。"

致中和,天地位焉,万物育焉⑥。

⑥郑玄曰:"致,行之至也。位,犹正也。育,生也,长也。"朱熹曰:"致,推而极之也。位者,安其所;育者,遂其生。自戒惧而约之,以至于

至静之中，无少偏倚，而其守不失，则极其中而天地位矣。自谨独而精之，以至于应物之处，无少差谬，而无适不然，则极其和而万物育矣。盖天地万物本吾一体，吾之心正，则天地之心亦正矣；吾之气顺，则天地之气亦顺矣。故其效验，至于如此。此学问之极功，圣人之能事，初非有待于外；而修道之教，亦在其中矣。是其一体一用，虽有动静之殊，然必其体立而后用有以行，则其实亦非有两事也。故于此合而言之，以结上文之意。"

右第一章⑦。子思述所传之意以立言。首明道之本原出于天，而不可易；其实体备于己，而不可离。次言存养省察之要，终言圣神功化之极。盖欲学者于此，反求诸身而自得之，以去夫外诱之私，而充其本然之善。杨氏（时）所谓一篇之体要是也。其下十章，盖子思引夫子之言，以终此章之义。

⑦按：郑玄分章同，此以上为第一章。

按：《左传》刘康公曰："人受天地之中以生。"《老子》曰："万物抱阴而负阳，冲气以为和。"《列子》曰："冲和气者为人。"道家以中和之气言天命，儒家则转以中和言德性。《老子》乃战国晚出书，《中庸》此章殆出尤晚，谓子思著者误也。抑此章言中和，亦与此下诸章言中庸者不类。或曰："子思以中庸为圣人之道，未尝以为圣人之德，故篇首论君子之德，以中和言之。"或曰："子思实著《中庸》，而此篇后半，则多后人增羼。其首章则又增羼之总冒也。"

又按：儒家性善之义，首发于孟子。若子思先已言天命为性，率性为道，孟子受业子思之门人，不应没而不加称述也。

仲尼曰："君子中庸，小人反中庸⑧。"

⑧郑玄曰："庸，常也。用中，为常道也。"朱熹曰："中庸者，不偏不倚，无过不及，而平常之理；乃天命所当然，精微之极致也。唯君子为能

体之,小人反是。"

"君子之中庸也,君子而时中。小人之反中庸也⑨,小人而无忌惮也⑩。"

⑨朱熹曰:"王肃本(见《经典释文》)作'小人之反中庸也',程子亦以为然。今从之。"

按:《小戴记》郑玄注,作"小人之中庸"。

⑩朱熹曰:"君子之所以为中庸者,以其有君子之德,而又能随时以处中也。小人之所以反中庸者,以其有小人之心,而又无所忌惮也。盖中无定体,随时而在,是乃平常之理也。君子知其在我,故能戒谨不睹,恐惧不闻,而无时不中。小人不知有此,则肆欲妄行,而无所忌惮矣。"

右第二章⑪。

⑪朱熹曰:"此下十章,皆论中庸以释首章之义。文虽不属,而意实相承也。变和言庸者,游氏(酢)曰:'以性情言之,则曰中和;以德行言之,则曰中庸是也。'然中庸之中,实兼中和之义。"

按:郑玄连下为一章。

子曰:"中庸其至矣乎!民鲜能久矣⑫。"

⑫郑玄曰:"鲜,罕也。言中庸为道至美,顾人罕能久行。"朱熹曰:"过则失中,不及则未至,故惟中庸之德为至。然亦人所同得,初无难事,但世教衰,民不兴行,故鲜能之,今已久矣。《论语》(《雍也篇》)无'能'字。"

按:此称"子曰",而上节称"仲尼曰",文理驳杂不纯。此亦《中庸》晚出之证。又"鲜能久"即"不能期月守也",当依郑注。

右第三章⑬。

⑬按：郑玄连下为一章。

子曰："道之不行也，我知之矣，知者过之，愚者不及也。道之不明也，我知之矣，贤者过之，不肖者不及也。人莫不饮食也，鲜能知味也⑭。"

⑭朱熹曰："知者知之过，既以道为不足行；愚者不及知，又不知所以行；此道之所以常不行也。贤者行之过，既以道为不足知；不肖者不及行，又不求所以知；此道之所以常不明也。"
按：贤知者过之，离于饮食而求味。众人不及，则忽于饮食而不知味。

右第四章⑮。

⑮按：郑玄连下为一章。

子曰："道其不行矣夫！"

右第五章⑯。

⑯朱熹曰："此章承上章，而举其不行之端，以起下章之意。"
按：朱子第二、三、四、五四章，郑玄不分，合为第二章。

子曰："舜其大知也与！舜好问而好察迩言，隐恶而扬善，执其两端，用其中于民，其斯以为舜乎⑰！"

⑰郑玄曰："两端，过与不及也。用其中于民，贤与不肖皆能行之也。"
朱熹曰："舜之所以为大知者，以其不自用而取诸人也。迩言者，浅近之言，犹必察焉，其无遗善可知。两端，谓众论不同之极致。盖凡

物皆有两端,如小大厚薄之类。于善之中,又执其两端,而量度以取中,然后用之,则其择之审而行之至矣。然非在我之权度精切不差,何以与此。此知之所以无过不及,而道之所以行也。"

按:舜之所以为大知,由其不离于众人之道而求道,由其能于众人之道而加审察别择之以为道;此即所谓中庸之道也。两端者,一全体之两极端;"执其两端",即把握其整全体,而随时随地随宜以用之而求其中也。则两端即包善恶,"用其中"即用其善矣。朱注似未全允。

右第六章[18]。

[18]按:郑玄为第三章。

子曰:"人皆曰予知,驱而纳诸罟擭陷阱之中,而莫之知辟也。人皆曰予知,择乎中庸而不能期月守也[19]。"

[19]朱熹曰:"辟、避同。罟,网也。擭,机槛也。陷阱,坑坎也。皆所以掩取禽兽者也。择乎中庸,辨别众理,以求所谓中庸,即上章'好问用中'之事也。期月,匝一月也。"

按:中庸之道,夫妇之愚,可以与知;夫妇之不肖,可以能行。中庸不离乎众人之道以为道,故众人之庸言庸行,莫不有合于中庸之道焉。然而不知其为道,乃至于不能久守也。然则"择乎中庸",固已人尽能之之事矣。

右第七章[20]。

[20]朱熹曰:"承上章大知而言,又举不明之端,以起下章也。"
按:郑玄为第四章。

子曰:"回之为人也,择乎中庸,得一善,则拳拳服膺而弗失之矣[21]。"

㉑郑玄曰:"拳拳,奉持之貌。"朱熹曰:"回,孔子弟子颜渊名。服,犹著也。膺,胸也。奉持而著之心胸之间,言能守也。颜子盖真知之,故能择能守如此。"

按:颜渊之不可及,在其拳拳服膺而弗失也。

右第八章㉒。

㉒按:郑玄连下为一章。

子曰:"天下国家可均也,爵禄可辞也,白刃可蹈也,中庸不可能也㉓。"

㉓朱熹曰:"均,平治也。三者难而易,中庸易而难。"

按:中庸者,即在乎择取众人之道以为道,非在乎超绝众人,而以难为能之道也。

右第九章㉔。

㉔朱熹曰:"亦承上章以起下章。"

按:郑玄连上为第五章。

子路问强。子曰:"南方之强与?北方之强与?抑而强与?宽柔以教,不报无道,南方之强也,君子居之。衽金革,死而不厌,北方之强也,而强者居之。故君子和而不流,强哉矫!中立而不倚,强哉矫!国有道,不变塞焉,强哉矫!国无道,至死不变,强哉矫㉕!"

㉕郑玄曰:"南方以舒缓为强。不报无道,谓犯而不校也。衽,犹席也。北方以刚猛为强。抑而强与,而之言汝也,谓中国也。"朱熹曰:"和而不流以下四者,汝之所当强也。矫,强貌。《诗》曰'矫矫虎臣'是也。

《鲁颂·泮水》篇)倚,偏著也。塞,未达也。国有道,不变未达之所守;国无道,不变平生之所守也。此则所谓中庸之不可能者,非有以自胜其人欲之私,不能择而守也。君子之强,孰大于是?夫子以是告子路者,所以抑其血气之刚,而进之以德义之勇也。"

右第十章[26]。

[26] 按:郑玄为第六章。

子曰:"素隐行怪,后世有述焉,吾弗为之矣[27]。君子遵道而行,半涂而废,吾弗能已矣[28]。君子依乎中庸,遁世不见知而不悔,唯圣者能之[29]。"

[27] 朱熹曰:"素,按《汉书》《〈艺文志〉》当作索,盖字之误也。索隐行怪,言深求隐僻之理,而过为诡异之行也。然以其足以欺世而盗名,故后世或有称述之者。此知之过而不择乎善,行之过而不用其中者也。"
[28] 郑玄曰:"废,犹罢止也。" [29] 朱熹曰:"不为索隐行怪,则依乎中庸而已。不能半途而废,是以遁世不见知而不悔也。此中庸之成德,知之尽,仁之至,不赖勇而裕如者。"
按:此诸所言,其意境对象似皆出战国晚世,非孔子时所有也。

右第十一章[30]。

[30] 朱熹曰:"子思所引夫子之言,以明首章之义者止此。盖此篇大旨,以知、仁、勇三达德为入道之门,故于篇首即以大舜、颜渊、子路之事明之。舜,知也。颜渊,仁也。子路,勇也。三者废其一,则无以造道而成德矣。余见第二十章。"
按:郑玄连下为一章。

君子之道费而隐,夫妇之愚,可以与知焉。及其至也,虽圣人亦有所不知焉。夫妇之不肖，可以能行焉。及其至也，虽圣人亦有所不能焉。天地之大也，人犹有所憾。故君子语大，天下莫能载焉。语小，天下莫能破焉。《诗》云："鸢飞戾天，鱼跃于渊。"言其上下察也。君子之道，造端乎夫妇。及其至也，察乎天地㉛。

㉛朱熹曰："费，用之广也。隐，体之微也。君子之道，近自夫妇居室之间，远而至于圣人天地之所不能尽，其大无外，其小无内，可谓费矣。然其理之所以然，则隐而莫之见也。盖可知可能者，道中之一事。及其至而圣人不知不能。则举全体而言，圣人固有所不能尽也。人所憾于天地，如覆载生成之偏，及寒暑灾祥之不得其正者。《诗》，《大雅·旱麓》之篇。戾，至也。察，著也。子思引此诗，以明化育流行，上下昭著，莫非此理之用，所谓费也。然其所以然者，则非见闻所及，所谓隐也。故程子曰：'此一节，子思吃紧为人处，活泼泼地。读者其致思焉。'"

右第十二章㉜。子思之言，盖以申明首章"道不可离"之意也。其下八章，杂引孔子之言以明之。

㉜按：郑玄连上合为第七章。

子曰："道不远人。人之为道而远人，不可以为道。《诗》云：'伐柯伐柯，其则不远。'执柯以伐柯，睨而视之，犹以为远。故君子以人治人，改而止。忠恕违道不远，施诸己而不愿，亦勿施于人。君子之道四，丘未能一焉。所求乎子以事父，未能也。所求乎臣以事君，未能也。所求乎弟以事兄，未能也。所求乎朋友先施之，未能也。

庸德之行，庸言之谨。有所不足，不敢不勉。有余，不敢尽。言顾行，行顾言，君子胡不慥慥尔㉝。"

㉝朱熹曰："道者，率性而已，固众人之所能知能行者也，故常不远于人。若为道者厌其卑近，以为不足为，而反务为高远难行之事，则非所以为道矣。《诗》，《豳风·伐柯》之篇。柯，斧柄。言人执柯伐木以为柯，彼柯长短之法在此柯耳，然犹有彼此之别。若以人治人，则所以为人之道，各在当人之身，初无彼此之别。故君子之治人，即以其人之道，还治其人之身，其人能改即止。盖责之以其所能知能行，非欲其远人以为道也。张子（横渠）所谓'以众人望人则易从'是也。尽己之心为忠，推己及人为恕。违，去也。言相去不远，非背而去之之谓也。施诸己而不愿，亦勿施于人，忠恕之事也。以己之心，度人之心，未尝不同，则道之不远于人者可见。故己之所不欲，则勿以施于人，亦不远人以为道之事。张子所谓'以爱己之心爱人则尽仁'是也。求，犹责也。道不远人，凡己之所以责人者，皆道之所当然也，故反之以自责而自修焉。庸，平常也。行者践其实，谨者择其可。德不足而勉，则行益力；言有余而切，则谨益至。谨之至，则言顾行矣；行之力，则行顾言矣。慥慥，笃实貌。言君子之言行如此，岂不慥慥乎？赞美之也。凡此皆不远人以为道之事。张子所谓'以责人之心责己则尽道'是也。"

按：荀子曰："庄子知有天而不知有人。"老子曰："道可道，非常道。"凡庄老道家之所谓道，是皆远乎人以为道者。《中庸》盖承道家之后，而倡为中庸之道。天命为性，率性为道，道之大原虽本于天，而道之表显察著则不离乎人。故孟子之言，直承《论语》，而《中庸》立论，则针对庄老。若以为出于子思，则思想义理之线索条贯乱矣。

右第十三章㉞。

㉞朱熹曰："道不远人者，夫妇所能。丘未能一者，圣人所不能。皆费也。而其所以然者，则至隐存焉。下章放此。"

按：郑玄连下为一章。

君子素其位而行，不愿乎其外。素富贵，行乎富贵。素贫贱，行乎贫贱。素夷狄，行乎夷狄。素患难，行乎患难。君子无入而不自得焉㉟。在上位，不陵下。在下位，不援上。正己而不求于人，则无怨。上不怨天，下不尤人。故君子居易以俟命，小人行险以徼幸㊱。子曰："射有似乎君子，失诸正鹄，反求诸其身㊲。"

㉟郑玄曰："素，读为傃。傃，犹乡也。不愿乎其外，谓思不出其位也。自得，谓所乡不失其道。"朱熹曰："素，犹见在也。言君子但因见在所居之位，而为其所当为，无慕乎其外之心也。"㊱郑玄曰："援，谓牵持之也。易，犹平安也。"朱熹曰："易，平地也。居易，素位而行也。俟命，不愿乎外也。徼，求也。幸，谓所不当得而得者。"㊲郑玄曰："画布曰正，栖皮曰鹄。"朱熹曰："皆侯之中，射之的也。子思引此孔子之言，以结上文之意。"

右第十四章㊳。

㊳朱熹曰："子思之言也。凡章首无'子曰'字者放此。"
按：郑玄自"子曰道不远人"起，至"小人行险以徼幸"，为第八章。"子曰射有似乎君子"连下，另为一章。

君子之道，辟如行远，必自迩。辟如登高，必自卑。《诗》曰："妻子好合，如鼓瑟琴。兄弟既翕，和乐且耽。宜尔室家，乐尔妻帑。"子曰："父母其顺矣乎㊴！"

㊴郑玄曰："琴瑟，声相应和者也。翕，合也。耽，亦乐也。古者谓子孙曰帑。此诗言和室家之道，自近者始。"朱熹曰："辟、譬同。《诗》，

《小雅·常棣》之篇。夫子诵此诗而赞之曰:'人能和于妻子、宜于兄弟如此,则父母其安乐之矣。'子思引《诗》及此语,以明行远自迩、登高自卑之意。"

右第十五章[40]。

[40]朱熹曰:"郑玄自'子曰射有似乎君子'至此,为第九章。"

按:或谓说中庸之义者止此,以下或是他书脱简;或是后人伪羼,而增首章,以足成今传之《中庸》。

子曰:"鬼神之为德,其盛矣乎!视之而弗见,听之而弗闻,体物而不可遗。使天下之人,齐明盛服,以承祭祀,洋洋乎如在其上,如在其左右[41]。《诗》曰:'神之格思,不可度思,矧可射思。'夫微之显,诚之不可掩,如此夫[42]!"

[41]郑玄曰:"体,犹生也。可,犹所也。不有所遗,言万物无不以鬼神之气生。"朱熹曰:"程子曰:'鬼神,天地之功用,而造化之迹也。'张子曰:'鬼神者,二气之良能也。'愚谓以二气言,则鬼者阴之灵,神者阳之灵。以一气言,则至而伸者为神,反而归者为鬼,其实一物而已。为德,犹言性情功效。鬼神无形与声,然物之终始,莫非阴阳合散之所为。是其为物之体,而物所不能遗也。其言体物,犹《易》所谓'干事'。齐,侧皆反。齐之为言齐也,所以齐不齐而致其齐也。明,犹洁也。洋洋,流动充满之意。能使人畏敬奉承而发见昭著如此,乃其体物而不可遗之验也。"[42]郑玄曰:"格,来也。矧,况也。射,厌也。思,皆声之助。言神之来,其形象不可亿度而知,事之尽敬而已,况可厌倦乎?"朱熹曰:"《诗》,《大雅·抑》之篇。诚者,真实无妄之谓。阴阳合散,无非实者。故其发见之不可掩如此。"

右第十六章㊸。

㊸朱熹曰:"不见不闻,隐也。体物如在,则亦费矣。此前三章,以其费之小者而言。此后三章,以其费之大者而言。此一章,兼费隐、包小大而言。"

按:郑玄第十章。

又按:汉宋诸儒,自郑玄、朱熹,莫不以阴阳之气释鬼神,此儒家传统正义也。然言中庸之为德,而必及夫鬼神,此《中庸》之书所为异于孔孟,而与《易传》为类也。

子曰:"舜其大孝也与!德为圣人,尊为天子,富有四海之内,宗庙飨之,子孙保之。故大德必得其位,必得其禄,必得其名,必得其寿。故天之生物,必因其材而笃焉。故栽者培之,倾者覆之㊹。《诗》曰:'嘉乐君子,宪宪令德。宜民宜人,受禄于天。保佑命之,自天申之。'故大德者必受命㊺。"

㊹郑玄曰:"材,谓其质性也。笃,厚也。言善者天厚其福,恶者天厚其毒,皆由其本而为之。栽,犹殖也。培,益也。覆,败也。"㊺朱熹曰:"《诗》,《大雅·假乐》之篇。假,当依此作嘉。宪,当依《诗》作显。申,重也。受命者,受天命为天子也。"

按:大德者必受命,乃晚周阴阳家邹衍一派,五德终始之论之所倡。《中庸》此等语,应犹在邹衍之后。

右第十七章㊻。

㊻朱熹曰:"此由庸行之常,推之以极其至,见道之用广也。而其所以然者,则为体微矣。后二章亦此意。"

按:郑玄第十一章。

子曰:"无忧者,其唯文王乎?以王季为父,以武王为子。父作之,子述之。武王缵大王、王季、文王之绪[47],壹戎衣[48],而有天下。身不失天下之显名,尊为天子,富有四海之内,宗庙飨之,子孙保之。武王末受命,周公成文武之德,追王大王、王季,上祀先公以天子之礼。斯礼也,达乎诸侯大夫及士庶人。父为大夫,子为士;葬以大夫,祭以士。父为士,子为大夫;葬以士,祭以大夫。期之丧,达乎大夫。三年之丧,达夫天子。父母之丧,无贵贱一也[49]。"

[47]郑玄曰:"缵,继也。绪,业也。"[48]朱熹曰:"戎衣,甲胄之属。壹戎衣,《武成》文(《周书》有《武成篇》),言一著戎衣以伐纣也。"
[49]郑玄曰:"末,犹老也。斯礼达于诸侯大夫士庶人者,谓葬之从死者之爵,祭之用生者之禄也。"朱熹曰:"制为礼法,以及天下,使葬用死者之爵,祭用生者之禄。丧服自期以下,诸侯绝,大夫降,而父母之丧,上下同之,推己以及人也。"
按:期丧,诸父昆弟之丧也。大夫之贵,犹不得臣其诸父昆弟,故为之服,但比常人少降。诸侯得臣其诸父昆弟,则不为之服矣。惟父母不以其子之尊卑变,故子孙为天子,而追王其先公也。

右第十八章[50]。

[50]按:郑玄第十二章。

子曰:"武王周公其达孝矣乎[51]!夫孝者,善继人之志,善述人之事者也。春秋修其祖庙,陈其宗器,设其裳衣,荐其时食[52]。宗庙之礼,所以序昭穆也。序爵,所以辨贵贱也。序事,所以辨贤也。旅酬下为上,所以逮贱也。燕毛,所以序齿也⑬。践其位,行其礼,奏其乐,敬其所尊,爱其所亲,事死如事生,事亡如事存,孝之至也⑭。郊社之礼,所以事上帝也。宗庙之礼,所以祀乎其先也。明乎郊社之礼,禘尝之义⑮,治国其如示诸掌乎⑯!"

⑤1朱熹曰:"达,通也。承上章而言武王周公之孝,乃天下之人通谓之孝。"

按:此言达孝,袭孟子言"达尊"来。孟子语见《公孙丑》下篇。

⑤2郑玄曰:"宗器,祭品也。裳衣,先祖之遗衣服。时食,四时祭也。"

⑤3朱熹曰:"宗庙之次,左为昭,右为穆,而子孙亦以为序。有事于太庙,则子姓兄弟,群昭群穆,咸在而不失其伦焉。爵,公侯卿大夫也。事,宗祝有司之职事也。旅,众也。酬,导饮也。旅酬之礼,宾弟子、兄弟之子,各举觯于其长而众相酬。盖宗庙之中,以有事为荣,故逮及贱者,使亦得以申其敬也。燕毛,祭毕而燕,以毛发之色,别长幼为坐次也。"⑭郑玄曰:"践,犹升也。其者,其先祖也。"⑮朱熹曰:"郊,祭天;社,祭地。不言后土者,省文也。禘,天子宗庙之大祭,追祭太祖之所自出于太庙,而以太祖配之也。尝,秋祭也。四时皆祭,举其一耳。"⑯郑玄曰:"示,读如寘。寘,置也。物而在掌中,易为力者也。序爵辨贤,尊尊亲亲,治国之要。"朱熹曰:"此与《论语》(《八佾篇》)文意大同小异,记有详略耳。"

右第十九章⑰。

⑰按:郑玄第十三章。

哀公问政。子曰:"文武之政,布在方策。其人存,则其政举。其人亡,则其政息。人道敏政,地道敏树。夫政也者,蒲卢也⑱。

㊽郑玄曰:"方,版也。策,简也。息,犹灭也。敏,犹勉也。树,谓殖草木也。人之无政,若地无草木矣。蒲卢,蜾蠃,谓土蜂也。《诗》曰:'螟蛉有子,蜾蠃负之。'螟蛉,桑虫也。蒲卢取桑虫之子,去而变化之,使成为己子。政之于百姓,若蒲卢之于桑虫然。"朱熹曰:"敏,速也。蒲卢,沈括以为蒲苇,是也。以人立政,犹以地种树,其成速矣。而蒲苇又易生之物,其成尤速也。"

按:或说孔子语止此,下则子思推衍之言。

故为政在人,取人以身,修身以道,修道以仁㊾。

㊾郑玄曰:"为政在于得贤人也。取人以身,言明君乃能得人。"

仁者,人也,亲亲为大。义者,宜也,尊贤为大。亲亲之杀,尊贤之等,礼所生也㊿。

㊿郑玄曰:"人也,读如相人偶之人,以人意相存问之言。"朱熹曰:"人,指人身而言。其此生理,自然便有恻怛慈爱之意,深体味之可见。"

按:仁者,人也。郑玄以人类社会相处之群性说之,朱熹以人之自然心理之本具有恻怛慈爱之心说之,皆是也。自孟子孩提之童之"良知良能"言之,则朱说为允;自《中庸》"君子之道造端乎夫妇"言之,则郑说为当。学者当比观而兼取之为是。

在下位不获乎上,民不可得而治矣㉛。

㉛郑玄曰:"此句在下,误重在此。"朱熹依之。

故君子不可以不修身。思修身,不可以不事亲。思事亲,不可以不知人。思知人,不可以不知天㉜。"

㉜朱熹曰:"为政在人,取人以身,故不可以不修身。修身以道,修道以仁,故思修身,不可以不事亲。欲尽亲亲之仁,必由尊贤之义,

故又当知人。亲亲之杀，尊贤之等，皆天理也，故又当知天。”

天下之达道五，所以行之者三。曰君臣也，父子也，夫妇也，昆弟也，朋友之交也。五者，天下之达道也。知、仁、勇三者，天下之达德也。所以行之者一也(63)。

(63)朱熹曰：“达道者，天下古今所共由之路。即《书》(《舜典》) 所谓五典；《孟子》(《滕文公》上) 所谓‘父子有亲，君臣有义，夫妇有别，长幼有序，朋友有信’是也。知，所以知此也。仁，所以体此也。勇，所以强此也。谓之达德者，天下古今所同得之理也。一，则诚而已矣。达道虽人所共由，然无是三德，则无以行之。达德虽人所同得，然一有不诚，则人欲间之，而德非其德矣。程子曰：‘所谓诚者，止是诚实此三者。三者之外，更别无诚。’”

按：此处“所以行之者一也”之一，即下文“及其知之一也”“及其成功一也”之一。谓知、仁、勇三德，皆所以行此五达道，或由知，或由仁，或由勇，要之所以行此五达道则一。朱子以“诚”字释此处“一”字，于原文文理似有未惬。

或生而知之，或学而知之，或困而知之，及其知之一也。或安而行之，或利而行之，或勉强而行之，及其成功一也(64)。

(64)朱熹曰：“知之者之所知，行之者之所行，谓达道也。以其分而言，则所以知者知也，所以行者仁也，所以至于知之成功而一者勇也。以其等而言，则生知安行者知也，学知利行者仁也，困知勉行者勇也。吕氏（东莱）曰：‘所入之涂虽异，而所至之域则同，此所以为中庸。’若乃企生知安行之资为不可几及，轻困知勉行谓不能有成，此道之所以不明不行也。”

按：《论语》：“仁者安仁，知者利仁。”此处当以生知安行属仁，学知利行属知，困知勉行属勇。上文舜之大知，即生知安行也。回之择善，即学知利行也。子路之问强，所谓“遵道而行，依乎中庸”，即困知勉行也。

又按：郑玄“哀公问政”至此为一章，第十四。

子曰：“好学近乎知，力行近乎仁，知耻近乎勇(65)。知斯三者，则知所以修身。知所以修身，则知所以治人。知所以治人，则知所以治天下国家矣(66)。”

(65)朱熹曰：“‘子曰’二字衍文。此言未及乎达德，而求以入德之事。通上文，三知为知，三行为仁，则此三近者，勇之次也。吕氏（东莱）曰：‘好学非知，然足以破愚。力行非仁，然足以忘私。知耻非勇，然足以起懦。’”(66)朱熹曰：“此结上文修身之意，起下文九经之端。”

按：郑玄自“子曰”以下，别起为一章。

凡为天下国家有九经，曰：修身也，尊贤也，亲亲也，敬大臣也，体群臣也，子庶民也，来百工也，柔远人也，怀诸侯也(67)。

(67)朱熹曰：“经，常也。体，谓设以身处其地，而察其心也。子，如父母之爱其子也。柔远人，所谓无忘宾旅（见《孟子·告子》下）者也。”

修身，则道立。尊贤，则不惑。亲亲，则诸父昆弟不怨。敬大臣，则不眩。体群臣，则士之报礼重。子庶民，则百姓劝。来百工，则财用足。柔远人，则四方归之。怀诸侯，则天下畏之(68)。

(68)朱熹曰：“此言九经之效也。不眩，谓不迷于事。来百工，则通功易事，农末相资，故财用足。柔远人，则天下之旅皆悦，而愿出于其涂，故四方归。"

按：郑玄自"子曰好学近乎知"至此为一章，第十五。

齐明盛服，非礼不动，所以修身也。去谗远色，贱货而贵德，所以劝贤也。尊其位，重其禄，同其好恶，所以劝亲亲也。官盛任使，所以劝大臣也。忠信重禄，所以劝士也。时使薄敛，所以劝百姓也。日省月试，既廪称事，所以劝百工也。送往迎来，嘉善而矜不能，所以柔远人也。继绝世，举废国，治乱持危，朝聘以时，厚往而薄来，所以怀诸侯也[69]。

[69]郑玄曰："尊重其禄位，所以贵之，不必授以官守。官盛任使，大臣皆有属官，所以任使，不亲小事也。既，读为饩。饩廪，稍食也。"
朱熹曰："称事，如《周礼·槁人》职曰：'考其弓弩，以上下其食'是也。厚往薄来，谓燕赐厚而纳贡薄。"

按：郑玄此为一章，第十六。

凡为天下国家有九经，所以行之者一也。凡事豫则立，不豫则废。言前定则不跲，事前定则不困，行前定则不疚，道前定则不穷[70]。

[70]郑玄曰："一，谓当豫也。跲，踬也。疚，病也。"朱熹曰："一者，诚也。一有不诚，则是九者皆为虚文矣。此承上文言，凡事皆欲先立乎诚，如下文所推是也。"

按：郑玄此为一章，第十七。朱熹连上下共为一章，故两人释"一"字有歧。窃谓朱子释本章前后一字均为诚，恐有未谛。此处似以郑注为当。

在下位不获乎上,民不可得而治矣。获乎上有道,不信乎朋友,不获乎上矣。信乎朋友有道,不顺乎亲,不信乎朋友矣。顺乎亲有道,反诸身不诚,不顺乎亲矣。诚身有道,不明乎善,不诚乎身矣[71]。

[71] 郑玄曰:"言知善之为善,乃能行诚。"朱熹曰:"此又以在下位者,推言素定(豫)之意。反诸身不诚,谓反求诸身,而所存所发,未能真实而无妄也。不明乎善,谓未能察于人心天命之本然,而真知至善之所在也。"

按:郑玄此为一章,第十八。

诚者,天之道也。诚之者,人之道也。诚者,不勉而中,不思而得,从容中道,圣人也。诚之者,择善而固执之者也[72]。

[72] 郑玄曰:"言诚者,天性。诚之者,学而诚之者也。"朱熹曰:"此承上文诚身而言。诚者,实真无妄之谓,天理之本然也。诚之者,未能真实无妄,而欲其真实无妄之谓,人事之当然也。圣人之德,浑然天理,真实无妄,不待思勉而从容中道,则亦天之道也。未至于圣,则不能无人欲之私,而其为德不能皆实。故未能不思而得,则必择善,然后可以明善;未能不勉而中,则必固执,然后可以诚身。此则所谓人之道也。不思而得,生知也。不勉而中,安行也。择善,学知以下之事。固执,利行以下之事也。"

按:郑玄以上为一章,第十九。

博学之,审问之,慎思之,明辨之,笃行之。有弗学,学之弗能弗措也。有弗问,问之弗知弗措也。有弗思,思之弗得弗措也。有弗辨,辨之弗明弗措也。有弗行,行之弗笃弗措也。人一能之,己百之。人十能之,己千之。果能此道矣,虽愚必明,虽柔必强[73]。

> [73]郑玄曰:"此劝人学诚其身也。"朱熹曰:"此'诚之'之目也。学问思辨,所以择善而为知,学而知也。笃行,所以固执而为仁,利而行也。君子之学,不为则已,为则必要其成,故常百倍其功。此困而知、勉而行者也,勇之事也。明者,择善之功。强者,固执之效。"

右第二十章[74]。

> [74]朱熹曰:"此引孔子之言,以继大舜文武周公之绪,明其所传之一致。举而措之,亦犹是耳。盖包费隐,兼小大,以终十二章之意。章内语诚始详,而所谓诚者,实此篇之枢纽也。又按:《孔子家语》,亦载此章,而其文尤详。'成功一也'之下,有:'公曰子之言美矣至矣,寡人实固,不足以成之也。'故其下复以'子曰'起答辞。今无此问辞,而犹有'子曰'二字,盖子思删其繁文以附于篇,而所删有不尽者。今当为衍文也。'博学之'以下,《家语》无之。意彼有阙文,抑此或子思所补也欤?"
>
> 按:《家语》伪书,彼或自引《中庸》,不足证《中庸》以前孔子果有此问答也。
>
> 又按:郑玄"博学之"以下,自为一章,第二十。

自诚明,谓之性。自明诚,谓之教。诚则明矣,明则诚矣[75]。

> [75]郑玄曰:"自,由也。由至诚而有明德,是圣人之性者也。由明德而有至诚,是贤人学以成之者也。有至诚则必有明德,有明德则必有至诚。"朱熹曰:"德无不实,而明无不照者,圣人之德。所性而有者也,天道也。先明乎善,而后能实其善者,贤人之学。由教而入者也,人道也。诚则无不明矣,明则可以至于诚矣。"

右第二十一章㊵。子思承上章夫子天道人道之意而立言也。自此以下十二章,皆子思之言,以反覆推明此章之意。

㊵按:郑玄此为一章,第二十一。

唯天下至诚,为能尽其性。能尽其性,则能尽人之性。能尽人之性,则能尽物之性。能尽物之性,则可以赞天地之化育。可以赞天地之化育,则可以与天地参矣㊶。

㊶郑玄曰:"尽性者,谓顺理之使不失其所也。赞,助也。育,生也。助天地之化生,谓圣人受命,在王位,致太平者。"朱熹曰:"天下至诚,谓圣人之德之实,天下莫能加也。尽其性者,德无不实,故无人欲之私,而天命之在我者,察之由之,巨细精粗,无毫发之不尽也。人物之性,亦我之性,但以所赋形气不同而有异耳!能尽之者,谓知之无不明,而处之无不当也。与天地参,谓与天、地并立为三也。此自诚而明者之事也。"
按:《中庸》此章,汉儒以"圣人受命在王位"者说之;宋儒以"圣人之德无不实,而无人欲之私"者说之。即据郑、朱两家解义之不同,可以推见汉、宋儒学想象意境之相异。读古书者,遇所注相违,可以分别而观,不必拘拘于一家之说,而必有所从违也。

右第二十二章㊷。

㊷朱熹曰:"言天道也。"
按:郑玄亦为一章,第二十二。

其次致曲。曲能有诚,诚则形,形则著,著则明,明则动,动则变,变则化。唯天下至诚为能化㊸。

㊸郑玄曰:"其次,谓自明诚者也。致,至也。曲,犹小小之事也。形,

大学中庸释义　341

谓人见其功也。著,形之大者也。明,著之显者也。动,动人心也。变,改恶为善也。变之久,则化而性善也。"朱熹曰:"其次,通大贤以下,凡诚有未至者而言也。致,推致也。曲,一偏也。形者,积中而发外。著,则又加显矣。明,则又有光辉发越之盛也。动者,诚能动物。变者,物从而变。化,则有不知其所以然者。盖人之性无不同,而气则有异。故惟圣人能举其性之全体而尽之。其次则必自其善端发见之偏,而悉推致之,以各造其极也。曲无不致,则德无不实,而形著动变之功,自不能已。积而至于能化,则其至诚之妙,亦不异于圣人矣。"
按:尽性之说,孟子已发之。至于致曲之义,则《中庸》所创,殆亦可谓扩孟子之所未备也。故阐究乎致曲之义,而后"人皆可以为尧舜"之说乃益精。学者于此,宜细参焉。

右第二十三章[80]。

[80]朱熹曰:"言人道也。"
按:郑玄亦为一章,第二十三。

至诚之道,可以前知。国家将兴,必有祯祥。国家将亡,必有妖孽。见乎蓍龟,动乎四体。祸福将至,善,必先知之。不善,必先知之。故至诚如神[81]。

[81]朱熹曰:"祯祥者,福之兆。妖孽者,祸之萌。蓍,所以筮;龟,所以卜。四体,谓动作威仪之间,如执玉高卑,其容俯仰之类。凡此皆理之先见者也。然唯诚之至极,而无一毫私伪留于心目之间者,乃能有以察其几焉。神,谓鬼神。"
按:至诚之道,即天道也。天道之动以久,故可据其先至者,而前知其后起者也。

右第二十四章[82]。

[82]朱熹曰:"言天道也。"
按:郑玄同为一章,第二十四。

诚者,自成也;而道,自道也。诚者,物之终始,不诚无物。是故君子诚之为贵。诚者,非自成己而已也,所以成物也。成己,仁也。成物,知也。性之德也。合外内之道也。故时措之宜也[83]。

[83]朱熹曰:"言诚者,物之所以自成;而道者,人之所当自行也。天下之物,皆实理之所为。故必得是理,然后有是物。故人之心一有不实,则虽有所为,亦如无有,而君子必以诚为贵也。"
按:庄老言自然而主虚无,《中庸》言诚者自成而道自道,自成自道,即自然也。然已为"自然"安上一"诚"字,安上一"道"字,则诚与道即是自然,而非虚无之谓矣。故庄老以虚无言天道与自然,而《中庸》易之以诚字,此为《中庸》在思想上之大贡献。《老子》乃战国晚出书,《中庸》当尤出其后,然无害于《中庸》在学术思想史之地位。不必定以《中庸》出于子思,始为尊《中庸》也。

右第二十五章[84]。

[84]朱熹曰:"言人道也。"
按:朱子于此章,专以人道说之,似浅之乎其视此章矣。
又按:郑玄连下为一章。

故至诚无息[85],不息则久,久则征[86],征则悠远,悠远则博厚,博厚则高明。

[85]朱子曰:"既无虚假,自无间断。" [86]郑玄曰:"征,犹效验也。征,或为彻。"

博厚所以载物也,高明所以覆物也,悠久所以成物也㊻。

㊻朱熹曰:"本以悠远致高厚,而高厚又悠久也。此言圣人与天地同用。"

博厚配地,高明配天,悠久无疆㊼。

㊼朱熹曰:"此言圣人与天地同体。"

按:《中庸》言天地之道,以见其所以异于庄老言自然之道也。

又按:郑玄、朱熹,皆以圣人、大人言之,似失《中庸》本旨。

如此者,不见而章,不动而变,无为而成㊽。

㊽朱熹曰:"见音现,犹示也。不见而章,以配地言。不动而变,以配天言。无为而成,以无疆言。"

按:《中庸》亦言无为。庄老言无为而自然,《中庸》言无为而诚;庄老言无为之化,《中庸》言无为之久而不息;此其异。

天地之道,可一言而尽也。其为物不贰,则其生物不测㊾。

㊾朱熹曰:"天地之道,可一言而尽,不过曰诚而已。不贰,所以诚也。诚故不息,而生物之多,有莫知其所以然者。"

按:不测,即言其无穷无疆也。

天地之道,博也,厚也,高也,明也,悠也,久也㊿。

㊿朱熹曰:"言天地之道,诚一不贰,故能各极其盛,而有下文生物之功。"

按:郑玄自"诚者自成也"至此为一章,第二十五。

今夫天,斯昭昭之多,及其无穷也,日月星辰系焉,万物覆焉。今夫地，一撮土之多，及其广厚，载华岳而不重，振河海而不泄，万物载焉。今夫山，一拳石之多，及其广大，草木生之，禽兽居之，宝藏兴焉。今夫水，一勺之多，及其不测，鼋鼍蛟龙鱼鳖生焉，货财殖焉[92]。

[92] 郑玄曰："昭昭，犹耿耿，小明也。振，犹收也。拳，犹区也。"
朱熹曰："此指其一处而言之。及其无穷，犹十二章'及其至也'之意，盖举全体而言也。此四条，皆以发明由其不贰不息以致盛大而能生物之意。然天地山川，实非由积累而后大，读者不以辞害意可也。"
按：华岳近秦地，先秦东方人极少言之。故后儒疑此文出于晚周，秦人已并六国，齐鲁儒生或赴秦廷而献此书，故特举华岳言之。或云：陆德明《经典释文》云："华，本作山。"是仅据华岳一语为孤证，固不足以证成《中庸》之晚出。然《中庸》晚出之疑，既不专在一处，则华岳一语，亦自在可疑之列也。

《诗》云："惟天之命，於穆不已。"盖曰天之所以为天也。"於乎不显，文王之德之纯。"盖曰文王之所以为文也，纯亦不已[93]。

[93] 朱熹曰："於音鸣，乎音呼。《诗》，《周颂·维天之命》篇。於，叹辞。穆，深远也。不显，犹言岂不显也。纯，纯一不杂也。引此以明至诚无息之意。程子曰：'天道不已。文王纯于天道，亦不已。'纯，则无二无杂。不已，则无间断先后。"

右第二十六章[94]。

[94] 朱熹曰："言天道也。"
按：郑玄自"今夫天斯昭昭之多"至此为一章，第二十六。

大学中庸释义　345

大哉！圣人之道。洋洋乎！发育万物，峻极于天。优优大哉！礼仪三百，威仪三千。待其人而后行。故曰：苟不至德，至道不凝焉[95]。

[95]郑玄曰："言为政在人，政由礼也。凝，犹成也。"朱熹曰："优优，充足有余之意。礼仪，经礼也。威仪，曲礼也。峻极于天，言道之极于至大而无外；此言道之入于至小而无间。至德，谓其人。至道，指上两节而言。"

按：郑玄以上为一章，第二十七。

故君子尊德性而道问学，致广大而尽精微，极高明而道中庸。温故而知新，敦厚以崇礼[96]。

[96]郑玄曰："道，犹由也。温读如燖温之温。谓故学之熟矣，复时习之，谓之温。"朱熹曰："尊德性，所以存心，而极乎道体之大。道问学，所以致知，而尽乎道体之细。二者，修德凝道之大端也。不以一毫私意自蔽，不以一毫私欲自累，涵泳乎其所已知，敦笃乎其所已能，此皆存心之属也。析理则不使有毫厘之差，处事则不使有过不及之谬，理义则日知其所未知，节文则日谨其所未谨，此皆致知之属也。盖非存心无以致知，而存心者又不可以不致知。故此五句，大小相资，首尾相应，圣贤所示入德之方，莫详于此，学者宜尽心焉。"

按：郑玄以上为一章，第二十八。

是故居上不骄，为下不倍。国有道，其言足以兴。国无道，其默足以容。《诗》曰："既明且哲，以保其身。"其此之谓与[97]！

[97]郑玄曰："兴，谓起在位也。保，安也。"朱熹曰："倍，与背同。《诗》，《大雅·烝民》之篇。"

右第二十七章^⑱。

⑱朱熹曰:"言人道也。"
按:郑玄以上为一章,第二十九。

子曰:"愚而好自用,贱而好自专,生乎今之世,反古之道。如此者,灾及其身者也^⑲。"

⑲郑玄曰:"反古之道,谓晓一孔之人,不知今王之新政可从。"朱熹曰:"灾,古灾字。以上孔子之言,子思引之。反,复也。"

非天子不议礼,不制度,不考文^⑩。

⑩郑玄曰:"此天下所共行,天子乃能一之也。礼,谓人所服行。度,国家宫室及车舆也。文,书名也。"朱熹曰:"此以下子思之言。礼,亲疏贵贱相接之体也。度,品制。"

今天下车同轨,书同文,行同伦^⑪。

⑪郑玄曰:"今,孔子谓其时。"朱熹曰:"今,子思自谓当时也。轨,辙迹之度。伦,次序之体。三者,皆同言天下一统也。"
按:"愚而好自用"五语,正与李斯奏秦始皇书中语同意。"今天下"云云,孔子、子思时皆不能有。故后儒疑《中庸》为秦书,实非无据。

虽有其位,苟无其德,不敢作礼乐焉。虽有其德,苟无其位,亦不敢作礼乐焉^⑫。

⑫郑玄曰:"言作礼乐者,必圣人在天子之位。"
按:郑玄以上为一章,第三十。

子曰:"吾说夏礼,杞不足征也。吾学殷礼,有宋存焉。

吾学周礼，今用之，吾从周[103]。"

[103]郑玄曰："征，犹明也。吾能说夏礼，顾杞之君不足与明之也。吾从周礼，行今之道。"朱熹曰："此又引孔子之言（见《论语·八佾篇》）。杞，夏之后。征，证也。宋，殷之后。三代之礼，孔子皆尝学之，而能言其意。但夏礼既不可考证，殷礼虽存，又非当世之法。惟周礼乃时王之制，今日所用。孔子既不得位，则从周而已。"

按：此见孔子亦从今王，服新政，不反古自用也。

右第二十八章[104]。

[104]朱熹曰："承上章'为下不倍'而言，亦人道也。"

按：郑玄连下为一章。

王天下有三重焉，其寡过矣乎[105]！

[105]郑玄曰："三重，三王之礼。"朱熹曰："吕氏（东莱）曰：'三重，谓议礼、制度、考文。惟天子得以行之，则国不异政，家不殊俗，而人得寡过矣。'"

上焉者，虽善无征，无征不信，不信民弗从。下焉者，虽善不尊，不尊不信，不信民弗从[106]。

[106]朱熹曰："上焉者，谓时王以前，如夏商之礼虽善，而皆不可考。下焉者，谓圣人在下，如孔子虽善于礼，而不在尊位也。"

按：无征，谓不可与庶民以共验而大明之，故不信也。

故君子之道，本诸身，征诸庶民，考诸三王而不缪，建诸天地而不悖，质诸鬼神而无疑，百世以俟圣人而不惑[107]。

[107]朱熹曰："此君子，指王天下者而言。其道，即议礼、制度、考文

之事也。本诸身，有其德也。征诸庶民，验其所信从也。建，立也。百世以俟圣人而不惑，所谓'圣人复起，不易吾言'（见《孟子·滕文公》下）者也。"

按：征诸庶民，谓得庶民之共明共信也。

质诸鬼神而无疑，知天也。百世以俟圣人而不惑，知人也[108]。

[108]郑玄曰："知天知人，谓知其道也。"

是故君子动而世为天下道，行而世为天下法，言而世为天下则。远之则有望，近之则不厌[109]。

[109]郑玄曰："用其法度，想思若其将来也。"朱熹曰："动，兼言行言。道，兼法则言。法，法度。则，准则。"

《诗》曰："在彼无恶，在此无射，庶几夙夜，以永终誉。"君子未有不如此，而蚤有誉于天下者也[110]。

[110]郑玄曰："射，厌也。永，长也。"
朱熹曰："射音妒，《诗》作斁。《诗》，《周颂·振鹭》之篇。"

右第二十九章[111]。

[111]朱熹曰："承上章'居上不骄'而言，亦人道也。"
按：郑玄自"子曰吾说夏礼"至此为一章，第三十一。

仲尼祖述尧舜，宪章文武，上律天时，下袭水土[112]。

[112]朱熹曰："祖述者，远宗其道。宪章者，近守其法。律天时者，法其自然之运。袭水土者，因其一定之理。皆兼内外、该本末而言。"

按：律天时，袭水土，似承晚周阴阳五行家言。

辟如天地之无不持载，无不覆帱。辟如四时之错行，如日月之代明。万物并育而不相害，道并行而不相悖。小德川流，大德敦化。此天地之所以为大也[113]。

[113]郑玄曰："圣人制作，其德配天地如此。唯五帝始可以当焉。帱，亦覆也。小德川流，浸润萌芽，喻诸侯也。大德敦化，厚生万物，喻天子也。帱，或作焘。"朱熹曰："天覆地载，万物并育于其间，而不相害。四时日月，错行代明，而不相悖。所以不害不悖者，小德之川流。所以并育并行者，大德之敦化。小德者，全体之分。大德者，万殊之本。川流者，如川之流，脉络分明而往不息也。敦化者，敦厚其化，根本盛大而出无穷也。此言天地之道，以见上文取譬之意也。"

右第三十章[114]。

[114]朱熹曰："言天道也。"

按：郑玄连下为一章。

又按：此章以"仲尼祖述尧舜"开始，似不得指谓言天道。"辟如天地之无不持载"以下，郑玄以圣人制作言之，似较合《中庸》本义。

唯天下至圣，为能聪明睿知，足以有临也。宽裕温柔，足以有容也。发强刚毅，足以有执也。齐庄中正，足以有敬也。文理密察，足以有别也[115]。

[115]郑玄曰："言德不如此，不可以君天下也。盖伤孔子有其德，而无其命。"朱熹曰："齐，侧皆反。聪明睿知，生知之质。临，谓居上而临下。其下四者，乃仁义礼知之德。文，文章也。理，条理也。密，详细也。察，明辨也。"

溥博渊泉，而时出之[116]。

[116]郑玄曰："言其临下普遍，思虑深重，非得其时，不出政教。"朱熹曰："溥博，周遍而广阔也。渊泉，静深而有本也。出，发见也。言五者之德，充积于中，而以时发见于外也。"

溥博如天，渊泉如渊。见而民莫不敬，言而民莫不信，行而民莫不说[117]。

[117]朱熹曰："言其充积极其盛，而发见当其可也。"
按：就此条文，似郑氏之释，尤允原义。

是以声名洋溢乎中国，施及蛮貊。舟车所至，人力所通，天之所覆，地之所载，日月所照，霜露所队，凡有血气者，莫不尊亲。故曰：配天[118]。

[118]朱熹曰："队音坠。舟车所至以下，盖极言之。配天，言其德之所及，广大如天也。"
按：郑玄以圣人之君天下者言之，朱子以圣人之私德言之，所见之异，可以征汉、宋两代儒风之不同。惟此处言"是以声名洋溢乎中国"以下，似非如郑玄所云"伤孔子之有德而无命者"。然则，盖以歌颂理想中统一之大君。而此一节文字，乃与琅邪台秦碑文相似（《琅邪碑》云："日月所照，舟舆所载，皆终其命，莫不得意。"），是秦始皇帝固以此理想中之大君自负，或当时固有举此以媚始皇者矣。要之，"舟车所至"以下诸语，非天下一统时，固不能遽有此想也。

右第三十一章[119]。

[119]朱熹曰："承上章而言小德之川流，亦天道也。"
按：郑玄连下为一章。

大学中庸释义　351

唯天下至诚，为能经纶天下之大经，立天下之大本，知天地之化育。夫焉有所倚[120]！

[120]朱熹曰："经、纶，皆治丝之事。经者，理其绪而分之；纶者，比其类而合之也。大经之经，常也。大经者，五品之人伦。大本者，所性之全体也。唯圣人之德，极诚无妄，故于人伦，各尽其当然之实，而皆可以为天下后世法。所谓经纶之也。其于所性之全体，无一毫人欲之伪以杂之，而天下之道，千变万化皆由此出。所谓立之也。其于天地之化育，则亦其极诚无妄者有默契焉，非但闻见之知而已。此皆至诚无妄，自然之功用，夫岂有所倚著于物而后能哉！"

按：天下之大经，即上所谓"凡为天下国家有九经"之类是也。天下之大本，即上文"世为天下道、世为天下法、世为天下则"之类是也。知天地之化育，即"赞天地之化育"也。此等处，专指私人道德言，仍不如指内圣外王，受命为天子者言之为是。战国晚世至于秦一六国，其时学者好言此意，而儒者则寄其想望于孔子。汉儒犹承此风。宋代诸儒，则偏重私人德化，即尧舜文武，亦全以庶民居下位者同等说之矣。

肫肫其仁，渊渊其渊，浩浩其天[121]。

[121]郑玄曰："安有所倚，言无所偏倚也。故人人自以被德尤厚，似偏颇者。肫肫，恳诚貌也。"

按：郑玄以"夫焉有所倚"连下读之，言人人之视其上，皆若感其上肫肫、渊渊、浩浩，若有所偏德于己也。

朱熹曰："肫肫，以经纶言。渊渊，以立本言。浩浩，以知化言。其渊其天，则非特如之而已。"

按：朱子以"夫焉有所倚"连上读之，皆见为赞叹圣人之德化。

苟不固聪明圣知达天德者，其孰能知之[122]？

[122]郑玄曰："言唯圣人乃能知圣人也。"

右第三十二章㉓。

> ㉓朱熹曰："承上章而言大德之敦化，亦天道也。前章言至圣之德，此章言至诚之道。然至诚之道，非至圣不能知。至圣之德，非至诚不能为。则亦非二物矣。此篇言圣人天道之极致，至此而无以加矣。"
> 按：郑玄连下为一章。

《诗》曰："衣锦尚䌹。"恶其文之著也。故君子之道，暗然而日章。小人之道，的然而日亡。君子之道，淡而不厌，简而文，温而理。知远之近，知风之自，知微之显，可与入德矣㉔。

> ㉔朱熹曰："前章言圣人之德，极其盛矣。此复自下学立心之始言之，而下文又推之，以至其极也。《诗》，《国风·卫·硕人》、《郑》之《丰》，皆作'衣锦褧衣'。褧、䌹同，禅衣也。尚，加也。古之学者为己，故其立心如此。尚䌹故暗然，衣锦故有日章之实。淡简温，䌹之袭于外也。不厌而文且理焉，锦之美在中也。小人反是，则暴于外，而无实以继之，是以的然而日亡也。远之近，见于彼者由于此也。风之自，著乎外者本乎内也。微之显，有诸内者形诸外也。有为己之心，而又知此三者，则知所谨而可入德矣。故下文引《诗》言谨独之事。"

《诗》云："潜虽伏矣，亦孔之昭。"故君子内省不疚，无恶于志。君子之所不可及者，其唯人之所不见乎㉕！

> ㉕郑玄曰："孔，甚也。昭，明也。言圣人虽隐居，其德亦甚明矣。疚，病也。君子自省，身无愆病，虽不遇世，亦无损害于己志。"朱熹曰："《诗》，《小雅·正月》之篇。无恶于志，犹言无愧于心。此君子谨独之事也。"

大学中庸释义　353

《诗》云:"相在尔室,尚不愧于屋漏。"故君子不动而敬,不言而信[126]。

> [126]郑玄曰:"相,视也。室西北隅,谓之屋漏。视汝在室独居者,犹不愧于屋漏。屋漏非有人也,况有人乎?"朱熹曰:"《诗》,《大雅·抑》之篇。承上文又言君子之戒谨恐惧,无时不然,不待言动而后敬信,则其为己之功,益加密矣。故下文引《诗》并言其效。"

《诗》曰:"奏假无言,时靡有争。"是故君子不赏而民劝,不怒而民威于铁钺[127]。

> [127]郑玄曰:"假,大也。言奏大乐于宗庙之中,人皆肃敬。"朱熹曰:"《诗》,《商颂·烈祖》之篇。奏,进也。假、格同。承上文而遂及其效,言进而感格于神明之际,极其诚敬,无有言说,而人自化之也。"

《诗》曰:"不显惟德,百辟其刑之。"是故君子笃恭而天下平[128]。

> [128]郑玄曰:"不显,言显也。辟,君也。言不显乎文王之德,百君尽刑之,谓诸侯法之也。"朱熹曰:"《诗》,《周颂·烈文》之篇。承上文言,天子有不显之德,而诸侯法之,则其德愈深而效愈远矣。笃恭而天下平,乃圣人至德渊微,自然之应,中庸之极功也。"

《诗》曰:"予怀明德,不大声以色。"子曰:"声色之于以化民,末也[129]。"

> [129]郑玄曰:"予,我也。怀,归也。言我归有明德者,以其不大声为严厉之色以威我也。"朱熹曰:"《诗》,《大雅·皇矣》之篇。引之以明上文所谓不显之德者,正以其不大声与色也。"

按:郑玄自"仲尼祖述尧舜",至"不大声以色"为一章,第三十二。

《诗》曰:"德輶如毛。"毛犹有伦,"上天之载,无声无臭",至矣[130]。

[130] 郑玄曰:"輶,轻也。言化民当以德,德之易举而用,其轻如毛耳。伦,犹比也。载,读曰栽,谓生物也。言毛虽轻,尚有所比。有所比,则有重。上天之造生万物,人无闻其声音者,亦无知其臭气者。化民之德,清明如神,渊渊浩浩然后善。"朱熹曰:"又引孔子之言。以为声色乃化民之末务,今但言不大之而已,则犹有声色者存,是未足以形容不显之妙。不若《烝民》之诗所言'德輶如毛',则庶矣可以形容矣。而又自以为谓之毛,则犹有可比者,是亦未尽其妙。不若《文王》之诗所言'上天之事,无声无臭',然后乃为不显之至耳!盖声臭有气无形,在物最为微妙,而犹曰无之,故惟此可以形容不显笃恭之妙。非此德之外,又别有是三等,然后为至也。"

右第三十三章[131]。子思因前章极致之言,反求其本;复自下学为己谨独之事,推而言之,以驯致乎笃恭而天下平之盛;又赞其妙,至于无声无臭而后已焉。盖举一篇之要而约言之,其反复丁宁,示人之意,至深切矣。学者其可不尽心乎?

[131] 按:郑玄自"子曰声色之于以化民末也"至末为一章,第三十三。

按:朱子曰:"《中庸》一篇,某妄以己意分其章句。是书岂可以章句求哉!然学者之于经,未有不得于辞而能通其意者。"

又曰:"某旧读《中庸》,以为子思做,又时复有个'子曰'字。读得熟后,方见得是子思参夫子之说,著为此书。自是沉潜反覆,遂渐得其旨趣,定得今《章句》,摆布得来直恁么细密。"

又曰:"《中庸》看得甚精,《章句》大概已改定多。"

又曰:"《中庸》,前辈诸公说得多了,其间尽有差舛处,又不欲尽剥难他底,所以难下手。不比《大学》,都未曾有人说。"

按:朱子注说四书,既为其毕生精力所萃,而《中庸章句》用心尤精密。今若句句而绳之,字字而纠之,其间岂无违失?然通观大体,古今诸家,求能超绝朱子《章句》之右者,尚无其书。故今一仍朱子《章句》之旧,偶删一二注语,要已存其全体之大貌。间引郑注,以便比观。其他众说纷纶,姑不备列焉。

[附] 朱熹《中庸章句》序

《中庸》何为而作也？子思子忧道学之失其传而作也⑫。盖自上古圣神，继天立极，而道统之传，有自来矣。其见于经，则"允执厥中"者，尧之所以授舜也。"人心惟危，道心惟微，惟精惟一，允执厥中"者，舜之所以授禹也。尧之一言，至矣！尽矣！而舜复益之以三言者，则所以明夫尧之一言，必如是而后可庶几也。盖尝论之，心之虚灵知觉，一而已矣。而以为有人心、道心之异者，则以其或生于形气之私，或原于性命之正，而所以为知觉者不同；是以或危殆而不安，或微妙而难见耳！然人莫不有是形，故虽上智不能无人心；亦莫不有是性，故虽下愚不能无道心。二者杂于方寸之间，而不知所以治之，则危者愈危，微者愈微，而天理之公，卒无以胜夫人欲之私矣。精则察夫二者之间而不杂也，一则守其本心之正而不离也。从事于斯，无少间断，必使道心常为一身之主，而人心每听命焉；则危者安，微者著，而动静云为，自无过不及之差矣。夫尧舜禹，天下之大圣也。以天下相传，天下之大事也。以天下之大圣，行天下之大事，而其授受之际，丁宁告戒，不过如此；则天下之理，岂有以加于此哉⑬！自是以来，圣圣相承，若成汤文武之为君，皋陶伊傅周召之为臣，既皆以此而接夫道统之传。若吾夫子，则虽不得其位，而所以继往圣，开来学，其功反有贤于尧舜者。然当是时，见而知之者，惟颜氏、曾氏之传得其宗。及曾氏之再传，而复得夫子之孙子思,则去圣远而异端起矣。子思惧夫愈久而愈失其真也,于是推本尧舜以来相传之意,质以平日所闻父师之言,更互演绎,作为此书,以诏后之学者。盖其忧之也深,故其言之也切;其虑之也远,故其说之也详。其曰"天命率性",则道心之谓也。其曰"择善固执",则精一之谓也。其曰"君子时中",则执中之谓也。世之相后,千有余年,而其言之不异,如合符节。历选前圣之书,所以提挈纲维,开示蕴奥,未有若是之明且尽者也。自是而又再传,以得孟氏,为能推明是书,以承先圣之统。及其没,而遂失其传焉。则吾道之所寄,不越乎言语文字之间。而异端之说,日新月盛,以至于老佛之徒出,则弥近理而大乱真矣⑭。然而尚幸此书之不泯,故程夫子兄弟者出,得有所考,以续夫千载不传之绪;得有所据,以斥夫二家似是之非。盖子思之功,于是为大,而微程夫子,则亦莫能因其语而得其心也。惜乎其所以为说者不传,而凡石氏⑮之所辑录,仅出于其门人之所记。是以大义虽明,而微言未析。至其门人所自为说,则虽颇详尽而多所发明,然倍其师说而淫于老佛者,亦有之矣。熹自蚤岁,即尝受读而窃疑之。沉潜反覆,盖亦有年。一旦恍然似有以得其要领者,然后乃敢会众说而折其中。既为定著《章句》一篇,以俟后之君子;而一二同志,复取石氏书,删其繁乱,名以《辑略》,且记所尝论辩取舍之意,别为《或问》,以附其后。然后此书之旨,支分节解,脉络贯通,详略相因,巨细毕举。而凡诸说之同异得失,亦得以曲畅旁通,而各极其趣。虽于道统之传,不敢妄议，然初学之士，或有取焉。则亦庶乎行远升高之一助云尔⑬。淳熙己酉春三月戊申新安朱熹序。

> ⑬《史记·孔子世家》："孔子生鲤，字伯鱼。年五十，先孔子死。伯鱼生伋，字子思，年六十二，尝困于宋。子思作《中庸》。"此后世相传以今《中庸》为子思所作之根据。⑬按：自篇首至此为一节，推原《中庸》"中"字，乃尧舜传授心法。⑭至是为第二节，发明子思《中庸》，直承列圣之道统。⑮石氏名墪，字子重，其所辑录名《中庸集解》。门人，则程氏之门人也。⑯至是为第三节，特言二程氏得古圣道统之真传，而至于自身，隐然以继往圣开来学自任也。

按：儒家道统之说，始于唐之韩愈。朱子此序，不仅肯定尧舜文武以至孔孟之传统，又以二程子直接之，以及其本身；又为此一传统赋以具体之内容；所谓"道心惟微，人心惟危，惟精惟一，允执厥中"，遂成为古圣人十六字之薪传，而又以天理、人欲之分别说明之。于是所谓存天理，去人欲，为心学之最要工夫，亦即圣学之惟一法门。此说也，虽象山、阳明，亦莫能违。故朱子《中庸章句》一序，虽谓之宋明两代道学一总宣言书，亦无不可也。故特附录于此，以备学者之细玩焉。

又按：昔儒有言，《大学》中不出"性"字，故朱子于序言性详焉。《中庸》中不出"心"字，故此序言心详焉。今按：儒家之学固重心性，而自佛学东来，心性之辨，愈涉精微，所谓"弥近理而大乱真"者是也。程朱融释归儒，厥功甚伟。

《大学》不出"性"字,而朱子以性说之。《中庸》不出"心"字,而朱子以心说之。此正见朱子大气包举,细心斡旋。在当时实具苦心,所以能转移风气,重昌绝学,决非偶然。吾侪尚论古人,必贵于深知其世运,而默识其用心。若仅据吾人之当生,而轻评古人之得失,此则无异于井鱼拘墟,夏虫笃时,徒自绝于大道,而于古人何预焉?此义亦读者所当时时警惕也。